中国矿业大学教材建设工程资助教材



# 网球运动教程

主　编　杨文礼
副主编　高艳敏　孟献峰　张　青
　　　　孙志鹏　王小云

中国矿业大学出版社
·徐州·

**图书在版编目(CIP)数据**

网球运动教程/杨文礼主编．—徐州：中国矿业大学出版社，2022.12

ISBN 978-7-5646-5370-5

Ⅰ．①网… Ⅱ．①杨… Ⅲ．①网球运动－教材 Ⅳ．①G845

中国版本图书馆 CIP 数据核字(2022)第 073651 号

| | |
|---|---|
| **书　　名** | 网球运动教程 |
| **主　　编** | 杨文礼 |
| **责任编辑** | 万士才 |
| **责任校对** | 张梦瑶 |
| **出版发行** | 中国矿业大学出版社有限责任公司<br>(江苏省徐州市解放南路　邮编 221008) |
| **营销热线** | (0516)83885370　83884103 |
| **出版服务** | (0516)83995789　83884920 |
| **网　　址** | http://www.cumtp.com　**E-mail**：cumtpvip@cumtp.com |
| **印　　刷** | 徐州中矿大印发科技有限公司 |
| **开　　本** | 787 mm×1092 mm　1/16　**印张** 14.75　**字数** 377 千字 |
| **版次印次** | 2022 年 12 月第 1 版　2022 年 12 月第 1 次印刷 |
| **定　　价** | 46.00 元 |

# 序 言

网球运动动作优美、对抗激烈、速度快、变化多，趣味性高，不受年龄与性别限制，经常进行网球练习能有效调节与改善心血管、呼吸系统机能，提高身体素质。网球是体育专业的核心课程，也是大学公共体育教学的众多选修课程之一。作为高校体育教学的重要运动项目，网球以其独特的运动魅力吸引着众多学生，在高校有着广泛的学生基础。为了进一步推动我国网球运动的发展和网球运动在高校的普及，提高网球运动的教学与训练水平，为社会培养优秀网球教练员与网球运动社会指导员，特编写本教材。

在健康中国战略背景下，本教材以“健康第一”“终身体育”的教育理念为指导思想，从高校网球教学与训练的实际出发，结合编者多年的教学经验、训练工作心得与科研成果，以提高网球专项学生的水平为主线，符合高校网球运动教学的需要以及学生的学习、锻炼和发展的需要，对于丰富高校学生的网球运动理论知识体系、提高学生的网球运动文化素养、提升学生的网球技战术水平具有科学的指导价值和意义。本教材共九章，对网球运动的发展、技术、战术、教学、训练、营养与损伤康复、竞赛组织、裁判等进行了较为详细的理论阐述与方法介绍。第一章为网球运动概述，详细阐述了网球运动的起源与发展、现代网球运动的发展趋势、网球运动的组织机构与重大赛事以及网球运动的特点和价值，对学生全面了解和认识网球运动知识及文化具有重要的指导作用。第二章为网球运动理论基础，重点对网球的击球原理与动作结构、网球运动力学分析、网球运动技术的评定原则与标准进行了分析。第三章从网球场地、网球装备、网球礼仪等方面对参与和观赏网球运动的科学准备进行了详细分析。第四章与第五章主要对网球运动技术、网球运动战术进行全面分析，主要包括网球运动的正反手击球、切削球、放小球、截击球、高压球、挑高球等技术以及单打与双打战术。第六章和第七章对网球运动教学及网球运动训练进行了全面分析，重点对网球运动教学内容与教学阶段、教学原则与方法、教学文件制定、教学效果评价，以及网球运动训练特点、原则与方法、训练计划以及网球运动体能训练、心理素质训练、技能训练等进行了重点解析。第八章介绍网球运动营养与损伤康复，对学生科学参与网球运动实践，提高运动安全性具有重要意义。第九章为网球运动竞赛规则与裁判法，有助于丰富学生的网球竞赛知识，提高学生的网球运动观赛能力和组织能力。

本教材在认真研读国内外出版的网球运动相关书籍及大量文献资料的基础上，对网球运动教学与训练理论等内容进行了设计重构，能够较好地适应当前我国网球运动的教育教学要求。在编写过程中，本教材突出了以下特点：首先，理论知识概括性强，教学与训练的理论内容科学严谨、深入浅出，强化实用性与适用性，便于理解；其次，实践部分内容翔实、图文并茂，强化基础性与应用性，易于学习；再次，理论与实践并重，相辅相成，科学性强；最后，结构清晰、层次分明、逻辑性强。总的来说，本教材特色鲜明，时代性强，借鉴了相关学科的研究理论与方法，将传承、发展与创新有机融合，对高校网球运动教学与训练的发展具有一定的指导与启发作用。

本教材于 2020 年立项为“中国矿业大学教材建设专项基金项目”(2020JC10)，得到了中国矿业大学教务部门相关领导与同人的鼎力支持。本教材由中国矿业大学杨文礼老师统稿，中国矿业大学高艳敏老师对教材的框架进行规划构建与编写，中国矿业大学孟献峰、张青、孙志鹏、王小云、戴飞、余丹等老师以及研究生崔皓、李彦参与了本教材资料的收集整理与编写工作。

本教材参考了众多专家、学者的研究成果，在此向他们表示衷心的感谢。限于作者水平，书中难免存在不妥之处，敬请广大读者批评指正。

**编者**

**2022 年 10 月**

# 目　录

# 第一章　网球运动概述

**本章概要**

本章介绍了网球运动的起源、发展及现代网球运动的发展趋势，对网球运动组织机构与重大赛事以及网球运动的特点与价值进行了梳理。

**学习目标**

（1）了解网球运动的起源与发展趋势。

（2）熟悉网球运动重大组织机构与网球运动重大赛事。

（3）掌握网球运动的特点与价值。

## 第一节　网球运动的起源与发展

### 一、网球运动的起源

网球运动被誉为世界第一的个人运动项目，其起源与发展可以概括为一句话：孕育在法国，诞生于英国，发展于美国，现在盛行于全球。

网球运动起源于12—13世纪的法国，传教士为调节单调枯燥的生活，在教堂回廊里架起一条绳子，两人用手掌击打用布包裹的球，被称为“掌球”，后移至教堂外开阔空地用“木板”击球，同时，场地中间的绳子增加了垂下的短绳子。直至17世纪，场地中间的“绳帘”才改成小方格网子，并且球拍也改成穿线的木质球拍。伴随着球拍的变化，球也随之发生变化。最初的球由羊毛与麻制成，很柔软，出现了穿线球拍后，人们便用皮革、棉、麻缠在一起并在接缝处缝合起来，形成球。这种游戏逐渐被法国宫廷的王室贵族所接受，作为他们的娱乐消遣方式。14世纪中叶，这种游戏传入英国，逐渐发展成为带有比赛性质的运动项目，且参与此项游戏的多是皇室贵族等社会上层人士，因而网球运动通常被称为“贵族运动”或“皇家网球”。英国人称这种球为“tennis”（网球），并沿用至今。恰是因为网球运动项目的历史起源，现代网球一直被誉为一项高雅的运动项目。

16—17世纪，网球运动逐渐进入兴盛期。这一时期网球运动由单纯的游戏向正式比赛形式转变，专门的球场及相应规则也应运而生。18世纪，网球运动在社会不同阶层中开展起来。19世纪，网球运动盛行于欧美。1873年，英国人温菲尔德少校对网球的打法和场地加以改进，促进了网球运动的盛行。

## 二、网球运动的发展

### （一）国外网球运动的发展

1873年，英国的温非尔德少校对网球的打法加以改进，并出版了《草地网球》一书，书中详细介绍了有关网球的打法、规则以及场地规格等，与现代网球接近。英国女王因温非尔德少校对网球做出的卓越贡献为其颁发了维多利亚勋章，他也被誉为“近代网球之父”。

1875年，英国板球俱乐部进一步对网球比赛规则进行了修订，把场地规定为23.77米×8.23米的长方形，球网中央高度定为0.914米，每局分数以15、30、40……记分，并于1877年7月举办了第1届温布尔顿男子单打草地网球锦标赛，即第1届温布尔顿锦标赛，共有22名男选手参加。至此，现代网球运动诞生，并在欧美逐渐盛行开来，成为一项深受大众喜爱的室外运动。起初只有男子单打，1878年，人们又对规则和场地进行了修改，场地两边各增加1.37米(4英尺6英寸)，发球线与网的距离由从原来的7.92米(26英尺)修改为现在的6.40米(21英尺)，增设了男子双打。1884年，在温布尔顿网球锦标赛中第一次增加了女子单打项目，共有13名女选手参赛，玛蒂-沃森技压群芳夺得冠军。

1874年，在英属百慕大度假的美国人玛丽-奥特布里奇女士将网球器材带回纽约。网球运动传入美国后，很快在纽约、新港、波士顿、费城等大城市开展起来。1881年，世界上第一个全国性网球协会——美国全国草地网球协会宣告成立，并统一了网球规则。该协会于1881年8月31日至9月3日，在罗得岛纽波特港举行了第1届美国草地网球锦标赛，设有男子单打和男子双打两项，参加比赛的有26人。1920年，该协会改名为美国草地网球协会。

1878年现代网球诞生以后，草地网球由英国的移民、商人或驻军传至全球，如加拿大(1878年)、瑞典(1879年)、印度和日本(1880年)、澳大利亚(1880年)、南非(1881年)。国际网球运动得到快速发展，很多国家或地区的网球协会相继成立，赛事日趋频繁。

欧洲大陆的网球运动多在红土场地上进行。1891年，在法国巴黎举行了第1届法国网球锦标赛。在其后的30多年时间里，该赛事一直是法国不同俱乐部成员间的比赛，直到1925年，才有国外球员参加。1928年，法国巴黎建成了以第一次世界大战法国空军英雄罗兰·加洛斯的名字命名的法国网球中心，其后也涌现出一批享誉世界网坛的法国运动员，使得法国网球锦标赛成为世界闻名的国际网球赛事。

1904年，澳大利亚草地网球协会成立，并在1905年成功举办了第1届澳洲草地网球锦标赛，仅设有男子单、双打项目，直到1922年才增加了女子单、双打及混合双打项目。20世纪70年代，澳大利亚出现了如玛格丽特·史密斯、拉夫尔等享誉世界的优秀运动员，澳洲草地网球锦标赛与英国、法国及美国网球锦标赛成为世界四大著名的网球赛事。

网球的男子单打与双打在1896年雅典举行的第1届奥运会上被列为正式比赛项目。后来，由于国际奥委会和国际网球联合会在“业余运动员”的定义上有争议，网球比赛项目在连续列入7届奥运会后被取消，直到1984年洛杉矶奥运会，网球运动才被列为表演项目。在1988年的汉城奥运会上，网球重新被列为正式比赛项目。

1913年3月1日，世界网球的最高组织——国际网球联合会在法国巴黎正式成立。国际网球联合会的成立，是网球运动发展史上的重要里程碑，为世界范围内网球运动的进一步发展开辟了广阔前景。20世纪30年代，美国的唐·巴基一年包揽了澳大利亚、法国、温布尔顿和美国网球锦标赛的冠军，成为历史上第一个获得全满贯的选手。第二次世界大战后，澳大利亚和美国的选手在网坛上独领风骚，并把网球技术发展到了更高的水平。双手握拍击球技术被普遍采用，比赛时间越来越长，争夺越来越激烈。

1968 年被称为网球公开赛时代的起始年份，即不再区分职业选手和业余选手，职业比赛和业余比赛合并为一个赛事，网球比赛成为真正的公开赛，使网球运动得到了空前发展。英国温布尔顿网球锦标赛首开先河，取消参赛选手的职业限制，增加了比赛的激烈程度和夺冠的热烈氛围，增强了网球运动爱好者的参与热情和积极性。与此同时，澳大利亚、法国、英国、美国的网球锦标赛分别改名称为澳大利亚网球公开赛、法国网球公开赛、温布尔顿网球公开赛和美国网球公开赛(分别简称澳网、法网、温网、美网)。

公开赛年代以来，网球运动随着科技进步和世界经济的发展，有了长足的发展与进步，人们对网球项目的热爱之情与日俱增。特别是近些年来，随着网球协会组织及运营能力的提升，网球运动向着职业化、商业化的程度高度发展，竞争也随之加强。网球运动进一步普及，赢得越来越多的爱好者和参与者。许多国家涌现出了世界级网球运动员，打破了美国、英国、澳大利亚等少数国家一统网坛的局面。

（二）中国网球运动的发展

1. 中华人民共和国成立之前(1885—1949 年)

19 世纪末期，网球运动通过中国的沿海通商口岸，由西方国家的商人、传教士、官员传入中国。我国最早有网球场地记载的时间是 1860 年，英法联军侵入中国，在天津修建了网球场、田径场及足球场。1885 年前后，上海、广州等大城市的一些教会学校建有网球场，如北京汇文学校、通州协和书院、上海圣约翰书院、广州岭南学校以及香港的教会学校，但是参与者仅限于上流社会人士和少数师生。中国最早的校内比赛是 1898 年在上海圣约翰书院举行的斯坦豪斯杯赛。这些教会学校举行的网球比赛对中国网球运动的传播和发展起到了较大作用。

1910 年，网球被列为第 1 届全运会正式比赛项目，只允许男子参加。直到 1924 年第 3 届全运会上才设有女子网球运动项目。

1915 年，我国开始派网球运动员参加远东运动会。在第 8 届远东运动会上，以华侨运动员邱飞海、林宝华为主力的中国网球队获得冠军。我国早期出版的网球理论方面的书籍是 1927 年的《网球术》，其内容包括球场规格、技战术等，该书对网球在我国的传播与发展具有促进作用。

1924 年，我国首次选派邱飞海参加温布尔顿网球锦标赛，并进入第二轮次。1928 年，我国首次从旅美留学生中选派运动员参加网球戴维斯杯比赛，后虽多次参加，多是首轮就被淘汰。

1931 年，我国成立了中华网球协会。当时的上海有众多华人网球协会，如花旗总会、银行及海关等网球组织，总共有 200 余片网球场地，每年都会有多次比赛，对我国的网球运动开展起到了推动作用。邱飞海和林宝华等运动员屡次战胜外国球员，获得单打和双打的冠军。

1938 年，我国选派许承基参加第 58 届温布尔顿网球锦标赛，并取得男子单打第 4 轮前八的最好成绩。另外，许承基还接连获得 1938 年、1939 年英国举办的硬地网球锦标赛的单打冠军。

2. 中华人民共和国成立初期(1949—1966 年)

中华人民共和国成立后,在政府的重视与关怀下,经过一段时间的发展,网球运动项目得到了空前发展,整体水平得到一定程度的提升。

1953 年,我国在天津首次举行全国性的网球比赛,并从 1956 年起每年举办一次全国网球锦标赛。1958 年,设立青少年网球比赛。

1956 年,中国网球协会正式成立,由孙耀华担任第一任主席,积极组队参加许多国家或地区的比赛。后来开始定期举办全国网球等级联赛,为提高整体水平实施升降级制度,还定期举办全国性的网球单项赛、冠军赛、全国青少年网球比赛等。另外,不同层次和级别的网球比赛蓬勃发展,包括老年网球赛、少年网球赛以及高校网球赛等。国外网球协会也会派出队伍与我国进行网球技术交流和比赛,这些不同等级的赛事体系对我国整体网球技术水平的提升有较大促进作用,推动了我国网球运动的发展。

1958 年,我国选派运动员梅福基、朱振华、宋连根、吴康生等参加温布尔顿网球锦标赛,梅福基的单打及其与朱振华的双打均进入第二轮。朱振华和梅福基于 1959 年首次摘取波兰索波特国际网球赛男子双打冠军奖杯。在匈牙利布达佩斯比赛中,朱振华在第三轮战胜了如日中天的罗德·拉沃尔。

1959 年,我国在北京举行第 1 届全运会,有 21 个省市派出 71 名网球运动员参赛,这是我国网球运动的第一个高潮。1962 年,在北京举行了网球对抗赛。1964 年,我国在上海召开第一次网球工作会议,明确发球上网及防守与防守反击战术的训练指导思想和工作方向。在 1965 年的索波特国际网球赛中,戚凤娣和徐润珍分别获女子单打冠军和亚军。

3. “文化大革命”时期(1966—1976 年)

这一时期,我国的网球运动受到冲击,水平停滞不前。

4. 改革开放时期(1977—2000 年)

1978 年,网球等体育运动逐渐恢复生机。国家重视体育运动,投入财力、物力,采用“请进来、送出去”等手段大力培养优秀青少年人才,网球运动项目逐渐与世界接轨。1981 年,国际网球联合会(ITF)吸纳我国网球协会为正式成员,同年李心意、胡娜获得美国白宫杯少年网球锦标赛女子双打冠军。1983 年,男子网球队夺得吉隆坡加法尔杯网球赛团体赛冠军。1986 年第 10 届亚运会中,李心意获得女子单打冠军,女子网球队获得网球团体赛冠军。

1990 年第 11 届北京亚运会中,我国网球运动员潘兵和陈莉分别获得男、女单打冠军,同时,男团以及男双也获得冠军。

1991 年,我国女子网球队参加联合会杯网球团体赛,进入 16 强。1992 年,我国女子网球运动员李芳进入澳网第三轮,世界排名进入前 50。

1994 年,国家体委成立了网球管理中心。女子网球运动员易景茜分别在 1996 年法网和 2000 年澳网比赛中进入第二轮和第三轮。

5. 新世纪的中国网球(2001 年至今)

2001 年,我国选手李娜夺得第 21 届世界大学生运动会网球赛女单、女双和混双 3 枚金牌。

2002 年,我国女子网球队首次冲出亚洲,打入了联合会杯世界组外围赛。

2003 年,女运动员李婷与孙甜甜多次在国际网球联合会(ITF)赛事中夺冠,并 3 获国际女子职业网球协会(WTA)赛事冠军，排名进入前 50；郑洁领衔中国女单头号，其世界单打排名达到第 94 位，是继李芳和易景茜后第 3 个进入世界排名前 100 位的中国选手。2004 年 9 月，北京网球公开赛被定位为国家级赛事。李婷与孙甜甜荣获 2004 年雅典奥运会的双打冠军。郑洁、晏紫分别于 2006 年法网和 2010 年温网打进双打四强；同时获得了 2006 年澳网和温网的双打冠军。李娜夺得了 2011 年澳网亚军和法网冠军以及 2014 年澳网冠军，世界最高排名来到了世界第二。中国女子网球掀起国内网球运动的热潮，中国男子网球则处于较为落后的局面。

6. 中国网球赛事构建

随着我国经济水平的提升，网球运动水平也逐渐得到提升，越来越多的人参与网球运动。高校网球运动发展迅猛，多数高校开展了网球课程，并已成功举办了 25 届中国大学生网球比赛，每次参赛大学生都多达千余人。除了大学生赛事，中国网球协会还创办了系列赛事。

(1) 中国网球公开赛。

2004 年，中国网球公开赛(China Open)在北京举行，每年举行的时间大约在“十一”假期，吸引了全国乃至世界各地网球爱好者观看。中国网球公开赛是亚洲地区级别最高、设置最安全、参赛球员最多的赛事，它具有国际女子职业网球协会(WTA)、职业网球联合会(ATP)以及国际网球联合会(ITF)三个最权威的国际网球组织的举办权。2009 年开始，中国网球公开赛女子赛事升级为 WTA 皇冠级赛事，冠军积分为 1 000 分，与印第安维尔斯大师赛、迈阿密大师赛及马德里大师赛并称为女子“四大超级赛事”，男子赛事为 ATP500 赛事。参赛阵容上，中国网球公开赛是女子排名前 46 的运动员必须参加的赛事之一，也是男子选手在美网之后北京、东京、巴塞尔必选的 500 积分赛事之一。

中国网球公开赛标志

(2) 上海大师赛。

上海大师赛(Shanghai Masters)是职业网球联合会世界巡回赛的九站 ATP1000 大师赛之一，于每年 10 月份中国网球公开赛之后在上海举行，其重要程度是位于四大满赛事、ATP 年终总决赛之后的亚洲最重要赛事。此项赛事是排名前 20 的运动员必选赛事，获得此项赛事冠军可积分 1 000 分。此项赛事首次举办于 2002 年，2005—2007 年成功举办年终总决赛。2009 年，上海拿到了大师赛举办权。

(3) 广州女子网球公开赛。

广州女子网球公开赛(Guangzhou Open)，从 2004 年起于每年的 9 月中下旬在广州举办，是 WTA 在广州举办的全球 54 站巡回赛之一，该项赛事冠军积分为 280 分。

(4) 武汉网球公开赛。

武汉网球公开赛(Wuhan Open)始于 2014 年，每年 9 月底在武汉举行，是国内级别最高的三大网球赛事之一，是 WTA 全球十大巡回赛之一，与多哈、罗马、蒙特利尔、辛辛那提公开赛并称为“超五赛事”，该项赛事的冠军积分为 900 分。

顶级赛事在中国的举办与运营，形成“赛事举办—赞助商赞助—媒体宣传—奖金提升—参与广泛—更多关注”的良性发展循环，一定程度上带动了中国大众网球和竞技网球水平的整体提升与发展。

## 第二节　现代网球运动的发展趋势

当前，网球运动的发展逐渐趋向技术全面化、发展商业化、普及化和国际化。

### 一、网球运动技术全面化

网球各种打法越来越要求技术全面，既要发球速度力量兼顾，又要旋转落点多变，需要正反手技术平衡发展，球的旋转更强，落地更加前冲；在强有力的底线技术之上需要具备较强的网前截击能力和高压球技术，优秀运动员的打法趋向于技术全面且要特长突出。球拍新科技的运用和训练手段的不断科学化，使得当今网球运动技术向着全面进攻型方向发展。

在高级别网球比赛中，技术全面是取得优异成绩的基础。网球运动的技战术种类主要分为进攻型与防守型两种。其中，进攻型打法表现为在比赛中主动发起攻击，以进攻得分为主，但非受迫性失误控制是其赢得比赛的根本；而防守型打法主要表现为比赛中以防守为主，赢得比赛的根本是依靠对方的失误。目前这两种打法日趋融合，进攻中有防守，防守中有进攻。

### 二、网球运动发展商业化

（一）网球运动娱乐的消费

关于网球运动娱乐的消费，主要体现在观赏比赛门票、比赛期间宾馆住宿、饮食服务等方面。2000 年温网的门票价格为 40～50 英镑，有时很难买到，而黑市上能达到 2 000 英镑。一次大赛大约能消费掉 27 吨草莓、13.5 万份冰淇淋、1.25 万瓶香槟酒。网球运动纪念品的销售额也相当可观，2001 年美网期间，12.5 万件纪念 T 恤衫销售一空。每年仅四大公开赛事的直接观看参与消费的人平均有 50 万人次之多，他们所带动的消费数额庞大。

（二）网球运动产品的消费

网球运动产品的消费，主要体现在网球运动相关的服装、器材等产品上。根据网球产业协会的统计，网球拍、网球以及相关辅件等的批发销售额约为 2.4 亿美元，网球服装销售额约为 19 亿美元。

据相关调查，在中国，每周打一次网球的爱好者，平均一年与网球直接相关的拍、包、球、场地费用至少在 1 000 元以上。据统计，美洲网球爱好者有 3 000 万人以上，欧洲有 5 000 万人以上，亚洲和大洋洲有 2 000 万人以上，全球网球爱好者约有 1 亿人之多。由此可见，网球运动具有巨大的消费市场。随着全球经济的发展，消费人数和消费金额会日益增长。

此外，网球运动相关产品的企业，会利用网球运动的服装以及球拍等产品代言的“名人效应”提升企业知名度，促进其产品销售，进一步刺激了网球运动产品的消费。

（三）网球运动场馆及赛事赞助市场化

四大满贯赛事的场馆及赛事赞助额度均在数亿美金，均处于良性运营状态。2002 年，澳网场馆门票和赛事赞助总收入高达 1.89 亿美元。温布尔顿网球中心经营有方，仅以会员会费、皇家赞助和出售的债券等就可以筹集到用于场地和设备的维保资金，再通过票务等获得利润。美网赞助商主要来自 IBM 公司，温网的主要赞助商是劳力士公司，澳网的主要赞助商是韩国起亚(KIA)公司,法网的主要赞助商是王子(Prince)公司等。

中国网球产业虽然起步较晚,但在场馆经营方面颇具成效。以上海为例,上海的室内场馆和室外球馆很多,一般预约价位约300元/小时,多以会员制模式经营,节假日经常预约不上场地。

(四) 网球运动经纪产业市场化

网球运动经纪产业在体育产业中的比重可能不大,但对于整个体育产业的发展颇具意义。首先,网球运动产业能够壮大职业体育产业及体育经纪业;其次,专业化的体育经纪公司与体育经纪人卓越的市场拓展能力在带动体育书刊及音像制品等的开发、生产和经营的同时,也能促进体育广告业与体育用品业的发展。比如,2018年,著名网球运动员费德勒的职业经纪人就签订了与日本服装品牌"优衣库"10年3亿美元的代言费用合同。

随着网球运动向职业化的深入发展,网球运动经纪产业逐渐完善和成熟,有更多的经纪公司和经纪人对优秀运动员进行赞助。

## 三、网球运动的普及化

(一) 普及面广

随着人们对网球运动价值认知的提高,网球运动参与的人数越来越多。网球优秀运动员以前多集中于欧美国家,现在亚洲国家的网球优秀运动员也开始涌现出来。虽然整体上亚洲的网球水平还无法与欧美国家相比,但参与网球运动的普通大众越来越多,每年的网球赛事越发吸引关注。而中国网球公开赛、上海大师赛的举办使得网球运动在我国越来越普及。

(二) 组织机构完善

网球运动组织机构包括国际网球联合会(ITF)、国际男子职业网球联合会(ATP)以及国际女子职业网球协会(WTA)。它们共同组织不同国家和地区的网球比赛,包括最高规格的四大网球公开赛、ATP1000及其他级别的赛事。戴维斯杯及联合会杯团体赛均由国际网球联合会负责组织。ITF每年出版发行52期的《世界网球排名表》,男子运动员排名每1周发布一次,女子运动员排名每2周发布一次。运动员排名的发布对世界优秀选手参加不同级别的比赛有一定促进作用,也有利于比赛的高水平和吸引力。国际网坛系列的组织机构的建立能够促使网球运动朝着更加健康、稳定的方向发展。

(三) 观赏性强

正规网球场地一般包括三种类型:一是草场地,球速快,弹跳低;二是红土地,速度慢,弹跳高;三是硬场地,弹跳均匀,速度快。不同场地的球速及弹性不同,其技术打法和战术运用也会有差异,特别是四大满贯赛事,其比赛竞争之激烈、对抗性之强,极大地增强了比赛的观赏性,能够吸引全球数十亿爱好者观看比赛。

## 四、网球运动的国际化

现代网球运动的发展趋于国际化,主要体现在网球赛事、网球观众及网球人口三个方面。

(一) 赛事国际化

与其他运动赛事相比,网球运动比赛相对较频繁,每年世界上顶级网球赛事除了四大公开赛事、年终总决赛、戴维斯杯、联合会杯，还有 ATP1000、ATP500 及 500 积分以下的赛事 70 余个，WTA1000、WTA500 及 500 积分以下的系列赛事 60 余个。除此之外，其他的挑战赛、卫星赛以及世界青年杯、元老赛等达数百个。众多的赛事分布于全球不同国家或地区，在地域和时空上，与其他项目相比均显示其更为宽广的覆盖面，更具全球化的视野。

中国网球的发展也正走向国际。中国网球公开赛、上海大师赛及武汉网球公开赛等系列国际赛事的举办，充分说明我国网球水平有了历史性的提升，已经迈向新的台阶。

（二）网球观众国际化

网球运动被誉为除了足球之外的第二大项目，主要是指其运动员和观众越来越多。每年的温网、澳网赛事的现场观众可达 50 万人，法网 36 万人左右，美网可达 60 万人左右。全球全年通过现代媒体转播的网球赛事的受众可达 1 亿人以上。

网球赛事较高的收视率，扩大了网球的影响，有利于网球运动的普及；不同国家各大电视台在高利润广告收入驱使下愿意高价购买转播权，也有利于网球赛事的举办。全球不同国家和地区的系列化网球赛事促进了地区和民族间的文化融合。

（三）网球运动人口国际化

随着网球运动在全球范围内的推广与普及，网球运动人口扩大，许多国家出现了更多优秀的网球选手，打破了原来美国、英国、法国等少数国家霸占网坛的局面。21 世纪，巴西、塞尔维亚、阿根廷、瑞士、南非、日本、中国、印度也出现了许多优秀的网球运动员。随着网球运动的全球化和训练手段的科学化，网坛出现了群星争辉的新局面。

从发展速度与发展规模上看，网球这一运动项目体现了文化元素的多元性、运动人口参与的国际性、参与人口的全球化。

# 第三节　网球运动的组织机构与重大赛事

## 一、网球运动的重要组织结构

（一）国际网球联合会（ITF）

国际网球联合会（International Tennis Federation，ITF）成立于 1912 年 3 月 1 日，简称国际网联，总部设在伦敦，是国际网球运动的最高组织机构。

国际网球联合会目前有会员 198 个。国际网联规范和推动着全球网球运动朝着健康、文明的方向发展。国际网联负责国际网球重大比赛的相关事务，比如，比赛规则的修订，顶级网球裁判的培训等。其负责的主要赛事或与其他组织共同负责的赛事包括：大满贯赛事（由 ITF、ATP 和 WTA 共同组织）即澳网、法网、温网、美网，ATP1000 大师赛，年终总决赛（由 ATP、Grand Slams 和 ITF 共同组织），戴维斯杯男子团体赛，联合会杯女子团体赛，霍普曼杯男女混合团体赛，奥运会网球赛事，各种级别的巡回赛事以及高级别男、女青少年赛事。

ITF International Tennis Federation

国际网球联合会标志

（二）国际男子职业网球联合会（ATP）

国际男子职业网球联合会（Association of Tennis Professionals，ATP），是世界男子职

业网球选手的“自治”组织机构，于 1972 年成立于美国佛罗里达。

ATP 的主要任务是负责组织和管理运动员的积分、排名、奖金分配，制定比赛规则以及确定运动员是否具备参赛资格等，其负责的主要赛事或与其他组织共同负责的赛事包括：大满贯赛事（由 ITF、ATP、WTA 共同组织）、大师系列赛（9 站，由 ATP、Grand Slams 和 ITF 共同组织）、年终总决赛、国际网球系列赛以及国际职业网球巡回赛和各种奖金数额不等的挑战赛。

国际男子职业网球联合会标志

（三）国际女子职业网球协会（WTA）

国际女子职业网球协会（Women's Tennis Association，WTA）于 1973 年成立，总部位于美国的圣德彼斯堡。另外，在英国伦敦设有一个分支机构，负责巡回赛事。

WTA 设有一个主席和一个理事会，负责相关业务管理，另外设置了商业顾问，理事会是为女子网球职业协会提供建议的核心机构。球员们在女子网球协会中有各自的代理人。国际女子职业网球协会决定整个巡回赛的所有规则，并资助一些表演赛，使球员们能参加一些这样的比赛而不必担心与真正的职业联赛相冲突。其负责的主要赛事或与其他组织共同负责的赛事包括：大满贯赛事（由 ITF、ATP、WTA 共同组织）、皇冠赛事、WTA 年终总决赛以及级别和奖金不等的 WTA 巡回赛事。

国际女子职业网球协会标志

## 二、网球运动重大赛事

（一）四大满贯赛事

四大满贯赛事是国际网球赛事中历史最悠久、影响力最大、奖金和积分最高（冠军积分为 2 000 分）的比赛，其举办的时间、地点、场地类型如表 1-1 所列。

**表 1-1　四大满贯赛事相关信息**

| 公开赛名称 | 举办时间 | 举办地点 | 场地类型 | 起始时间 | |
|---|---|---|---|---|---|
| | | | | 男 | 女 |
| 澳大利亚网球公开赛 | 1—2 月 | 墨尔本 | 人工塑胶场 | 1905 年 | 1927 年 |
| 法国网球公开赛 | 5—6 月 | 巴黎 | 红土场 | 1891 年 | 1897 年 |
| 温布尔顿网球公开赛 | 6—7 月 | 伦敦 | 草地 | 1877 年 | 1881 年 |
| 美国网球公开赛 | 8—9 月 | 纽约 | 人工塑胶场 | 1881 年 | 1887 年 |

四大网球赛事均设有男、女单打，男、女双打以及男女混合双打 5 个项目，男子比赛采用

五盘三胜淘汰赛制，女子则采用三盘两胜淘汰赛制，且决胜盘均采用长盘赛制。为缩短比赛时长，2018 年后澳网采取决胜赛平局抢“十”赛制；温网和美网采取决胜赛平局抢“七”赛制，2021 年后，四大满贯赛事均采取决胜赛平局抢“十”赛制。如果一名运动员在同一年度同时包揽四大网球公开赛的冠军，即被称之为“全满贯”。夺取“全满贯”是网球运动员获得的最高荣誉。自公开赛年代以来，只有澳大利亚著名网球运动员罗德·拉沃（Rod Laver）于 1969 年获得过此项殊荣。但是，一般我们认为只要得过四大网球公开赛冠军的（不必是同一年度内），也叫全满贯。历史上获得全满贯的运动员有唐纳德·布吉（Donald Budge）（1938 年）、罗德·拉沃（Rod Laver）（1962 年和 1969 年）、佛雷德·佩里（Fred Perry）（1933 年、1934 年、1935 年）、罗伊·爱默生（Roy Emerson）（1961 年、1963 年、1964 年）、安德烈·阿加西（Andre Agassi）（1992 年、1994 年、1995 年、1999 年）。截至 2021 年年底，纳达尔获得 22 个大满贯，德约科维奇获得 21 个大满贯，费德勒获得 20 个大满贯，均成就“全满贯”伟业。

此外，还有“金满贯”，即“全满贯＋奥运冠军”。历史上只有一对夫妇获得过金满贯，就是阿加西和他的妻子格拉芙，纳达尔是目前现役的金满贯球员。

1. 澳大利亚网球公开赛

澳大利亚网球公开赛（Australian Open），简称澳网，于 1905 年创办，在每年 1 月底 2 月初进行，是一年中最先开始的大满贯赛事。

澳大利亚网球公开赛由澳大利亚网球中心进行管理，比赛场地设在澳大利亚墨尔本市网球中心。由于比赛期间时值盛夏，天气酷热，对运动员的体能储备及耐热能力是一种考验。

澳大利亚网球公开赛标志

2. 法国网球公开赛

法国网球公开赛（Paris Open），简称法网，于 1891 年在法国巴黎创办，在每年 5 月底 6 月初举行，比赛地点为法国巴黎。

法网创办之初要求必须本国人方可参赛，1925 年以后对外开放，成为公开赛。法网赛事 100 多年历程中曾因世界大战被迫停赛 11 年。法国公开赛采用的是红土场地，场地速度相对较慢，因而比赛回合数增加，再加上男子比赛采用五盘三胜长盘决胜赛制，所以一场男子比赛持续 4 个小时较为常见，对运动员技战术、体能以及毅力均有着较高要求。

法国网球公开赛标志

3. 温布尔顿网球公开赛

温布尔顿网球公开赛（Wimbledon Open），简称温网，于 1877 年由全英俱乐部和英国草地网球协会创办。

该项赛事在每年 6 月底 7 月初举行，是四大满贯赛事中最享有盛誉的一个，温布尔顿被誉为现代网球的发源地。温网现在依然保有传统要求：运动员须着装白色运动衣、白色运动鞋，球童着装依然为紫绿色，采用木质记分牌及木质看台。温网的前身为“全英网球锦标赛”，首届比赛只设男子单打，冠军奖杯叫“挑战杯”，后来增设女子及双打项目，1901 年接受英国自治领地的小国参加，并于 1905 年正式接纳国外选手参赛。温网开始只限于英国人比赛。温网创办以来，因为世界大战停赛 10 次，2020 年因新冠疫情停赛1次。

4. 美国网球公开赛

美国网球公开赛(American Open),简称美网,于1881年在纽约举行,起初名为"全美冠军赛"。该项赛事于1887年开始设立女子项目。2006年最先采用电子鹰眼装置。因新冠疫情,2021年美网公开赛全部采用电子司线。该项赛事通常在每年8月底9月初举行,是一年中四大公开赛中最后一项大满贯赛事,场地为塑胶硬地,在美国纽约USTA网球中心举行。

温布尔顿网球公开赛标志

(二) 大师杯系列赛

大师杯系列赛是ATP比赛中除四大公开赛之外的最重要赛事,共有9站,冠军积分为1 000分,由ATP、Grand Slams和ITF共同拥有,其中蒙特卡洛站为非强制参加赛事,其余8站赛事世界排名前20的运动员必须参加,分别是印第安威尔斯(美国,硬地)、迈阿密(美国,硬地)、蒙特卡罗(法国,红土)、罗马(意大利,红土)、马德里(西班牙,土场)、蒙特利尔(加拿大,硬地)、辛辛那提(美国,硬地)、上海(中国,硬地)、巴黎(法国,硬地)。

美国网球公开赛标志

(三) ATP、WTA年终总决赛

1. ATP年终总决赛

ATP年终总决赛由国际网联和大满贯委员会联合主办,是ATP巡回赛的年终总决赛,只有当年排名世界前8的网球运动员才有参赛资格,抽签分成2组,采取组内循环与第二阶段淘汰赛制,比赛场地为硬地,最终全胜夺冠可以获得1 500积分,决赛获胜为500积分,半决赛获胜为400积分,小组每胜为200积分,除此之外,每胜一盘均有数额不等的奖金。从2000年开始,上一年度的冠军可直接参赛。1970年,首届比赛在东京举行。后来比赛先后在巴黎、巴塞罗那、波士顿、墨尔本、斯德哥尔摩、休斯敦与上海、伦敦等不同城市举行。从1977年起,比赛定点在美国纽约举办。1990年,比赛易地到德国举行;1990—1995年在法兰克福举行;1996—2000年在汉诺威举行;2001年起,比赛在休斯敦、上海、伦敦举办;2015年,ATP年终总决赛在英国伦敦进行,现在比赛改名为"ATP大师杯"。

2. WTA年终总决赛

WTA冠军锦标赛是每年一度的世界女子网球年终总决赛,由国际网联和大满贯委员会以及WTA联合主办。首届赛事于1972年由世界排名前16的运动员参加,采用淘汰赛制;1977年,从淘汰赛改为排名前8的运动员小组循环结合第二阶段淘汰赛制;20世纪90年代又改回淘汰制,直到2003年又恢复为小组循环结合第二阶段淘汰赛制,保持全胜冠军获得1 500积分,决赛获胜为500积分,半决赛获胜为400积分,小组每胜为200积分。除此之外,每胜一盘均有数额不等的奖金。

(四) 国际团体赛

1. 戴维斯杯赛

戴维斯杯赛(Davis Cup)是国际男子网球团体项目比赛,由国际网球联合会主办的年度项目,采用两级的升降级赛制,即第一级称世界组,由16个队参加,成员是前一年比赛的前

12 名和 4 个分区赛(即第二级的 4 个区的比赛)的第一名,这一级的冠军队即获奖杯;第二级分欧洲 A 区、欧洲 B 区、美洲区和东方区 4 个区比赛,获得各区第一名的可参加下一年第一级的比赛。该项赛事是由美国哈佛大学的青年学生 Dwight Filley Davis 始创的网球团体赛,因此又称为"戴维斯杯男子团体赛",它是代表一个国家网球运动整体水平的比赛。第 1 届比赛于 1900 年在美国波士顿举行,美国获得冠军。现在,每年报名参加戴维斯杯赛的国家众多,该项赛事已成为体育竞赛中规模最大的年度赛事之一。

2. 联合会杯赛

联合会杯赛(Fed Cup)是与戴维斯杯齐名的世界女子网球团体赛事,1963 年创办。2020 年 9 月 17 日,正式更名为"比利·简·金杯"(以纪念这位女子为网球发展做出的卓越贡献)。第 1 届联合会杯比赛是在伦敦的女子俱乐部进行的。联合会杯赛制采用升降级赛制,共有 16 支代表队参加,分别是由上一年度联合会杯赛的 1/4 决赛的 8 个队组成世界组,其余 8 个队组成 A 组,这两组比赛采用一次主场、一次客场的方法。世界组中,第一轮获胜的 4 个队进行半决赛,第一轮失败的 4 个队与 A 组获胜的 4 个队进行比赛,获胜的队进入下一年度的世界组。A 组中第一轮失败的队同各区中获胜的队进行比赛,然后,有 4 支获胜的队进入下一年度的 A 组比赛。4 支失败的队则参加下一年度的区比赛。世界组和 A 组的比赛采取五场三胜制,第一天进行两场单打,第二天进行两场单打和一场双打。

(五) 奥运会网球赛

奥运会 4 年举办一次,是举世瞩目的体育赛事,然而,网球运动加入奥运会比赛大家庭的历史却一波三折。1896 年的第 1 届奥运会,网球被列为正式比赛项目,但在 1921 年,由于国际网联和奥委会因"业余选手"和"职业选手"上的分歧,网球比赛被迫退出奥运会。1984 年,网球被奥运会列为表演项目,直到 1988 年才再次成为正式比赛项目。由于奥运会比赛没有优厚的奖金,同时也没有世界排名积分,对优秀球员的吸引力不大,一定程度上影响了比赛的激烈程度和观赏性。

(六) 其他系列巡回赛

除了以上介绍的四大满贯赛事、ATP1000 赛事、WTA 赛事、戴维斯杯男子团体赛事、联合会杯女子团体赛事以及奥运会网球赛事,还有其他一级到四级、奖金额度不等、排名积分在 100～500 的国际网球赛事,比如,武汉、罗马、多哈、东京、莫斯科、迪拜、悉尼、卢森堡、广州、辛辛那提等地的赛事。

## 第四节　网球运动的特点和价值

### 一、网球运动的特点

(一) 高强度对抗性

网球运动作为持拍隔网项目,竞争激烈,对抗强度大。正式比赛时,每个网球运动员都会积极调动全部潜力战胜对手。大满贯赛事一场比赛时长平均在 4 小时左右,即使是三盘两胜的 ATP 巡回赛,如遇到实力相当的选手,消耗也很大,对运动员的体能要求会很高,所以要求运动员具备良好的体能储备。比如,历史上耗时最长的比赛是 2010 年温网美国人伊斯内尔与法国人马胡的比赛,一共进行 3 天,耗时 11 小时 5 分钟,决胜盘耗时 491 分钟。

（二）技战术的独特性

网球的每一分发球都有两次发球机会，第一次失误后还有第二次发球机会，一发时速可达 200 公里左右；每 4 分一局，且要净胜对方 2 分才算取胜。每一局总是由一个人发球，称为发球人的发球局。在发球局中，可以追求速度、旋转、落点的变化，增加了接发球的破发难度。

（三）高度公平性

网球比赛规则有严格的要求，对比赛场地、相关器材、运动员参赛资格等均做出了明确要求。同时，对于运动员参赛行为也做出了明确的规范，否则就会被警告或罚分。比如，对每场比赛去洗手间的次数、鹰眼挑战的次数等都有明确规定；运动员比赛就是展现运动员的技战术运用和心理能力，绝不允许外力干扰，除了团体比赛教练可以在交换场地时进行技战术指导外，其他任何单、双打比赛，均不允许教练在旁指导，整个比赛过程均是个人独立完成。

（四）赛事频繁

与其他体育运动项目相比，网球运动的比赛尤为频繁。自公开赛年代以来，国际网坛几乎每周都有各种级别的比赛。

（五）比赛的奖金丰厚

网球运动之所以能成为除足球以外的第二大热门项目，除了网球运动本身特有的魅力之外，网球比赛多设有巨额奖金，尤其是一些只允许高排名选手参加的比赛，并且比赛名次越靠前奖金数额越高。一般而言，冠军的奖金是亚军的两倍，这就促使大量的运动员展开激烈竞争，以获得积分和高排名。另外，好的运动成绩和自身形象也能吸引更多的企业赞助和投资，获得巨额广告签约。因此，网球运动比赛获得的丰厚的奖金回报也成功吸引了更多人的关注和参与。

（六）参与广泛性

对于普通大众而言，网球运动既可以单打，也可以双打；既可以强度对抗，也可以休闲娱乐，对年龄、性别、体型等均没有限制，适宜多数人参与。对于普通网球爱好者而言，网球运动在带给他们快乐的同时，也能使运动者消耗多余热量，强身健体。

## 二、网球运动的价值

（一）健身价值

网球运动的特点之一是广泛的参与性。对普通爱好者而言，网球是一项老少皆宜、无关乎体型的球类运动，适宜不同年龄段，是能提高个体生理、体能、心理的运动项目。据牛津大学得出的科学结论，网球运动是对人类健康最有益的运动。

1. 促进人体机能协调、全面发展

(1) 锻炼神经系统功能。

经常进行网球运动，能够对神经系统形成良好刺激，促使大脑神经之间产生新的链接，提高其灵活性和持久性，使运动个体精力充沛、记忆力得到加强。

(2) 提升运动系统功能。

经常进行网球运动，能够促进骨骼新陈代谢，增加骨骼密度，使骨骼粗壮而坚固；能够增粗肌纤维，使得肌肉横截面加大、肌肉力量增强；能够提高人体的反应速度、反应准确性以及协调性，使人体关节更加灵活而稳定有力。

(3) 加强循环系统功能。

经常进行网球运动，能够使心脏得到锻炼，加强心肌力量，增强其泵血功能，改善其供血机能，提高血液输出量，并促使血管更富有弹性。

(4) 改善呼吸系统功能。

网球运动时需要更多的深呼吸，以吸进更多氧气、促使气体在身体内的交换加快，从而使身体负荷承担能力得到加强；呼吸深度提升的同时，呼吸频率减慢，可促使呼吸肌效率得到提升，工作持久性、耐疲劳性得到加强，故而经常进行网球运动的人肺活量较大。

2. 加快人体机能消耗

网球运动是持拍隔网类项目，它是以有氧代谢系统供能为主结合磷酸原系统、无氧糖酵解供能系统交替进行的项目。

在网球运动过程中，运动个体或快或慢、以不同步法向不同的方向进行跑动，并伴随着上千次各种姿势的挥拍动作和 5 000～10 000 米不等的跑动距离。网球运动是一项充满乐趣又较为有效的减肥手段。我们在进行网球运动时，主要运用到大腿股四头肌、腰肌、腰背肌以及手臂等部位的肌肉，而腰部是脂肪较为容易堆积的部位，通过网球运动，能够使身体不同部位的肌肉有所增加，提升基础代谢，从而有利于脂肪分解、肌纤维增粗，肌肉更加健美。

3. 有效防治疾病

网球运动不但对心血管和呼吸系统、肠道、肝脏等产生有益的影响，还能够有效预防各种身心疾病。研究表明，每周打 3 小时的网球，可以减少 30%～50%的心脏病患病风险，降低 50%患糖尿病的风险，使运动者更加健康且长寿。经常进行网球运动，能够促进肝功能代谢，有助于肥胖和脂肪肝的预防。网球运动是一项能协调调动全身肌肉的项目，一定程度上可以改善甚至治疗腰、肩疼痛。经常进行网球运动，能减少促使血压上升的荷尔蒙分泌，增加使血压降低的牛胆酸分泌，所以网球运动能降低血压。网球运动能预防骨质疏松和维持老年人较好的认知能力，刺激脑神经细胞生长，预防老年痴呆。同时，网球运动往往需要伙伴或团体，这种定期的运动能够使运动者找到归属感，从而获得社会支持、释放心理压力、保持积极乐观的心态、降低心血管疾病及死亡风险。

4. 有利于中老年人延年益寿

一项 20 多年的追踪研究显示，与久坐相比，经常进行网球运动者预期寿命会增加 9.7 年，而羽毛球是 6.2 年，足球是 4.7 年，骑自行车是 3.7 年，游泳是 3.4 年，慢跑是 3.2 年，健美操是 3.1 年，泡健身房是 1.5 年。可见，网球运动对人的寿命影响较大，有助于中老年人延年益寿，是适合中老年人的运动项目之一。同时，网球运动环境以室外为主，场地色彩艳丽，空气清新，中老年人经常参与网球运动能够使其身体更加灵活而矫健，有益于机体各器官协同作用，达到延缓衰老的效用。

(二) 提高心理素质

在网球运动过程中，人们在锻炼身体的同时，通过不断的进攻与控制，能较好地控制自我情绪，调节自我心理，有利于培养个体拼搏进取的精神和胜不骄、败不馁的品质，有利于培养人们诚实与公平、公正的思想作风及良好品德。例如，在网球运动中，连续失误或比分落后时，应通过一定的方式使自己冷静思考以从容应对。网球运动很多时候都是信任制（即无裁判)，需要双方互相信任，以公平的心态对待比赛，从而养成公平、公正的思想作风。网球运动是一项较为自我的运动，需要在场上自我应对、主动思考，培养运动者的意志品质(除团体比赛外，均不需要场外指导)。

（三）教育价值

网球运动是一项具有独特教育价值的运动，具有文明、高雅的文化礼仪。在运动过程中，要求参与者能够自觉践行网球运动的行为规范，自觉遵循网球运动的礼仪要求。

网球运动要求具有团结协作精神。这种团队精神体现在教练与球员之间，团体赛中的队友之间、双打比赛中的搭档之间的默契配合上。特别是双打比赛，无论是专业双打比赛还是业余双打比赛，始终需要信任、尊重和鼓励同伴。网球运动具有培养人诚实守信的教育价值。业余爱好者在网球运动和比赛时，多数情况下都没有裁判，要求参与者自觉遵守比赛规则，还要兼职司线、裁判，要做到诚实守信。诚信品质贯穿于网球活动的全过程。网球运动较强的文化内涵，吸引了各种职业与不同经历的人共同参与，促进个体之间的学习和交流，从而完成个体的社会化再教育。

（四）经济价值

不同级别的网球巡回赛、卫星赛、公开赛和大师赛吸引数以万计的球迷及众多赞助商的参与。职业球员不同品牌的广告代理效应，已被知名体育厂商及相关品牌的代理商所认同，运动员的品牌代理效应引领着大众消费。比如费德勒、纳达尔等著名网球运动员品牌代理年收入都在 1 亿美元以上，同时也带动体育相关行业经济的增长，从而推动了社会经济的发展。

（五）观赏价值

在网球运动比赛过程中，当运动员特别是顶级水平的运动员以自己超高的技战术、才智和特有的风格，努力拼搏完成比赛时，观众在欣赏运动员的精湛技艺和顽强拼搏精神的同时，无形中陶冶了自我情操。

比赛期间要求观众与运动员应互相尊重，观赛期间，只有运动员在交换场区、局间或盘间休息时，观众方能在观众席进行短暂的走动或离场；当球处于“活球”期时，应保持安静状态，不可大声喧哗；当一分决出胜负后，观众方可给予掌声鼓励。网球运动独有的观赏礼仪，加上运动员千变万化的技战术，使其具有较高的观赏价值。

**【课后讨论】**

(1) 网球运动的起源与发展。

(2) 网球运动的组织结构与重大赛事。

(3) 中国网球运动的发展历程。

(4) 网球运动的特点与价值体现。

# 第二章　网球运动理论基础

**本章概要**

本章详细解读网球击球原理、动作结构及网球运动力学分析，介绍了网球技术的评定原则与标准。

**学习目标**

（1）了解网球击球原理及动作结构。

（2）掌握网球运动的动力学分析。

（3）了解网球技术评定原则与标准。

## 第一节　网球的击球原理与动作结构

### 一、网球的击球原理

网球的击球技术动作包括发球、正反手击球、削球、截击及高压球等，每一个击球动作都包括击球的弧线、力量、速度、旋转以及击球落点等要素。下面主要从上述几个击球要素具体分析击球原理。

（一）击球弧线

1. 击球弧线的概念

击球弧线是指击打出的球落到对方有效场区内的飞行轨迹，包括出手弧线与弹起弧线两部分。

（1）出手弧线。

出手弧线是指击打的球从离开球拍后到落在对方场区为止的飞行轨迹（见图 2-1）。它主要包括弧高、打出距离、弧线弯曲度和弧线方向等 4 个要素。

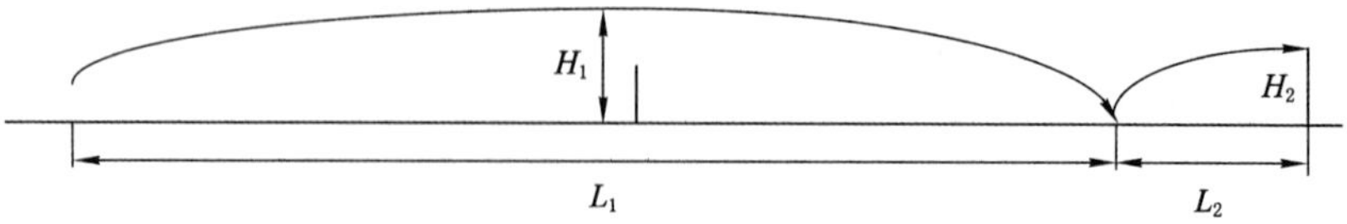


图 2-1　出手弧线

① 弧高。击球弧线顶点到地面的垂直距离，可用 $H_1$ 表示。

② 打出距离。击球点在地面上的投影到球落地点的直线距离，可用 $L_1$ 表示。

③ 弧线弯曲度。弧线弯曲度与弧高成正比，与打出距离成反比。例如，一个球的弧线

很高，打出距离很短，此球的弧线弯曲就一定很大。

④ 弧线方向。弧线方向主要指向左或右的方向(以击球员作为参照方向)。

(2) 弹起弧线。

弹起弧线是指从击出的球飞到对方场区地面弹起到碰到对方球拍或地面、拦网等其他物体为止的这段飞行弧线。它由弧高、弹起距离和方向等几部分组成，其中方向包括前、后、左、右。因为在网球运动中，双方运动员是对面站立，所以前后左右的方向是相对的。

2. 击球弧线的作用

合理的击球弧线在网球运动过程中起着重要作用，主要表现在以下两个方面。

(1) 合理的击球弧线是击球稳定性的保证。

不同来球击出弧线的要求也会有不同，如击打大角度斜线球时，弧线弯曲度要大，击打距离要短；回击网前高球的弧线弯曲度较小或表现为平直；回击底线球则需有较长的打击距离，需要适宜的弧线高度。

(2) 灵活多变的弧线可有效增加球的威胁性。

第一，不断增加或降低回击球的弧线高度，能有效加大对方击球难度。比如，切削球或击打出平击球后随球上网，降低了击球弧度，迫使对方回球失误或增加击球难度。

第二，利用击球弧线左右变化技术迫使对方处于被动或回击球直接失误。比如，发球侧旋或切削侧下旋球迫使对方远离场区或最佳击球位置、无法击出高质量回球，为下一拍球创造得分机会。

第三，落地反弹后弧线前后或长短的变化迫使对方无法击出高质量回球或失误。比如，在回击来球采用放小球技术时，使球越网后回弹，迫使对方失误而直接得分。又如，在底线击出强烈前冲上旋球或上旋挑高球，使球落地后前冲加速，迫使对方无法击出高质量回球或失误。

3. 击球弧线的影响因素

击球弧线的影响因素包括击球出手角度、击球初速度、击球出手瞬间距地面高度以及球的旋转等。

(1) 击球出手角度。

击球出手角度指球刚被击离球拍瞬间与水平面的夹角。击球出手角度越大，球的飞行弧线高度也越大。

(2) 击球初速度。

击球初速度指球离拍瞬间的飞行速度。

如果将打出距离用 $L$ 表示，击球出手角度用 $\alpha$ 表示，击球高度用 $h$ 表示，击球初速度用 $V_0$ 表示，$g$ 为重力加速度，它们之间的关系可以用公式表示为：

$$L=\frac{v_0^2\sin 2\alpha}{g}+\frac{h}{\tan\alpha}$$

若 $h=0$，即球刚落地就击，或者说击球点与球被击后的着落点成一水平面，那么，球的出手角度 $\alpha\leqslant45^\circ$ 时，$V_0$ 不变，$\alpha$ 越大，$H$(弧高)亦越大，$L$ 也就越大。在运动实践中，击球点一般总会高于地面($h>0$)，这样在击球初速度不变时，要想使 $L$ 最大，$\alpha$ 就应略小于 $45^\circ$。所以，在击球初速度一定的情况下，击球出手角度在一定范围内(约 $45^\circ$)，打出距离将随其增大而增大；但当其超过这个范围(约 $45^\circ$)后，打出距离又会随其减小而减小。

击球出手角度取决于击球瞬间的拍形与用力方向。击球出手角度与出手时的速度关系是:击球出手角度越大(在45°范围内),击球初速度越大,弧高越大,打出距离也越长。

(3) 击球出手瞬间距地面高度。

击球出手瞬间距地面高度指击球点距地面的距离。

(4) 球的旋转。

球的旋转不仅对球的出手弧线有影响,还影响着球的弹起轨迹。在实践中,上旋具有增加弧高和缩短打出距离的效应,下旋则反之;左侧旋可使球的飞行轨迹向右,右侧旋则反之。

网球运动中的抽击球与削球是最重要的底线战术。抽击球以上旋为主,切削球则多为下旋。

① 抽击球。抽击球是一项以速度与力量取胜的技术。球员击球时需要不断施加速度和力量,为保证具有攻击性,应尽量降低球的飞行弧线,减少对方的反应时间。若弧线过于平低,会导致触网失分。上旋能够增加弧线的弯曲度,增大弧高,使打出距离缩短而不出界。故而击球者在提高回球向前的速度力量的同时,需要加大向上的用力以增加摩擦力,借以制造合理的上旋弧线,以确保击出的球在界内且具有攻击性。

② 切削球。切削球是一项偏重于防守性的技术,其特点是球在空中下旋、飞行时间较长,其基本要求之一就是要控制过网的弧度。相较而言,上旋球飞行弧线弯曲度较大,下旋球飞行弧线弯曲度较小。在运动实践中,球员经过较长时间的练习,能够增加球在拍上的滞留时间,制造下旋摩擦,以合理的弧线飞越到对方有效场区,从而有助于击球稳定性的提升。

### (二) 击球速度

#### 1. 击球速度的概念

击球速度是指对方击出的球飞至网上到被球拍击打后触及对方场内的物件为止所用的时间。这段时间由两个部分组成:一是来球飞至网上到球拍击球的时间,二是球被击出后至触及对方场区的物件的时间。因此,缩短这两段时间是提高击球速度的必要条件。比如,球一过网就击球,比如截击或高压。

#### 2. 击球速度的作用

在网球运动实践中,个体反应过程大致包括感觉阶段、区别阶段、再认阶段、选择阶段及运动阶段5个阶段。球员要对来球的速度、力量、落点、旋转与弧线等进行感知或判断,要从对方的击球动作(包括准备姿势、引拍以及挥拍击球的动作等)以及球被击出后的运行轨迹进行综合分析,这个过程需要一定的反应时间。击球速度越慢,留给对方准备的时间也就越充分,对来球也越容易准确判断。相反,击球速度快,时间短,增加了对方判断的难度,往往使对方准备不足而出现失误。

#### 3. 击球速度的提高方法

提高击球速度,理论上就是要缩短来球过网后的飞行时间以及球被击出后在空中飞行的时间。

(1) 站位靠近球网,击球点合理地接近球网,能够缩短来球过网时间,同时也可以减少击球后球在空中飞行的距离。

(2) 击出的球飞行弧线控制适当。

(3) 控制动作幅度,通过移动迎前击球。

(4) 通过不同形式的练习逐步提高判断能力、反应速度以及快速移动能力。

(5) 加强腰腹核心肌群的练习，运用腰部动作稳定击球技术，提升击球速度。

### (三) 击球力量

#### 1. 击球力量的概念

网球运动中的击球力量大，是指物理学中的动量($mv$)大。由于网球球体本身的质量($m$)是相对固定的，故而，击球力量大其外在表现形式就是球向前飞行速度($v$)大，即速度快。

#### 2. 加大击球力量的作用

加大击球力量，球体的飞行速度加快，迫使对方的回击球动作必须要快，否则会因来不及调整动作而造成被动或失误。

#### 3. 加大击球力量的方法

加大击球力量的方法主要在于提升击球瞬间向前的挥拍速度，增加参与工作的肌肉力量。具体需要注意以下几点。

(1) 每一个动作都要注意腿、腰、上肢(大臂和小臂)的协调配合，击球动作瞬间强调爆发用力。

(2) 通过系统训练掌握合理的击球时间与击球位置，把握击球节奏，从而协调身体各部位的肌肉发挥出最大力量。

(3) 要遵循击球的正确用力顺序：腿部带动腰髋，腰髋带动肩部，肩部带动大臂与小臂及手腕，总之，是躯干核心发力带动上肢用力。同时，要加强身体素质训练，提高动作速度所需要的身体各部位的绝对力量。

(4) 在击球时适当加大引拍幅度与动作半径。

(5) 击球前，发力肌群应适当拉长，并尽可能放松。

(6) 完成击球后，应注意放松和动作还原，以形成连续发力击球。

### (四) 击球旋转

#### 1. 旋转产生的原因

理论上，球拍给球一个作用力，就产生了球的运动。如果这个作用力给球产生的力矩为0，即作用力完全通过球心，则球不产生旋转；当力矩不为0时，在力学中，要使物体产生旋转，就必须要有旋转力矩($M$)。

$$M=FL$$

其中，$M$表示旋转力矩，$F$表示作用到物体上的力，$L$表示力臂。分析公式可以得知，$F$与$L$越大，$M$越大，该物体旋转也就越强烈。若$L=0$，作用力则通过球心，无论$F$有多大，球也不会产生旋转。因此，正是因为作用力在球体方向上的不同，才使球产生了旋转，即作用力远离球心，球就会产生转动。从下向上发力，就会产生上旋，从上向下发力，就会产生下旋。

#### 2. 旋转的力学原理

根据力学原理，转动力矩＝作用力×力臂(即$M=FL$)。因此，球旋转的强弱主要取决于作用力($F$)的大小与力臂($L$)的长短(见图2-2)。

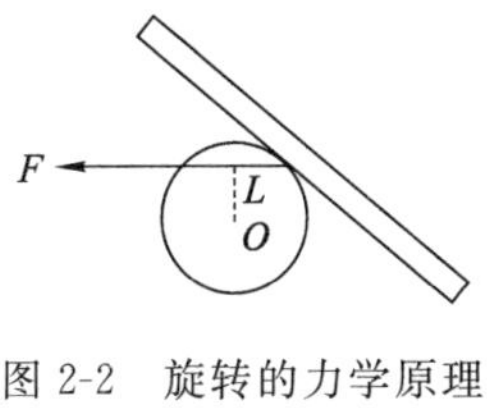


图2-2　旋转的力学原理

力臂($L$)是球旋转的轴心与作用力线的垂直距离。

作用力$F$越大，力臂($L$)越长，则旋转越强。反之，则越弱。

3. 网球基本旋转轴

网球本身是一个无固定旋转轴的物体，但当它旋转起来就自然产生了旋转轴。网球旋转的种类很多，其旋转轴也是多变的，下面主要介绍常见的几种旋转轴。

(1) 上下轴(纵轴)。

上下轴即纵轴，是通过球心与地面相垂直的轴。球绕此轴旋转为侧旋球。根据击球者的方位，击球时，以球拍触球的某一点为基准，向左旋转为左侧旋球(见图 2-3)，向右旋转为右侧旋球(见图 2-4)。

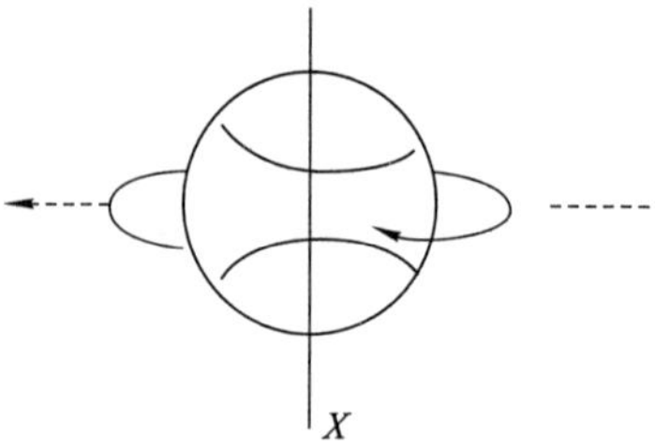


图 2-3　左侧旋球

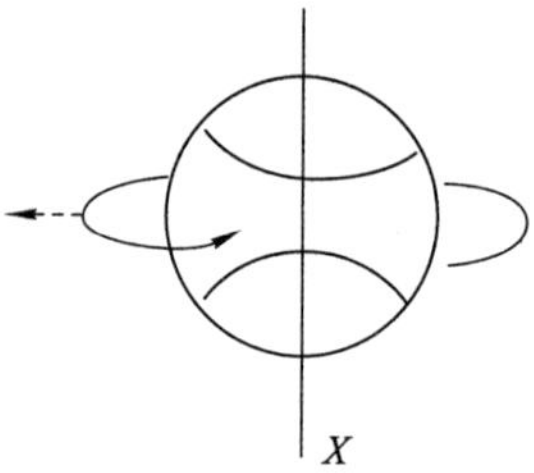


图 2-4　右侧旋球

(2) 左右轴(横轴)。

左右轴即横轴，是通过球心与网球飞行方向垂直的轴。球的上半部绕此轴向前旋转为上旋球(见图 2-5)，向后旋转为下旋球(见图 2-6)。

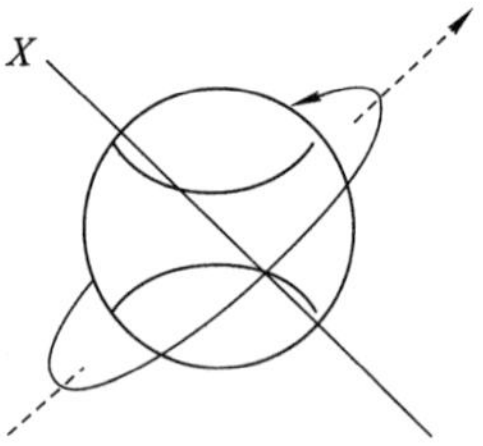


图 2-5　上旋球

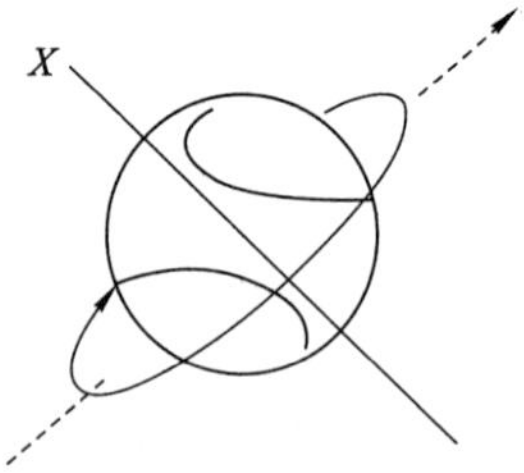


图 2-6　下旋球

(3) 矢状轴(前后轴)。

矢状轴即前后轴，是通过球心与球的飞行方向相平行的轴。球绕此轴按顺时针方向旋转为顺旋球(见图 2-7)，球绕此轴按逆时针方向旋转为逆旋球(见图 2-8)。

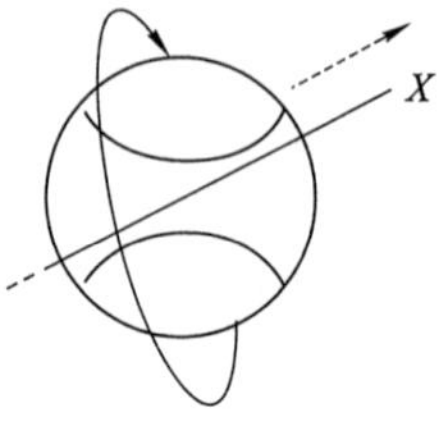


图 2-7　顺旋球

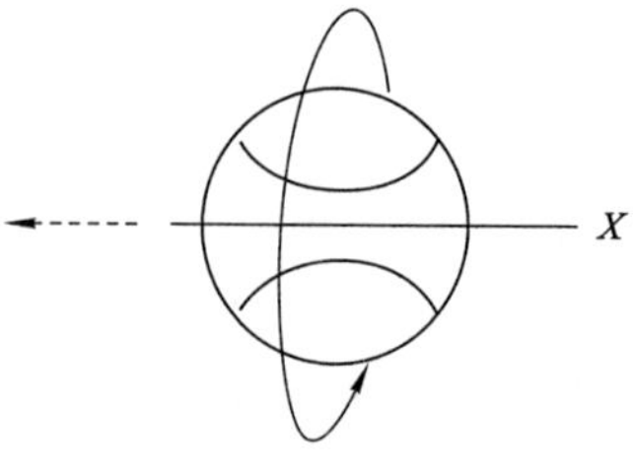


图 2-8　逆旋球

在运动实践中，单纯地按横轴、纵轴、矢状轴转动的球是较少的，多数时候上下旋球都带有侧旋性质，侧旋球也都带有上下旋的性质，如侧上旋球（见图 2-9）和侧下旋球（见图 2-10）。

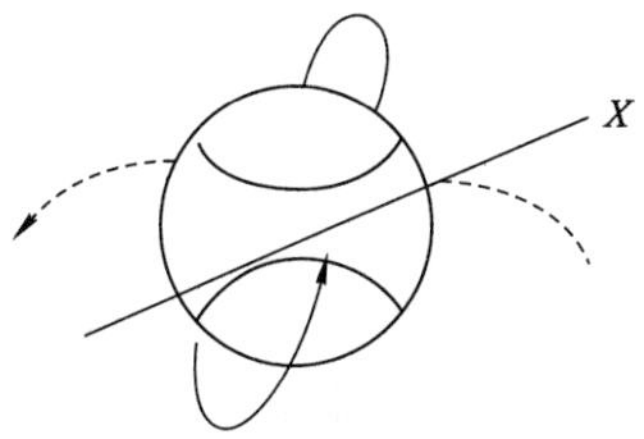


图 2-9 侧上旋球

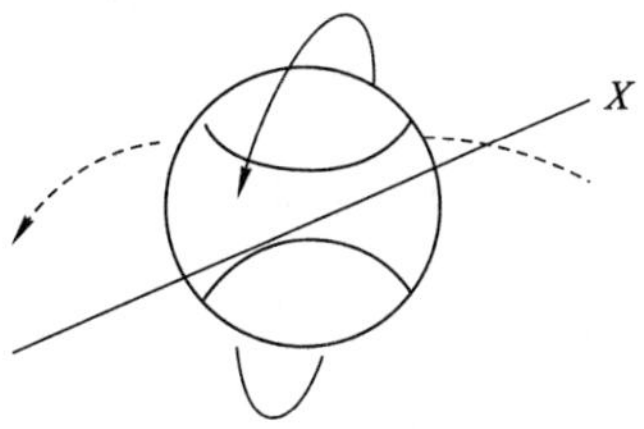


图 2-10 侧下旋球

4. 加强旋转的作用

旋转的球在触及对方球拍或地面时会给它一个作用力 $f$，根据牛顿定律，球拍或地面亦会同时给球一个与 $f$ 大小相等、方向相反的作用力，这个反作用力会使球发生偏飞。球的旋转越强，球触及对方球拍或地面时的作用力也越大，同时，给球的反作用力也越大。这就是旋转强烈的球落地后偏飞较多的原因。

5. 加强旋转的方法

加强球旋转的方法主要包括如下三种。

（1）协调腿、腰和手臂及手腕的力量，加大挥拍瞬间作用于球的力量。

（2）用力方向需要适当远离球心。

（3）应采取弧形挥拍路线。

（五）击球落点

1. 击球落点的概念

击球落点是指球被击出后，落在对方场区地面上的点。好的落点通常是指击球落点在两条边线、端线附近，或在对方脚下，或远离对方站位，或远离对方心理预判的位置。通过不同落点位置的配送，使对方远离自己的击球舒服区，以达到以己之长攻其所短之效。

2. 落点的作用

（1）可调动对方跑动，消耗其体能，降低其击球效果。

（2）通过落点配送发现对方技术上的缺陷。

（3）通过落点配送增加对方击球的难度。

（4）通过落点配送迫使对方判断失误，使其陷入被动。

3. 与击球落点联系密切的两个概念

（1）击球线路。

击球员所站的位置与击球落点之间的连线，称为击球线路。基本线路包括 5 条：右方斜线、右方直线、左方斜线、左方直线和中路直线。

（2）击球区域。

把网球场区地面分为若干区域，并将其与击球落点相联系，距离球网 2 米左右的区域，叫前场；发球线附近区域，叫中场；近底线处，叫后场。击球在近网处，称为“浅球”；击球在近底线处，称为“深球”；击球在边线近端线处，称为“大角”；击球在边线近网处，称为“小角”。

4．提高击球落点控制能力的方法

（1）目标区域练习法：将网球场地划分成若干区域，放置目标，规定击球区。

（2）落点意识提升：训练实践中提高球员的观察能力，针对性地提出击球落点要求，进行落点要求模拟教学赛。

## 二、网球的动作结构

尽管网球运动实践中击球技术动作多种多样、方法要领不尽相同，但从击球动作结构分析，众多的技术动作之间存在共同的规律。每一次挥拍击球从准备动作开始到击球结束，都需要有正确的握拍姿势、恰当的移动步法、击球时重心的转移与平衡控制等连续完整的过程。网球击球的动作结构基本由 4 个部分组成：准备姿势、转体引拍、挥拍击球、随挥与还原。

### （一）准备姿势

准备姿势主要是在击球前做好身体及心理的准备，以击出更为有效的回球。球员需要面对球网，双脚开立与肩同宽或略比肩宽，膝关节微屈，上身稍向前倾，重心放在两前脚掌上。右手握住拍柄、左手扶住拍颈（以右手持拍为例，下同），球拍置于腰腹之间，拍头朝前上翘微向侧。两肘置于腰侧，目视来球。准备动作过程要保持身体放松，并随时进行分腿垫步，根据来球方向迅速做出反应。发球的准备姿势包括站位、握拍与握球等。

### （二）转体引拍

转体引拍是指挥拍击球前转动身体，带动球拍后摆，主要是为了加大挥拍击球做功距离。引拍的路线大致可分为向上引拍、向下引拍和直接向后引拍 3 种。现代网球技术更加推崇转体带动向上引拍，而在反手击球时多采用向后上方引拍或直接向后引拍的方式。比如，正手击球动作，采用向上引拍的方式，在左手的辅助下动作较为轻松省力，且能借助拍子的重量，施加给球更多的力量。但也有少数业余爱好者采用直接引拍或向下引拍的方式，双手反拍击球时的引拍多采用转体向上引拍方式或直接向后引拍方式，单手反手击球或削球则多采用转体向上引拍方式。

做向后引拍动作时握拍需要保持放松，身体其他部位也应与之协调配合，这样才能为更好地为挥拍击球提供充分有利的发力条件，使击球效果最佳。另外，引拍动作的幅度大小还应根据自身条件与击球需要进行相应的调整。

### （三）挥拍击球

挥拍击球是指在蹬地转腰肩的基础上把球拍从身后向前挥动去迎击来球，其目的就是通过对球拍的控制，通过身体协调发力向前上挥拍，把球击到对方有效场区。

初学者或一般网球爱好者经常会出现击球不稳或失误现象，需要通过较长时间的练习予以纠正。球拍由下向上挥动，击出的球具有上旋性质；球拍由上向下挥动，击出的球具有下旋性质。向侧上挥动球拍，击出的球具有侧上旋性质；向侧下挥动球拍，击出的球具有侧下旋性质。球拍触球瞬间，拍面方向影响着击球路线，拍面角度则决定着拍面触球部位，且在很大程度上对动作的稳定性直接产生影响。拍面方向和拍面角度是影响击球方向和落点的重要环节。

### （四）随挥与还原

随挥是指球拍完成击球后，沿着击球方向继续顺势前挥的动作。随挥动作有利于击球的稳定性和击球力量的增加，使整个击球动作更加协调美观，减少受伤的概率。动作还原指的是在完成动作随挥后的手臂快速地恢复到准备姿势，做好下一次击球的准备。

在进行引拍、挥拍击球和随挥等动作时，需要较好地控制身体重心、保持身体平衡，以把握正确的击球点。在网球运动实践中，击球动作应该是连贯的，仅是出于研究与教学易于讲解的需要，对动作分解成 4 个基本结构，所以在进行网球技术训练与教学时，要注意动作的连贯性和整体性。此外，还需要注意以下几点内容。

(1) 击球点。

击球点是指击球时球拍与球碰撞瞬间接触的那一点。击球点是立体的空间概念，包括 3 个要素：一是击球时球位于击球人的前后位置；二是击球时球位于击球人的左右距离；三是击球时球距离地面的高度。

击球点对击球动作的完成和击球效果极为重要。一是击球时击球点离身体的前后距离。离身体过远，则击球无力，动作过于勉强；击球点靠后，则会形成球撞击球拍，无法完成击球或击球效果不理想，无法完成随挥；只有击球点距离身体的位置恰到好处，动作效果方能更为理想。击球点的合理位置应为身体的侧前方。二是击球时球与身体的左右距离。通过移动控制好击球时前后与左右的距离后，球的高度也较为容易控制，相对来说，较易保证对来球进行合理还击。我们可以从正手抽击球的俯视图(见图 2-11)看清击球点距离身体前后和左右的距离，最佳的击球点其前后距离应保持在前脚附近(正手上步击球)，其左右距离应保持在距身体重心右侧 70～80 cm。

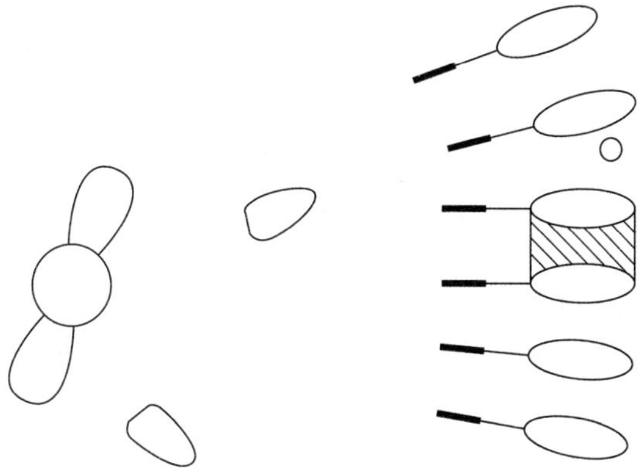

图 2-11　正手抽击球的俯视图

(2) 拍面角度与击球部位。

拍面角度指的是击球时拍面与地面形成的角度。击球部位指的是球拍与球撞击时，球拍碰撞击球的位置。一般而言，球的后半部是球拍撞击球的有效部位。将球的后半部，从横向上分为左、中、右，从纵向上分为上、中、下，这样一来，网球后半部的凸面就能够分为 9 个部位：左上、中上、右上；左中、正中、右中；左下、中下、右下。击球时如果选好球拍与球的撞击部位，对掌握好回击球方向是大有帮助的。

拍面垂直：指拍面与地面的角度为 90°，击球部位为中部。

拍面前倾：指拍面与地面的角度小于 90°，击球部位为中部偏上。

拍面后仰:指拍面与地面的角度大于 90°,击球部位为中部偏下。

球在空中产生旋转的主要原因是拍击球时,其作用力线偏离球心,这就要求我们在击球瞬间应采用不同的拍面角度与挥拍方向。平击球一般要求拍面完全垂直撞击来球,并向前挥拍。上旋球要求拍面微倾,并向前上用力挥拍;下旋球要求拍面微后仰,并向前下挥拍。如果拍面垂直并向上挥拍,可拉出上旋球;如果拍面垂直并向下挥拍,也可切削击出下旋球(见图 2-12)。在实践中,我们还要考虑来球高低和速度快慢,对拍面的角度进行适当调整,以达到理想效果。

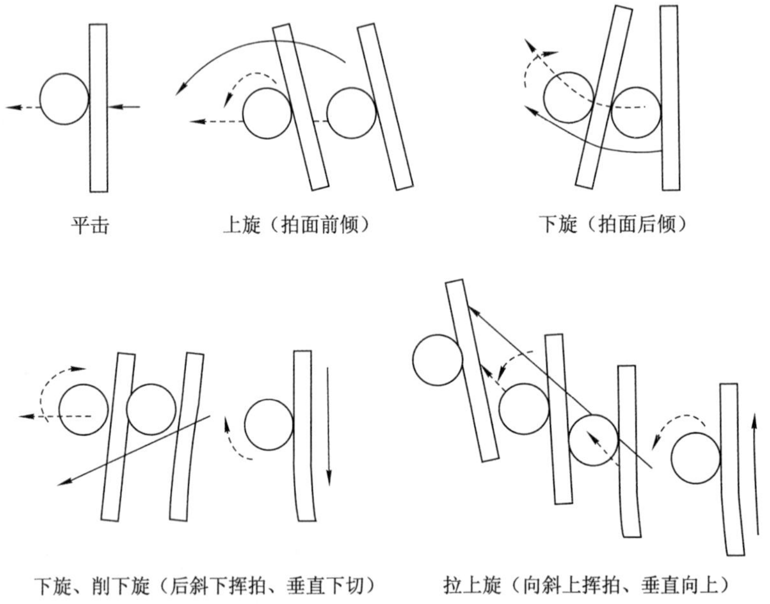


图 2-12　拍面角度与击球部位

(3) 观察对手的动作,判断来球方向。

在准备击球时,球员双眼须注视对手的动作,以更好地对来球的飞行路线、速度、飞越球网的高度以及落地后的反弹做出综合判断。我们要特别注意对方击球的部位,判断球离开对手球拍瞬间的飞行方向,以便我们可以及时移动到恰当的位置上。击球者对来球判断得越准确,就越有可能根据场上双方位置与战略战术的需要准确地把球回击到对方场区中令对方难以回击的位置。因此,在对方击球瞬间还要感知对方所处的位置。

# 第二节　网球运动的力学分析

## 一、网球旋转运动形式

### (一) 平击球

平击球是指击球的力量仅有一个正对着来球的力量,即只有主击球力 $P_1$(见图 2-13)。

球员以角速度 $\omega$ 正对来球进行挥拍,在击球瞬间会对球产生正向击打的力 $P_1$,这个击打的力就是主击球力。一般而言,在进行高压球、高空截击以及平击发球时,我们视为仅存在主击球力,即平击球,球与拍面碰撞的力通过球的质心,摩擦区域很小,其接触的时间极短,只有千分之几秒。

（二）上旋球

1. 上旋球原理

球在撞击球拍的瞬间,球拍对球施加一个正向的击球力 $P_1$,使拍弦能够紧紧咬住网球,同时,前向上的力 F 还会对球施加一个垂直于地面向上的力,从球的后侧对球进行搓旋,从而使球获得一个向上的旋转作用力 $T$,在此作用力下,网球按照获得的转速 $n$ 绕其轴线旋转。因此,球在向前飞行过程中会做向上的旋转运动(见图 2-14)。理论上,向上的旋转力越大,球的旋转速度也就越大。

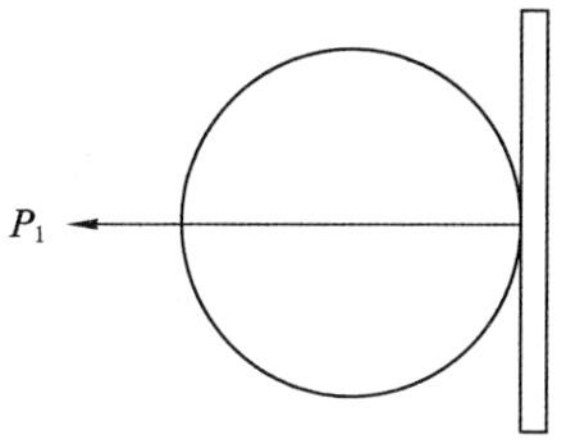


图 2-13　平击球原理

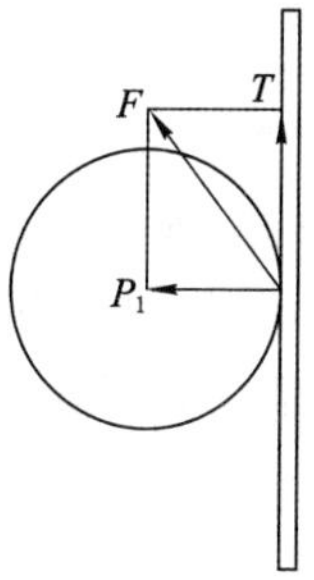


图 2-14　上旋球原理

球拍在击球瞬间对球施加了一个旋转力 $T$,即对球施加了向上的摩擦力,这就起到了球向上旋转的作用,因此球停留在球拍弦床平面上的时间就远远比平击球的时间长,拍面与球的接触不再是一个点,而是一条移动的线段,使球飞出完美的弧线落到对方有效场区。因此,在网球运动实践中,球员运用最多的是正手提拉球,就是从低于球的后下方向前击球时,附加了一个向上使球旋转的作用力。

2. 上旋球的旋转与反弹

上旋球是绕球体横轴向前旋转的(球的上半部向前转、下半部向后转),因此上旋球在飞行过程中,受重力和阻力的影响,其飞行弧线比不转球要高一些,即球的下落速度快于不转球,上旋越强越明显。

上旋球会形成一定的角度落地,其底部旋转方向与球的运行方向是相反的,球体与地面接触的瞬间会给予地面一个与运行方向相反的力,同时,地面也给予球体大小相等、方向相反的力,继而产生一个反弹角度的变化(见图 2-15)。因此,当球落地反弹后,球体具有一定的前冲力,但球本身并没有加速,只不过是入射角与反弹角的不同造成了视觉与感觉上的差异。

上旋球的最大特点就是上旋越强,落地反弹后的前冲力越大。一个极强的上旋球在空中飞行时,如果下落速度很快,即使在打出较高弧线的情况下,也很少会有出界现象。因此,高速上旋球能在一定程度上避免因击球弧线高而把球打出界外。当今网坛流行的正、反手上旋球就是充分利用了上旋球的特点,使击出的球更具威力。西班牙著名的网球运动员纳达尔,因其特有的正手绕头挥拍能制造更多上旋而颇具杀伤力。

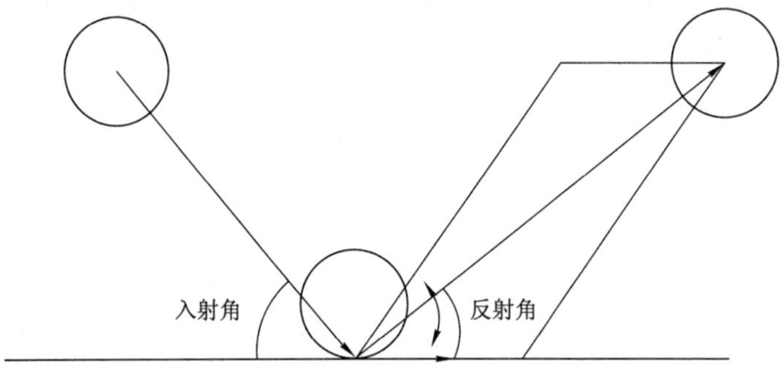


图 2-15　上旋球的旋转与反弹原理

（三）下旋球

1. 下旋球原理

下旋球形成的原理与上旋球是基本一致的，唯一不同的是其所附加的正向主击球力 $P_1$ 上的附加旋转力 $T$ 的方向是向下的（见图 2-16）。在此力的作用下，下旋球在飞行过程中的旋转是绕其球心轴线向下旋转的。

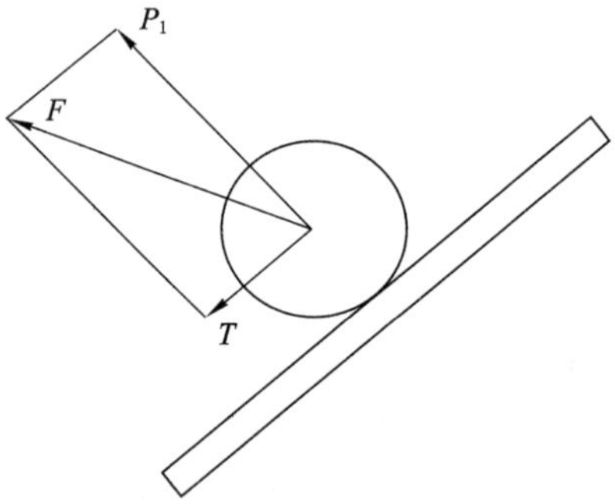


图 2-16　下旋球原理

2. 下旋球的旋转与反弹

下旋球的旋转与反弹和上旋球恰好相反，它是绕横轴向后转的（球的上半部向后转、下半部向前转）。下旋球在飞行过程中，球体在受重力与空气阻力影响后，飞行弧线相比不转球要平直一些，球的下落速度相比不转球要慢一些，就好像球增加了一定的浮力，下旋越强越明显。

下旋球形成一定的角度落到地面时，球的底部旋转方向与球的运行方向是相同的，球体与地面相接触的一瞬间给予地面一个与运行方向相同的力，而地面也同时给予球体大小相等、方向相反的力，从而产生反弹角度的变化（见图 2-17）。因此，当球落地反弹后，球的前冲力就会减弱，给人一种向上反弹的感觉。

（四）侧旋球

侧旋球的形成原理与上旋球和下旋球相同，仅仅是附加的旋转力 $T$ 在球的边侧，它可以与主击球力 $P_1$ 平行或垂直。附加的旋转力 $T$ 作用在球体的右侧，且与主击球力 $P_1$ 平行，方向一致，击球后，球体绕轴线按逆时针方向旋转。反之，如果旋转力 $T$ 作用于球体的左

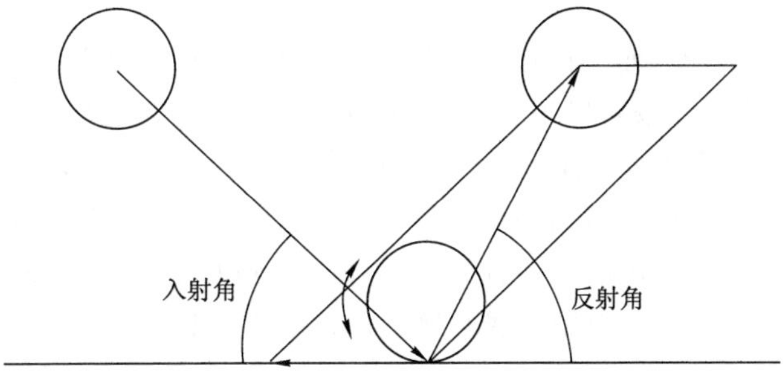


图 2-17　下旋球的旋转与反弹原理

侧，则球做顺时针方向旋转。

（五）复合旋转球

在网球运动实践中，复合旋转球是球场上运用得最多的一种球。因为这种球是上旋球、下旋球与侧旋球相结合的一种击球方法击打出的球，是使 $P_1$ 与 $T$ 力相互协调补偿打出的一种旋转球，因此兼具上旋与侧旋或下旋与侧旋之间的优点。在运动实践中，无论用正手击球还是用反手击球，只要技术动作能满足不同类型球的旋转条件，就都能够击打出相应的旋转效果。

## 二、网球旋转与速率、反弹、飞行轨迹的关系

（一）旋转与速率

现代球员掌握的技术呈现多样化的趋势，在比赛中仅凭单一技术很难取得比赛的胜利，既要技术全面，又要特长突出。即运动员击出的球要具有自己的技战术特点，而这些特点是通过球的旋转与飞行速率表现出来的。击出的球要表现出特定的旋转与飞行速率，就必须要在击打球时表现出特定的挥拍方向与速率。比如，纳达尔的绕头挥拍，费德勒的正手快速收小臂挥拍。

（二）旋转与反弹

当球被击出落地时，球的旋转、速率以及反弹角度均会发生较为明显的改变，且不同材料的场地在球落地后会给球以不同的摩擦力和弹力。一般来说，摩擦力和弹性较大的场地会增加球的旋转，反之则会减弱。比如红土球场，反弹就会很高，速率较慢；草地球场反弹较低，速率较快。

（三）旋转与飞行轨迹

决定球的飞行轨迹的因素主要是飞行方向、速率、球的旋转以及空气阻力、地心引力等。除了空气阻力与地心引力外，其他的因素都能够通过一定的手段加以控制，其中球的旋转决定球飞行的弧线轨迹，并在一定程度上决定飞行距离。

## 三、网球在空中的运动状态

网球运动是球场两侧球员把球往返回击到对方场区，球在球网两侧的空中交互飞行的过程。球在空中这种运动状态，我们只需要施加给球一个力量，球就会根据力学的相关原理，按照物体斜抛物线的轨迹运行，因此，斜抛物线运动是网球在空中交互飞行时的最基本

运动状态。

击球瞬间,球在 A 点受到一个击打的力 $P_1$,获得一个初速度 $V_{01}$(初速度 $V_{01}$ 的方向与击球力 $P_1$ 的方向一致),并按射出角 $\alpha_1$ 向空中斜向飞出。该初速度 $V_{01}$ 可以分解为 $V_{水平}$ 和 $V_{垂直}$ 两个分速度。$V_{水平}$ 使球水平前进,而 $V_{垂直}$ 则使球向上运动。球由于受到地心引力的作用,$V_{垂直}$ 逐渐减小,待球飞到 B 点时,$V_{垂直}=0$,球便达到最高的高度 $h_1$,然后球继续向前飞进。在继续受到地心引力的作用下,网球不断下降,直到 C 点着地为止。故而,球的飞进全过程表现为球的飞行轨迹——斜抛物线轨迹 ABC(见图 2-18)。

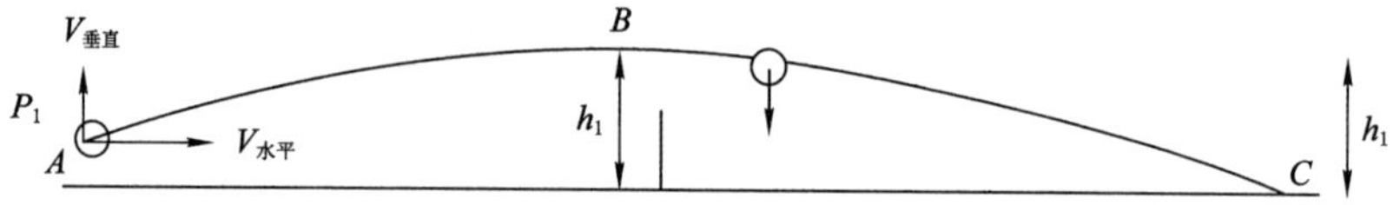


图 2-18　网球的飞行轨迹——斜抛物线轨迹 ABC(空气阻力忽略不计)

上述分析都是把空气的阻力忽略不计,实际上空气的阻力 $P_3$ 的影响还是较明显的。如图 2-19 所示,空气阻力在使球体飞行抛物线 A→C 的距离减小的同时,也会使球的飞行高度 $h_1$ 减小。如果再考虑到球在空中必然要出现的不同形式的旋转,也会影响着球的飞行状态,甚至显著地影响球体的飞行轨迹。因此,如果因不了解球的旋转造成的飞行轨迹变化,必将导致回击球无法达到预想效果和回击技术动作不当造成失误现象。

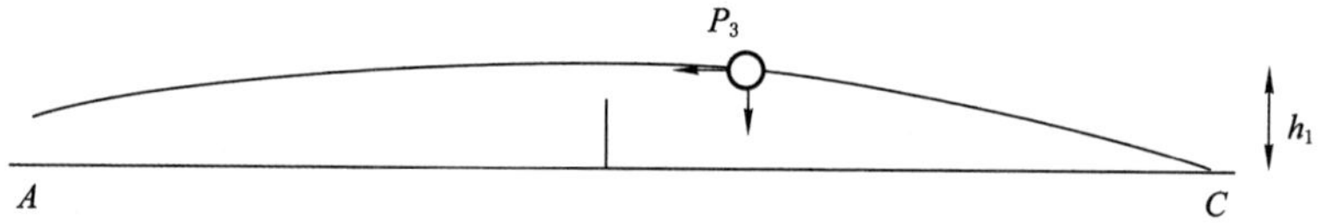


图 2-19　网球飞行轨迹(有空气阻力的情况下)

## 四、空气阻力对旋转球飞行的影响

### (一)空气阻力的作用

球在空中的飞行状态与球员击球时发力的大小、角度、方向,以及所采用的手法均有着直接的关系。同时,空气阻力也会对飞行中的球产生作用,影响着球的飞进状态。

被击出的球在空中运动,受到一定的空气阻力作用,必然会影响到球的飞行距离与高度。飞行在静止空气(无风的天气可视为静止的空气)中的球,其阻力来源主要是球的运动。所以,没有运动的球,就不存在飞进的速度,也就不会有空气阻力。因此,相对来说,一个以速度 V 在空中飞行的网球,也可以把球当作静止状态,而流动的空气,以速度 V 吹向网球,这个吹向网球的风力就是空气对球产生的阻力。如果球在飞进过程中,空气是流动的,则空气作用于球的阻力将会有不同。

逆风击球状态下,球的飞行距离与高度除受到静止空气的阻力会减小外,还将受到逆向风速的阻力影响,使球的飞行距离与高度进一步减小。图 2-20 中曲线 1 是球在无空气阻力时理想的飞行轨迹,曲线 2 是球在静止空气中的飞行轨迹,曲线 3 是球在逆风时的飞行轨迹。顺风击球状态下,顺向风速所产生的风力必将抵消一部分静止空气对球的阻力作用,从而使空气对球的阻力减小，甚至抵消有余。因此，顺风击球时将比在静止空气中击出的球飞行更远，其飞行轨迹为曲线 4，其落点可能超出曲线 1 的落点。

由此可见，只有在球速或风速存在时才会使球受到空气阻力。一般而言，球速越快，空气对球的阻力越大，但是对球飞行的轨迹影响并不是成正比的变化，这要根据其他具体因素综合分析。

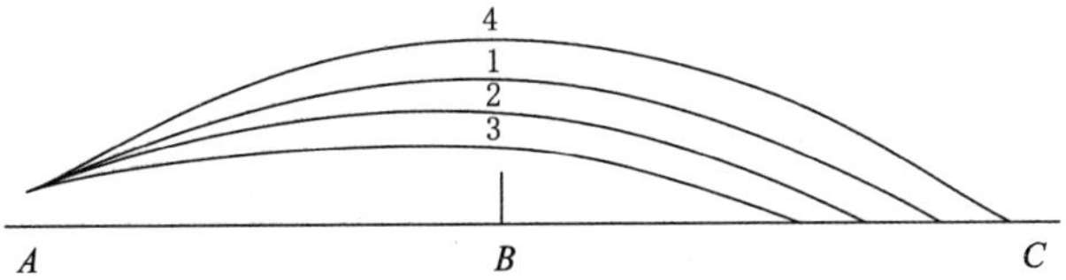


图 2-20 空气阻力对旋转球飞行的影响

图 2-20 中 4 条曲线表示的球的飞行轨迹都是采用相同大小的主击球力 $P_1$ 与射出角 $\alpha_1$ 进行击球的结果，此时球速不太快，球在空中滞留的时间较长，因此，顺风或逆风击球时，对球路飞行轨迹的影响能够较为明显地反映出它们之间的区别。在运动实践中，击球者常会根据自身经验，考虑到空气阻力作用，协调主击球力与空气阻力的关系，从而击打出理想效果的球。

如果球员击打出一个强力球，射出角为俯角，即用力方向向下，则此时因为主击球力 $P_1$ 很大，球是俯射，滞空时间较短，所以此时球速很快。球速的加快使得空气阻力也有所增大，但与空气阻力和主击球力相比是微不足道的，且球滞空时间短，因此空气阻力作用于球的时间也会缩短。所以当顺风或逆风时，大力击球时空气阻力对球路轨迹的影响反而不突出。因此，空气阻力将不成为击球时要加以特别考虑和处理的问题。

与上述相反，如果用挑高球手法击球，要把球挑得高且深，通常挑高球都是一个高空远距慢速球。因此，挑高球的主击球力 $P_1$ 及其相应的球速 $V_{01}$ 都较小，而向上的用力致使其射出角 $\alpha_1$ 则较大。故而，球速 $V_{01}$ 的垂直分速 V 相对增大，而水平分速则相对减小，球在空中滞留时间也相应增加。因此，空气阻力对这种慢速球的飞行轨迹的影响就特别明显。加之球在空中滞留的时间长，空气阻力作用的时间也相对较长，这就更加显著地影响着球路的轨迹变化。所以在遇逆风挑高球时，球的飞进距离将显著缩短，如图 2-21 中曲线 2 所示。反之，如在顺风方向时，球路飞进轨迹将显著延长，如图 2-21 中曲线 3 所示。这种挑高球受风向作用的漂移一般可达 1～3 米，因此在有风挑高球时或接对方来的高球时，需要充分考虑风力、风向对球路轨迹的作用，否则必将导致被动或者失误。

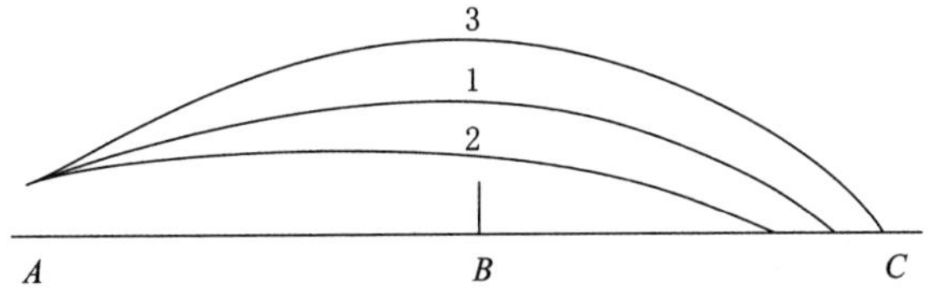


图 2-21 空气阻力对挑高球的影响

（二）旋转球的飞行

根据流体力学压力差原理，流速越快，则压力越小；流速越慢，则压力越大。球在旋转时，会带动周围空气一起旋转，当球向前飞行时，球体上部旋转的气流由于受到迎面空气阻力的作用，流速降低，而球体下部的气流却因与球飞行的方向一致，流速加快，导致上旋球的上部空气压力大，而下部压力小（见图 2-22），从而表现为上旋球下落快。

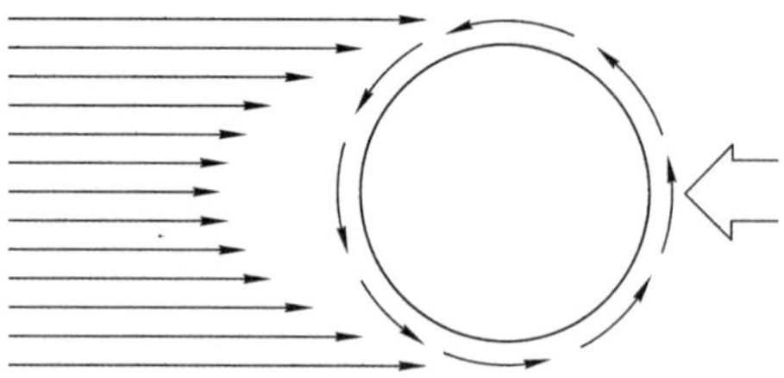

图 2-22　旋转球的飞行原理

所以，上旋球相比平击球的飞行弧线要低、飞行距离要短。上旋球落地时，球会对地面产生一个向后的摩擦力，然后与球自身的重力合成飞向地面后下方的力，同时地面给球一个大小相等、方向相反的反作用力。因此，上旋球落地后表现为一定的前冲力，落地后跳得低而且远。下旋球则恰好和上旋球相反，球体上部的压力小，而下部的压力大，空气给予球体一定的上升力。故而，相比不转的平击球，下旋球的飞行弧线要高、飞行距离要长。在球下降的一瞬间转速越快，则下落越慢。下旋球落地后的前冲力弱，弹跳得相对高且距离短。

## 第三节　网球技术的评定原则与标准

### 一、网球技术的评定原则

现代网球运动的技战术打法多种多样，不同运动员的技术特点各有不同，但都需要遵从一定的技术原则。技术的基本原则是指对不同网球技术共同的、最基本的要求。

网球技术的基本原则突出表现在技术的稳定性与威胁性两个方面，具体如下。

（一）稳定性

稳定性主要是指击球不失误，即根据网球竞赛规则，合法击球越过（或绕过）球网，能够落在对方有效场区内。在不断提升个人技术的过程中，首先要提高击球技术的稳定性，然后提升击球的威胁性。对于多数网球爱好者而言，网球技术的稳定性表现在许多方面，比如动作技术的正确性、球感与球性的提高以及专项技术能力的提升。

（二）威胁性

威胁性是指合法有效的击球给对方造成的威胁或使得对方失误。在网球技术稳定性不断提升的基础上，要不断提升技术的威胁性。技术的威胁性主要体现在每一次击球的速度、深度、角度、旋转与落点上。在网球比赛过程中，击球技术的威胁性要素需要合理配合，以击打出威胁性更高的球，造成对方的失误，这需要大量合理科学的训练。

（三）稳定性与威胁性的关系

1. 稳定性与威胁性是击球技术的两个方面

网球击球技术的稳定性和威胁性是击球技术的两个方面。一般而言，击球的威胁性是主要方面。现代网球比赛单纯依靠稳定性取得胜利的难度较大，因此，我们要对稳定性和威胁性有全面深刻的认知：在提高击球技术的稳定性基础上，应循序渐进不断提升击球的威胁性；在击球威胁性的带动下，击球的稳定性亦能得到彰显。一般而言，优秀的球员需要将击球的稳定性与威胁性完美结合起来。

2. 稳定性与威胁性相互依存

稳定性和威胁性相互影响，击球没有稳定性，威胁性也就无从谈起。一次击球仅表现为稳定，无法给对方造成威胁，稳定性的价值也难以体现，往往陷入被动局面。

3. 稳定性与威胁性相互转化

击球的稳定性与威胁性可以相互转化。如果自己击球的威胁性较大，压制了对方的回球质量，从而迫使对方回球的威胁性变弱甚至失误，由此在自己减少失误的同时，稳定性得到彰显，威胁性转化为稳定性。如果击球稳定，导致对方主动或被动失误增多，由此，稳定性转化为威胁性。

稳定性与威胁性是评定网球技术的基本原则。要提高击球技术的稳定性，就需要把握击球的弧线与运行轨迹；要提高击球威胁性就要研究击球的速度、力量、深度、角度、旋转、落点等，应该综合运用对立统一的矛盾论观点，以更有效地服务于网球运动技术实践。

## 二、网球技术的评定标准

网球技术的评定标准包括经济性与实效性两个方面，即对每一次击球动作评定时，都应当从经济性与实效性进行评定。

（一）经济性标准

网球技术评定的经济性标准是指个体完成动作时，能够科学恰当地运用自身的体能达到最佳击球效果。

（二）实效性标准

网球技术评定的实效性是指个体完成动作时，能够发挥出最大能量，产生最大效应，获取最佳效果。

因此，在进行技术动作评价时，应综合考虑个体动作的经济性与实效性。比如，纳达尔的绕头挥拍动作就是符合其个体身体条件的技术动作，并产生最佳的击球效果。同时，运动技术在动作的外在形式与效果上，都必须要符合运动生理、运动力学以及运动人体解剖学的要求，否则会造成运动损伤和身体上的伤害。

**【课后讨论】**

（1）上旋球与下旋球的击球原理与动作结构。

（2）上旋球与下旋球的动力学分析。

（3）网球技术的评定原则与标准。

# 第三章　网球运动的科学准备

**本章概要**

本章介绍了标准网球场地的基本规格、网球的基本装备以及网球礼仪。

**学习目标**

(1) 了解网球标准场地的基本规格。

(2) 了解网球的基本装备。

(3) 了解网球的基本礼仪。

## 第一节　网 球 场 地

### 一、标准网球场地规格

现代标准网球场地是长方形，占地面积应不小于670平方米(36.60米×18.30米)。单打场地的标准长度为23.77米(78英尺)，宽度为8.23米(27英尺)。双打场地的标准长度为23.77米，宽度为10.97米(36英尺)。

场地由一条挂在绳索或钢丝绳上的球网从场区中间隔成两个相等的区域，所使用的绳索或钢丝绳挂在1.07米(3.5英尺)高的两根网柱上。球网充分拉伸展开，中心高度为0.914米(3英尺)，并且用中心带向下绷紧固定，网绳或钢丝绳与球网的上端应当用一条网带包裹住，中心带与网带都为白色。网绳或钢丝绳的最大直径为0.8厘米(0.33英寸)，中心带的最大宽度应为5厘米(2英寸)，球网每一边垂直向下的网带宽度应在5厘米(2英寸)到6.35厘米(2.5英寸)之间。

双打比赛中，网柱的中心距双打场地的外沿0.914米(3英尺)。

单打比赛中，如果使用单打球网，网柱的中心应距单打场地的外沿0.914米(3英尺)。如果使用双打球网，那么球网要用两根高1.07米(3.5英尺)的单打支柱支撑起来，每侧单打支柱的中心距单打场地的外沿0.914米(3英尺)。网柱的边长不应超过15厘米(6英寸)或直径不应超过15厘米(6英寸)；单打支柱的边长不应超过7.5厘米(3英寸)或直径不应超过7.5厘米(3英寸)，网柱和单打支柱的上端不能超过网绳顶端以上2.5厘米(1英寸)。

球场两端的界线称为端线，球场两侧的界线称为边线。在两条单打边线之间画两条距球网6.40米(21英尺)且与球网平行的横线为发球线。在球网一侧的发球线和球网之间的区域，被一条发球中线分成大小相同的两个区域称为发球区，发球中线应当和单打边线平行并且与两条边线的距离相等。发球中线延长到中线的点，叫中点，每一条底线都被一条长10厘米(4英寸)的中点分为相等的两部分，中点要被画在场地内且和单打边线平行。发球中线和中点宽度为 5 厘米(2 英寸),除端线宽度可以为 10 厘米(4 英寸)外,场上其他所有线的宽度均应介于 2.5 厘米(1 英寸)和 5 厘米(2 英寸)之间。网球场地所有的测量均须以线的外沿为标准,场地上所有线的颜色均相同,并且和场地的颜色有明显的区别。单打场地规格如图 3-1 所示。

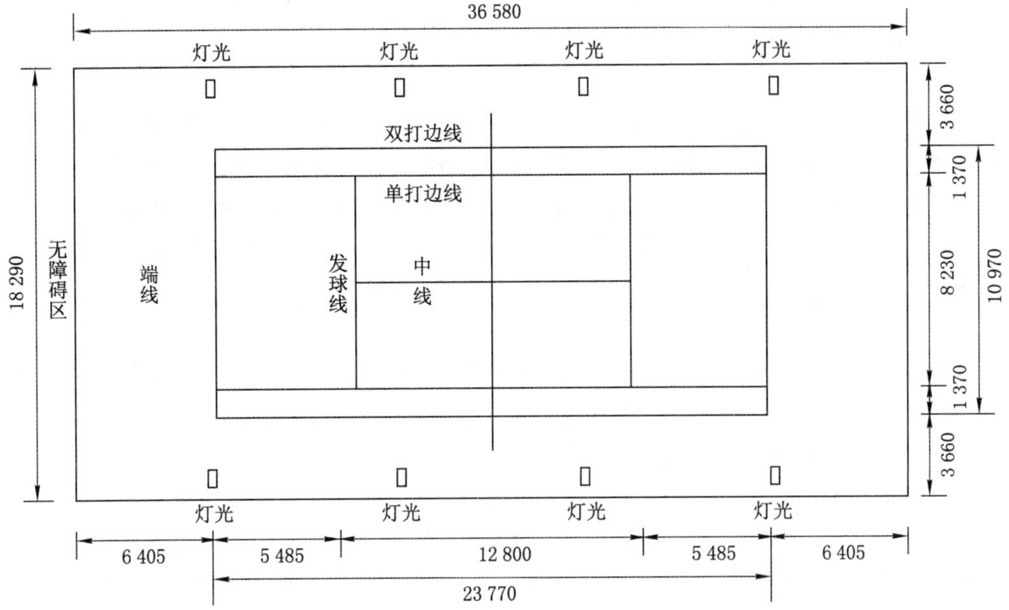


图 3-1　标准网球场地(单位:厘米)

球场固定物除了球网、网柱、单打支柱、绳或钢丝绳、中心带之外,还有球场四周的挡网(高度一般为 4～6 米),看台、座椅以及安置在周围或上空的照明设备(一般距离地面 7.6 米,一片球场照明度不低于 600 勒克斯)等。

## 二、网球场地类型

现代网球运动均可以在不同性质的场地上进行。最高网球国际组织——国际网球联合会允许团体赛事戴维斯杯等赛事在多种性质的场地进行。比如,澳网与美网均是在硬地塑胶场地举行,法网在红土场地进行,温网在天然草场进行。

根据对球的反弹速度影响程度不同,网球场大致可分为慢速球场(黏土与其他土质球场等)、中速球场(人工合成材料、油漆地板等)以及快速球场(草地、光滑的人工合成材料、硬木地板等)3 种场地。上述划分只是粗略的分类,即使同一性质两块不同的黏土球场,球的反弹情况也会有不同。一般而言,球场越硬,尤其是越光滑的球场,对球的反弹影响越小。

现代网球比赛常使用的场地以及场地的特点具体如下。

### (一) 草地场

平时人们很难看到天然草场,主要是因为草场对草的特质、规格要求极高,同时草场需要极细致的保养与维护,费用昂贵,所以此种球场很难被推广到世界各地。草地场必须具备良好的排水系统,标准草地场的横切面的上层是7.5厘米(3 英寸)的精挑土壤及 15 厘米(6 英寸)的畅通层,下面的两层则是非组织结构渗透层,而底土层上面是 44 厘米(18 英寸)宽的排水通道。每年的草地职业网球赛事有德国哈雷赛、伦敦女王杯赛、WTA 英国伯明翰以及 WTA 马洛卡赛，时间多集中在六、七月份，大满贯赛事之一温布尔顿公开赛是其中最古老、久负盛名的一项草地赛事。

草地场的特点是球落地时与地面摩擦小，反弹低、反弹速度快，要求球员具有较快的反应速度、灵敏性及较高的奔跑速度与技巧。

（二）人造草地

人造草地是天然草场的仿效物，其结构有点儿像地毯，在底层尼龙编织物上栽植束状尼龙短纤维，在纤维之间填充细砂以保持纤维的直立性。这种场地需要平整、坚固的基底，且要求有良好的排水结构。因其白色界线是与周围场地直接拼编在一起的，所以免去了许多诸如划线等维护上的麻烦，也使其成为全天候场地的一种，维护者只需经常梳平整理并适时增添细砂。

（三）软性场地

红土球场是“软性球场”最典型的代表，其他沙地、泥地等球场都可称为软性场地。此种球场的地面较软，地表铺有一层细沙或砖粉末。沙地或土地网球场造价比较低，但保养和维护费用较高，比如平时需要经常浇水、拉平、划线等，雨后则需要平整、滚压等。软性场地的特点是球与地面的摩擦较大，相对而言球速较慢，球员击球过程中急停急回时会有很大的滑动余地，回合也较多，这些特点要求球员需要具备比在其他场地上更优秀的意志品质和奔跑移动能力，考验着运动员的底线相持能力，球员要在底线表现得更为耐心，方能取得最后的胜利。法国网球公开赛是最典型的红土场地赛事。

（四）硬地场

硬地场是最多见的场地。硬地网球场一般是由水泥和沥青铺垫而成，易于清扫和维护，球场表面上涂有红、绿色或其他颜色塑胶面层，其表面平整，硬度高，球的弹跳也非常有规律，但球的反弹速度很快。硬地场因其地质较硬，地表的反作用也比较大，初学者很容易受伤，因此需要加强膝、踝关节的保护。经常在硬地网球场运动，由于球速较快，地面粗糙，所以球的磨损也特别快，也容易划伤网球拍。大满贯赛事澳网和美网的场地均是这种硬地场。

（五）合成塑胶场

合成塑胶球场材质与塑胶田径跑道的材质属同类，它以钢筋混凝土或其他类似的材质结构为基底，表面铺撒合成塑胶颗粒，并以专用胶水相粘。此种场地的弹性及硬度因塑胶颗粒大小、铺撒的紧密程度及其本身的特质而定。一般而言，塑胶场地颜色较为艳丽，易于打理，室内外皆可铺设，是公共球场的理想选择。合成塑胶场又有聚氨酯塑胶场地和丙烯酸塑胶场地两种。

聚氨酯塑胶场地的主要材料是聚氨酯橡胶。这种材料有厚度，弹性较好，更多运用于运动跑道的铺设，用它铺设网球场若处理不当，会因球场的表面过于粗糙，网球在上面的反弹会有不规则弹跳现象。另外，球员网球鞋底与场地表层接触时会有“涩”的感觉，不太舒服。但是，由于它防水效果好，且具有一定的韧性，有时也会被铺设在一些有裂纹的水泥或沥青场地上，或者比较粗糙的高楼房顶球场上。

丙烯酸塑胶场地是当前国际大赛中最为常用的场地类型，它不受地域、气候等因素的影响。场地平整度好，表面硬度较强，而且耐磨，使用寿命长且不易老化；色彩多样，且艳丽、耐紫外线；维护保养也十分方便。此外，这种材料还是环保型的，无毒无害。其不足之处是它的基础是水泥或沥青，基地较硬，长期在丙烯酸塑胶场地上打球，易于损伤，所以运动前需要充分热身，运动后要合理放松。

（六）地毯场

地毯场是一种“便携式”可卷起的网球场，场地表面是塑胶面层或尼龙编织面层等，一般用专门的胶水粘接后，铺设在具有一定强度和硬度的沥青、水泥、混凝土地基的地面上即可，甚至可以直接铺展或粘接于任何有支持力的地面上。由于其铺卷或黏结方便，方便运输且有较强的适应性，所以室外、室内以及屋顶等地均可铺设采用。球在地毯场地上的速度视场地表面的平整度及地毯表面的粗糙程度而定。地毯场的保养也较简单，只要保持地面清洁、无破损、无积水即可。

## 第二节 网球装备

### 一、球

正规比赛用球多为黄色，由橡胶化合物制成，外表毛质较为均匀，接缝处没有缝线。球的直径是 6.35～6.67 厘米，质量为 56.7～58.5 克。球从 2.54 米高处自由落下时，能在塑胶硬地平面弹起 1.35～1.47 米高，在气温为 20 ℃、给球加压 8.165 千克时，推进变形应能够大于 0.559 厘米且小于 0.737 厘米，复原的平均值是 0.89～1.08 厘米。这两种变形值是对球的三个轴方向施加试验后读数的平均值。在每种情况下任何两个数据之间的差异不得超过 0.076 厘米。

### 二、球拍

（一）球拍类型

现代球拍多采用的是复合材料，比如碳纤维、玻璃纤维、克维拉纤维、高张力碳纤维、钛、超刚性碳纤维等材料单独使用或混合使用。高科技材料的使用使得球拍更轻便、硬度更大、更具力量，也更能吸收震荡与振动，击球的性能和手感也更好。

作为网球爱好者，我们在选购球拍之前，需要对球拍材料和性能加以了解。现代网球拍加入了更新的科技材料，比如使用宇航工业及军事工业产品的材质。目前，碳、钛、玻璃纤维以及克维拉纤维、高张力碳纤维和超刚性碳纤维等材质已大量应用于网球拍的制造。球拍的性能越来越好，控制力与击打力更加出色，击球效果更好。硬度高的球拍一定程度上会降低球拍的避震和回弹性能，容易造成初学者和非力量型选手的手腕及肘关节的损伤。

所以，在进行网球拍选择时，应对球拍所使用的材质和避震性能设计有所了解。一般而言，材质硬度适中、避震效果较好的网球拍是首选。不同材质球拍性能如表 3-1 所列。

**表 3-1 不同材料的球拍特点**

| 品名 | 石墨 | 搪瓷 | 硼 | 玻璃纤维 | 钛合金 |
|---|---|---|---|---|---|
| 硬度 | 较硬 | 非常硬 | 极硬 | 不硬 | 硬 |
| 弹性 | 一般 | 差 | 差 | 较好 | 适中 |
| 适用对象 | 中等力量型 | 强力型 | 技术型 | 全面型 | 全面型 |

需要明确指出，对于个体而言，只有材质硬度适中，且避震性能设计较好的球拍才是最佳选择，有利于网球爱好者技能提升的同时，又能较好地保护其不受或少受伤害。所以个体应根据自己的身体素质、年龄、性别等条件选择较为合适的球拍。一般而言，儿童与少年应选择把柄较短且质量较轻的球拍，逐渐换成标准的成人球拍；女士也应该选择较轻的球拍；男士一般可以根据自己的力量大小选择重一些的球拍，以打出更有攻击性的球。

在进行网球拍选择时，球拍把柄粗细也要恰当。一般而言，把柄的粗细大约是本人中指指尖到手掌第二掌线的长度（见图 3-2），或者握拍时，拇指和食指的指尖能恰好斜对衔接在一起。此外，正式比赛所用球拍必须要符合网球比赛的规则要求。

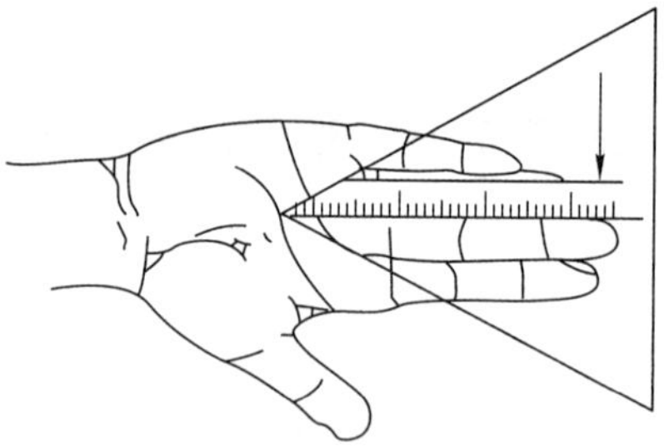

图 3-2　网球拍把柄粗细要求

1. 拍面大小

拍面不同规格的网球拍有不同的特点，依据网球拍的面积大小，一般可分为 4 种类型。① 中小拍面球拍：穿线面积小于 94 平方英寸（1 平方英寸＝6.451 平方厘米，下同）。② 中大拍面球拍：穿线面积介于 95～104 平方英寸。③ 大拍面球拍：穿线面积大于 105～115 平方英寸。④ 超大拍面球拍：穿线面积大于 116 平方英寸。不同规格拍面的特点与适用范围如表 3-2 所列。

**表 3-2　不同规格拍面特点和适用范围**

| 类型 | 中小拍面 | 中大拍面 | 大拍面 | 其他型 |
|---|---|---|---|---|
| 特点 | 拍振小，甜区小，高磅上弦 | 拍框中度，甜区中度 | 拍框大，甜区中等，触球范围大 | 拍振多样，甜区中度 |
| 适用范围 | 出球准确，力量集中的职业选手 | 力量适中，具有全面型的选手 | 初学选手，青年选手，老年选手 | 有一定训练水平的选手 |

网球拍面大小基本在 95～115 平方英寸之间，理论与实践均证实，拍面大小一定程度上影响着网球技术水平的发挥。大拍面对网球技术容错率的宽容度（More Forgiving）也较大，即球员击球偏离“甜点区”（Sweet Spot）时，依然可以把球击过去。因此，拍面越大则“甜点区”越大，击球稳定性也越强，对技术动作的难度要求有所降低。此外，大拍面纵向与横向的网弦也较长，导致其弹力也较大。大拍面或特大拍面网球拍在能够轻松回击来球的同时，其风阻也在增大，虽大拍面的大“甜点区”不易失球，但较难以击出速度，同时拍面越大，质量增大失去了灵活性。所以，职业选手的拍面都相对较小，拍身也较薄，使其力量集中，击球速度更快。

2. 球拍厚度

球拍厚度一定程度上影响着球拍的性能。球拍厚度一般在 22～34 毫米之间，边框越厚，其硬度越大，爆发力越强，击出的球也更加强劲有力，但也容易失去控制而出现出界等现象。故而，身体发力和手臂力量较充足的话，使用较软、拍框较薄的拍子较好。除此之外，有些球拍的拍框厚度不一，比如为了增加底线抽击球的力量，拍头部分会做得厚一些，为了增加击球瞬间球拍的稳定性，拍颈部分做加厚处理。此外，拍框厚度越大弹性越大，拍框越薄，拍子弹性也相对较小，因此网球爱好者应根据自身特点和击球要求选择合适拍框厚度的球拍。

3. 球拍平衡点

平衡点是反映拍头轻重的标志，拍头的轻重直接会影响击球的速度力量。球拍 1/2 处就是其平衡点，一般而言在球拍把柄上方的三角拍颈处。用手指支在平衡点，球拍往拍头方向下垂就是头重，反之则头轻，如果球拍能保持水平就是平衡型球拍。拍头重的球拍适宜于底线型选手，拍头轻的球拍适宜于上网截击；底线与网前攻守兼备的全能型球员适宜于平衡的球拍。若球拍与自己的技术特点不符，可以在拍头、拍框两侧或拍颈处加重量不等的铅片来改变平衡点。

4. 球拍重量

球拍重量一般指未上网弦和握把胶皮等配件球拍的净重克数。从网球技术理论及实践中，我们可以认为，球拍的重量与球员的技术、力量以及能力具有相关性，即随着球员技能的提升，其球拍的重量应该做相应调整。

作为网球初学者，一般对球的性能和线路把握不准，较难以适应高速运行的网球，应该选择拍头较宽、流线型且较轻与和拍子整体重量也较轻的球拍。此类球拍有利于球感的培养，回球失误率降低。在技能有了一定的提升后，可根据技术水平及技能特点等适当调整。职业球员进阶过程中，可根据自己的身体素质与对回球力度、速度等要求可选择拍头稍重、拍身重量适中的球拍。一般职业选手使用的球拍拍头较重、拍身坚硬，且高磅数穿线，以使击球更加精确。拍头较轻、拍身重量较重的球拍适宜于对技术和力量要求较高的职业选手。

5. 球拍握把规格

球拍握把的尺寸选择也应该根据自己的实际情况选择合适的尺寸。握把太细，不易抓紧，遇上强力球则容易造成拍面松动而使拍面翻转；握把太粗易使人疲劳，灵敏度降低，且不易处理好小球和截击球，导致击球失去稳定，失误率提升。

尺寸表示通常都贴在球拍外框或内框，标有 L/SL/USL 球拍的重量范围，L 指拍重在 335 克以上，SL 指拍重在 320～335 克之间，USL 则指拍重在 320 克以下，其后面的数字则是以英寸为单位标识的手柄周长，数字越大则表示手柄越粗；相反，则越细。通常拍柄粗细有欧式和美式两种标识法，其换算公式为美式 0.1.2.3.4.5 依此类推；欧式 4、4 1/8、4 1/4、4 3/8、4 1/2 以及 4 5/8 英寸。实际上，应该根据手掌的大小选择选拍柄尺寸。

一般而言，手握球拍时，手指与手掌之间的间隙刚好可以放入另一手的食指。如果球拍握把粗细与自己的手大小不匹配，较细者可再加一条汗带，较粗者可以剥去球拍本身自带的缠把，一般建议挑选细的握把。

此外，拍子选择还要以挥重、绕曲度/硬度（表示球拍击球时的形变量）等作为技术指标，这些指标主要针对职业选手，对一般业余爱好者影响不大。

6. 球拍长度

球拍长度的选择标准一般是根据使用者的身高和打法特点确定，通常身高与球拍长度成反比。身高不足的球员为弥补身高缺陷，选用加长球拍较为适宜。当一把球拍较长且头比较重时，它加长的长度与平衡点会使挥拍重量增加，这两点在增加击球力量的同时，也使其灵活性变差。

7. 挥拍重量(Swing Weight)

挥拍重量是表示球拍在挥动时感觉有多重或多轻。影响挥拍重量的因素包括球拍的长度、固定重量(Stationary Weight)以及平衡点。所谓平衡点指的是球拍重心偏向于拍头，还是偏向于握把或在中间位置。固定重量与挥拍重量是两个不同的概念，挥拍重量的大小要视打球风格而定。如果是底线攻击型选手，可选择挥重较重的球拍；对落点要求精准控制的球员可以选择挥重较轻的球拍。挥拍重量越重，需要的击球力量就越大。测量挥拍重量是使用球拍测量仪(Racquet Diagnostic Center，缩写为RDC)。它将挥拍重量分成0到999个等级，数值越小，挥拍重量越轻。

需要指出的是，任何材质的球拍均可用于比赛，但必须符合一定的规格要求。

(1) 网球拍的击球面必须是平的，由弦线上下交错编织或联结组成，其组成格式完全一致。每条弦线必须与拍框联结，特别是穿线后其中心密度不能小于其他任何区域的密度。

(2) 网球拍的拍框和拍柄的总长不得超过73.66厘米(29英寸)，拍框的总宽度不得超过31.75厘米(12.5英寸)。拍框内穿弦平面的总长度不得超过39.37厘米(15.5英寸)，总宽不得超过29.21厘米(11.5英寸)。

(3) 网球拍的拍框与拍柄，不应有附属物或装置，如有附属物或装置，只限用以限制或防止拍框和拍柄的磨损、振动或分散重心。任何附属物或装置，其大小和布置必须合理。

(4) 网球拍的拍框、拍柄和弦线，在网球比赛期间，不应有任何可使运动员实质上改变其球拍形状或改变其重心分配的设备。

(二) 球拍使用与保养

除为自己选购一把适合自己技术特点的球拍外，也要懂得球拍的保养常识。

1. 避日照防潮湿

酷热易使球拍的材质老化加速，使材质的物理与化学性能改变，导致球拍拍框变形；另外，潮湿的环境易球拍拍弦松紧度发生较大改变，潮湿环境中的球拍若再经过日照，会一定程度上改变球拍材质本来的性能。

2. 防低温冷冻

低温会一定程度上会改变球拍的软硬度，在低温下原来偏硬的球拍硬度更大，原来偏软的球拍控制力量会削弱。低温会降低球拍的延展度，弹性降低，拍弦变脆易断裂。因此，低温天气下球拍一般应放在有夹层的专业网球包里，一定程度上能保护拍子。

3. 不敲打硬物

如果用球拍敲打比球拍更为坚硬的物件，比如地面或场边长椅等，无论何种材质硬度的球拍，都会容易造成球拍材质物力形变或内在的裂变，从而降低球拍的正常使用寿命。

4. 专用球拍包

专用的网球拍包能有效遮挡空气中的水蒸气及紫外线，也能避免拍子过长时间在低温中暴露。球拍包在保护拍子的同时，对拍弦也能起到一定的保护作用。

5. 重视球拍配件

球拍必要配件的重要性不言而喻。比如，握把胶皮要经常更换，如果使用时间过长，失去了其本身的性能，造成握把打滑，会影响击球效果。再如，避震器等能有效减少击球时拍子的震动，有利于防止手肘受伤。

6. 正确的穿线方法

正确的穿线方法，能够使球拍受力均匀，延长拍子的使用寿命。暂时不用的球拍不穿弦线，以免球拍的拍框长期受力导致变形。球拍断弦后应尽快剪除，否则，拍框会因长时间受力不均而致使其变形。同时，两只球拍交替使用，有利于球拍材质使用极限延缓，延长拍子使用寿命。

## 三、拍弦

### （一）拍弦选择

网球拍弦一般根据材料进行分类，包括天然肠弦和人造复合弦。随着制造科技的发展，人造复合弦的制造工艺越发精良，且能够供不同技术风格的拍弦。不同纤维丝制造的人造复合弦性能已经接近于“羊肠弦”，所以又称为“仿羊肠弦”。天然肠弦一般由猪、牛、羊等动物的小肠做成，因为最早的网球拍弦常以羊的小肠做成，故又称为“羊肠弦”。

羊肠弦具有击球手感好、拉力不易下降，且拍弦的弹性很好、穿弦磅数高、震动小等优点，是职业球员的最佳选择，但它也有价格高、不耐磨、怕热、易潮变等缺点。

现在，越来越多专业运动员选择用聚酯弦。聚酯弦是尼龙细线上包裹一层聚乙烯材料，这层材料可制作成圆形或带有棱角，增加击球时的旋转，在耐用基础上还有相当柔软的手感，击球力量大，击球瞬间弦上的棱角能增加对球的咬合，从而增加对球的控制和旋转，且不易走线。

就拍弦性能而言，同一种材料与结构、同一种拉力，细弦手感较好，弦的直径在1.10～1.25毫米之间。细弦由于能够使球拍纵横交错网格相对变大，更容易“吃住球”，对于旋转球反应更敏锐，弹力也更好，但不耐用、易断；粗弦虽然耐磨，但是击球感觉较迟钝，手感较差，弦的直径在1.30～1.45毫米之间。一般而言，即使是耐用的拍弦，在2～3个月左右也要剪断重新穿弦，因为拍弦的磅数及弹性一段时间后就会失去较多。专业运动员对拍弦的要求极高，一般都会在赛前穿弦，以保持最好的拍弦性能和直接的击球手感。

拍弦按照直径大小进行分类，一般分为15号、16号、17号、18号4种型号，数字越大，拍弦越细，重量越轻。有些拍弦上还会附加符号“L”，如15L、16L、17L。其中以17L为例，它表示比17号细，比18号粗，介于17号和18号之间。通常以耐用好打作为选弦的标准。

### （二）穿弦磅数

穿弦磅数用来衡量击球时拍弦对球的作用力，穿弦磅数高低与拍弦张力相关，它需要专门仪器才能测量。拍弦都会随着时间逐渐降低或失去张力，在拍弦张力逐渐降低的过程中，拍弦的磅数也会变小，随之球拍性能和击球效果也会受到影响。研究显示，新穿的拍弦比赛4小时后张力会下降5%。磅数高，弦的弹性降低，对球的控制效果好，要击出强有力的球，需要加大挥拍速度；磅数低，弦的弹力增加，击球力量加大，但对球的控制力就会降低。

因此，臂力较小的人，应选用硬度较高的球拍，同时，穿弦可以松一些，以发挥拍子和弦的最大张力。如果力量较大，挥拍快而有力，则可以选用较软的球拍，配上较大的穿弦磅数，能有效地对球施加控制，如果再配以中拍面的球拍，就会表现为更快的球速。

综上，拍弦磅数大小能对球拍性能产生较大影响。拍弦磅数越低，拍子击球威力越大。当快速击球时，松弛的拍面对球的弹性张力也越大，就会给球很大的能量，表现出很快的飞进速度；低磅数穿弦的拍子控球能力也较差，但拍子击球时手感舒适，因为拍面与球接触时，低磅数的弦形变较大，可缓冲来球的冲力，从而保护击球者的手、肘关节。由此，初学者可选用穿弦磅数较低的拍子，在球技不断提升过程中再增加穿弦磅数。拍弦与穿弦效果对比如表 3-3 所列。

**表 3-3　拍弦与穿弦效果对比**

| 性能 | 分类 | | | | | |
|---|---|---|---|---|---|---|
| | 球感（控球） | 弹性 | 球速 | 耐磨度 | 适合面 | 适合打法 |
| 粗弦 | 差 | 大 | 慢 | 好 | 大、中拍面 | 底线 |
| 细弦 | 好 | 小 | 快 | 差 | 小拍面 | 网前、旋转 |
| 低磅（54～60） | 差 | 大 | 慢 | 好 | 大、小拍面 | 底线 |
| 高磅（62 以上） | 好 | 小 | 快 | 差 | 小拍面 | 网前、主动进攻 |

一般常用穿弦磅数是在 54～60 磅之间，纳达尔穿弦磅数保持在 55～56 磅，费德勒是 57～59 磅，德约科维奇是 63 磅，罗迪克穿弦则接近 70 磅。不过穿弦磅数大小只是一个参考值，机器与人工穿弦之间都会产生偏差。一般而言，在弦出现“毛边”现象、纵横弦重叠出现较深凹痕或控球失误现象明显增多，意味着弦韧性已经较低，穿弦磅数衰减较多，需要更换穿弦。

### 四、网球拍包

网球拍包是网球爱好者必备的装备之一，包里可以放多把球拍、网球、网球鞋、水等用品，以便球员或爱好者在比赛和练习过程中更换球拍、服装等用品。

### 五、网球服装

专业网球服装的选择原则是舒适、透气，易于排汗。早期网球运动起源于宫廷，要求统一着装，男子穿长裤，女子穿长裙。随着人们观念的不断改变，网球着装也有了较大的改变，男子网球运动时一般常穿网球衫（T 恤衫）、短袖，下身穿网球短裤；女子穿网球 T 恤、圆领短袖等，下穿网球裙。现代网球比赛，为了高收视率及传播影响，网球服装色彩艳丽，设计更加多元，特别是女子运动员服装。值得一提的是，温布尔顿大满贯赛事依然保留要求运动员必须穿白色运动衣的传统，且运动衣上的 Logo 大小也有严格要求。

### 六、网球鞋袜

由于网球运动需要急停、急起，方向多变，所以要求网球鞋耐冲击、稳定性好、减震效果与防滑性能佳。网球运动中，身体重心多数时候都在前脚掌上，鞋的相应部位磨损也较多，加之丙烯酸聚酯网球场地摩擦力大，鞋底在耐磨的同时，内垫支撑力要强且具有弹性。随着科技不断进步，网球鞋的设计越发科学，可以有效帮助球员提高击球效果。根据网球场地不同，网球鞋类型也区分为室内与室外、硬地与沙地。一般而言，室内网球鞋底条纹较为细致，室外鞋底条纹较为粗犷；硬地球场摩擦力较大，鞋子设计的较厚、耐磨；草地网鞋底则设计成突出胶状纹路。一般网球鞋的选择是以重量适当、利于移动、支撑力稳固为主。

网球袜一般是纯棉质地、透气、厚实吸汗、舒适即可。脚上的汗腺较为发达，看上去凉爽的薄袜子并不会控制运动时汗液的分泌，专家建议，在网球运动时穿两双袜子，以充实鞋与脚之间的空隙，在吸收带走湿汗的同时，还能缓冲脚底与硬地之间的震动，而且厚厚的棉袜也能充分保护脚底、脚趾及跟腱。

### 七、减震器

减震器主要用于减少击球时球拍的震动对手的冲击力。击球时过多的震动会伤害手臂，导致网球肘。减震器对弹性过高的球拍具有一定的改善作用。加了减震器的拍子会给人一种“木”的感觉，不被很多人喜欢，特别是一些手感好的人。规则里明确指出此类东西安装的部位，必须装在弦与弦交叉的格式之外，横竖弦交错的地方是不可以安装减震器的。

### 八、吸汗带

吸汗带缠绕在球拍的拍柄上，使握拍手感舒适、握拍牢固、吸汗防滑，是网球拍的附件。吸汗带一般由聚氨酯(PU)材料制成，可以分为内柄皮与外柄皮。内柄皮在球拍出厂时已经缠绕在球拍握柄料上，其目的是将球拍内部的材料与外界隔绝，防止拍柄内纤维组织遭受汗水、空气、有害元素等的损害，以延长球拍握柄的寿命。外柄皮是裹在拍柄最外层与手直接接触的那一层。它的作用是在保护内柄皮不受直接磨损与腐蚀的同时，也使我们握拍时获得更为舒适、牢固、吸汗防滑的手感，增加摩擦附着力，因此也称它“吸汗带”。外柄皮从其性能和特点可以分为干性与黏性两种，颜色各异，厚度不一，每个人可以根据自己手感和特点进行选择。

### 九、其他装备

网球帽的目的是能够在打网球时遮挡阳光，同时，也具有固定头发和发带的功能(防止头上的汗水流向眼睛)。护腕主要保护腕关节，使腕关节少受损伤，同时也可以擦汗。发带主要具有管束头发与吸汗的功能。职业选手或网球业余爱好者都会准备一个较大的网球拍包，里面装有球拍、网球、水、护腕、毛巾、运动服、袜子、创可贴以及其他物品。

## 第三节　网球礼仪

网球运动极具内涵，被誉为绅士贵族运动。这与它本身具有的文化价值、球员爱好者及观赏者所具有的优雅高尚的行为素养是分不开的。作为球员，要尊重球场上的一切人与物，乱发脾气、摔拍子等行为会遭到相应处罚，球场观众也要求具有良好的观赛礼仪。各种明确的和大家默认的网球场内外要求和规定形成了网球运动的魅力。

## 一、日常练球礼仪

(1) 一般情况下,进入网球场穿专用的网球鞋,不允许穿硬底鞋或带钉的鞋入场;赤脚与赤脚穿鞋打球、男生赤膊上阵均会被认为有失雅观。

(2) 练球过程中,当对方的回球靠近底线或压线好球时,应主动告诉对方打过来的球是界内、界外,还是压线好球。

(3) 发球时需要观察对方是否做好接发准备,要举球示意自己准备发球,以让对方做好准备。

(4) 练习过程中飞到其他场区的球,应耐心等待"死球"时再把球捡回,且要对影响别人的行为说"sorry",若对方把球捡给你,应表示感谢。

(5) 练习场地上的球网需要我们去爱护,不要人为触压球网,以利于其更长的服务周期。

(6) 当本方在练球过程中击球出界、下网,甚至是击出对方难以击打的球,应向对方说"sorry",以示其无意之举,更加绅士。

## 二、比赛礼仪

(1) 球员参赛着装应该得体,男子一般是网球运动 T 恤及短裤,女子应是中、短袖或无袖上衣短裙或连衣短裙为主。

(2) 赛前热身练球过程中,有义务为对方的练习提供必要帮助,任何有意妨碍对方练习的做法都是有失风度的。

(3) 不因对方在比赛过程中的频繁失误或失常发挥而喜形于色,能够为对手击出难得的好球拍手叫好。尽管自己没有得分而遗憾,仍能为对方的好球诚心表示祝贺,这样有风度的举动会赢得朋友,也鼓励自己向更高的技术进步。

(4) 在比赛过程中不因打出一记幸运球得分过于兴奋。如球擦网后,直接得分,或击到对方场内的球不规则弹跳致使对方失分等,要向对方举拍或举手以示歉意。

(5) 球场上不要有用脚踢球或摔拍现象,场上友善调节比赛气氛除外。

(6) 正式比赛时,一般采取上手发球,下手发球虽未被禁止,但被认为是戏耍或不尊重对手。

(7) 比赛过程中要显示出对裁判的尊重,服从裁判,如对裁判判决有疑义,可在赛后申请仲裁委员会仲裁。

(8) 比赛结束时,可以将比赛用球抛给观众,但是不可将网球拍扔上看台,否则会砸伤观众。

(9) 比赛结束后,无论胜负都应该主动与对手和裁判握手表示感谢。

## 三、观赛礼仪

(1) 提前在赛前进入观众席就座,比赛进程中不随意走动或退场,应该在局间或盘间休息时进入或退场,以免影响运动员的注意力,对比赛进程造成干扰。

(2) 观看比赛时,应尽量避免携带能发出声音的物品或关掉其声音。从球员开始准备发球到这一分结束的过程中,观众都不应随意发出声音,如大声交谈、叫好、喝彩、鼓掌甚至吃东西，观众和球员之间应该互相尊重，以营造出赛场优雅氛围，利于运动员高水平发挥。

(3) 运动员在发球时，不用闪光灯进行拍照，更不可发出声响。

(4) 不能在比赛进程中进入场地，确有必须应在球员休息或"死球"时，迅速进入，以免影响球员的注意力，干扰比赛。要服从裁判或工作人员的劝告，保持良好赛场秩序。

**【课后讨论】**

1. 正规网球场地基本规格。
2. 网球基本装备。
3. 网球场基本礼仪。

# 第四章　网球运动技术

**本章概要**

本章主要介绍了网球运动的基本技术，包括握拍方法、移动步法与击球站位、正反手击球、发球与接发球、截击球与高压球、切削球与放小球以及挑高球与凌空抽击球等技术。

**学习目标**

（1）掌握各项网球基本技术动作要领。

（2）熟练掌握并运用各项基本技术。

## 第一节　握拍方法

握拍方法是网球所有击球技术的基础，球拍是击球者手臂的延伸，它决定着挥拍方式，击球时的拍面角度、击球点，对击球的旋转、弧度高低、速度力量等击球效果具有较大的影响。球员握拍方法不同，其打法及战术特点也会有不同。因此，在网球运动实践中，球员应该了解和把握不同的握拍方法，根据自己的特点及技战术要求，选择相应的握拍。

常用的握拍方法主要包括：东方式握拍、大陆式握拍、西方式握拍、半西方式正手握拍和双手反手握拍法。

为了正确地掌握握拍，我们有必要先了解握拍的基本术语。①"V"形虎口：握拍手大拇指自然分开与食指在虎口处形成的"V"字夹角。② 小鱼际：手掌根所在部位。③ 以拍面垂直于地面，拍柄朝向自己，拍柄上共8个面：上平面、下平面、左垂直面、右垂直面、左上斜面、右上斜面、左下斜面、右下斜面。

### 一、东方式握拍法

东方式握拍法最先流行于美国东海岸一带，因而取名为东方式，它与两人握手的姿势非常相似，又名"握手式"。起初，它在不同类型的网球场上均能取得较好的击球效果，因而被广泛采用。随着现代网球技术的不断进步，采用这种握拍方法的选手越来越少。东方式握拍法分为东方正手握拍与东方反手握拍两种。

（一）东方式正手握拍法

使拍面与地面垂直，拍柄朝向自己（以右手持拍为例，以下同），右手如同握手一样握住拍柄。握拍要点：食指根部关节压在拍柄右侧垂直面上，虎口正对拍柄右上侧楞，所有手指环绕在拍把上，拇指中指相触，食指微向上与其他三指分开，手掌根抵住拍把底端（见图4-1）。

东方式正手握拍法的特点:较为灵活和容易掌握,击球点较低,能击出有力的平击球和一定的上旋球;不易击打高点球,由于较为适宜平击球,所以稳定性不高,不利于连续相持球的处理。

(二) 东方式反手握拍法

东方式反手握拍是在东方式正手握拍的基础上,手沿着逆时针方向转动一个平面,使右手虎口对准拍柄左上侧楞。握拍要点:一般食指根部贴在上平面的中间部位,所有手指环绕在拍把上,拇指中指相触,食指微向上与其他三指分开,手掌根抵住拍把底端(见图 4-2)。

东方式反手握拍法的特点:具有稳定和手腕的灵活性,既可以击出一定的上旋球,也可以击出具有穿透力的平击球,较容易在网前调整为大陆式握拍方式。其缺点是不易击打高点球,欠缺稳定性。

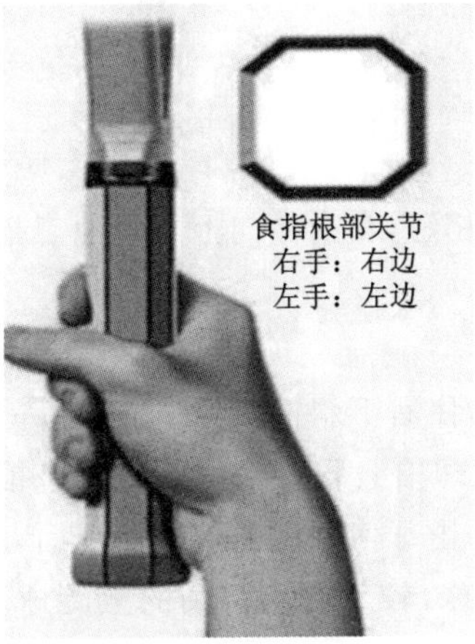

图 4-1 东方式正手握拍

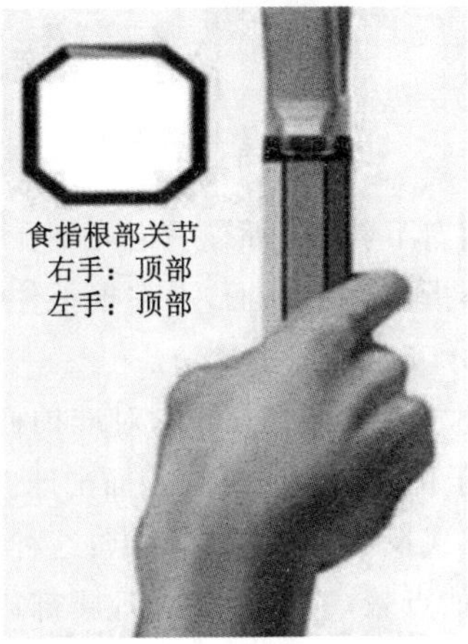

图 4-2 东方式反手握拍

## 二、大陆式握拍法

大陆式握拍是虎口对准拍柄上平面正中间,介于东方式正手和东方式反手握拍方法之间,拍面与地面几乎垂直,有握榔头和握菜刀的感觉,也称“握榔头”式或“握菜刀”式(图 4-3)。技术要点:“V”形虎口对准拍面正上方,食指紧贴拍柄右上斜面,所有手指环绕在拍把上,拇指中指相触,食指微向上与其他三指分开,无名指和小指紧贴拍柄,手掌根抵住拍把底端。大陆式握拍法在正、反手击球时都无须变换握拍,因而上网截击、高压球都较为方便,同时它还被用于发球、正反手切削球。

大陆式握拍法的特点:手腕灵活性较大,手臂与手腕能较为自然地向击球点挥动,较容易处理网前球及快速球。大陆式握拍容易击打出平击球和削球,难以击出上旋球。

## 三、西方式握拍法

西方式握拍法是在美国西部加利福尼亚州的水泥硬地球场上发展起来的,故而称为西方式握拍法(图 4-4),可以分为西方式正手握拍法与西方手反手握拍法两种。

(一) 西方式正手握拍法

拍面与地面平行,用手从拍上面抓住拍柄,“V”形虎口对准右侧垂直面的下缘,手掌根

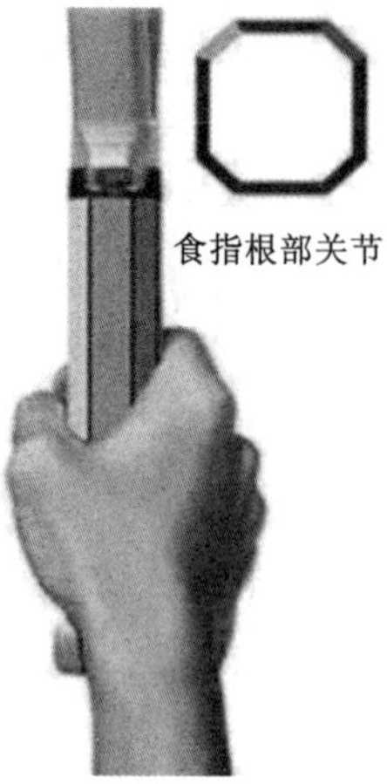


图 4-3　大陆式握拍

图 4-4　西方式握拍

贴在拍柄右下斜面,所有手指环绕在拍把上,拇指中指相触,食指微向上与其他三指分开,无名指和小指都紧贴拍柄,手掌根抵住拍把底端。

(二) 西方式反手握拍法

虎口"V"字形向右转动,对准拍柄右垂直面,掌根贴住右下斜面,与拍柄底部齐平。拍面翻转,用于正手击球时同一拍面击球。即正手握拍后,把球拍上下颠倒过来,用同一拍面击球。

西方式反手握拍法的特点:这种握拍方法的正反手击球使用球拍的同一个面,击打落地球时,击球点较高,较适宜处理腰部以上和肩部高度的球,较易击出强劲的上旋球。这种握拍方法较难以处理截击球与低球,特别是反手近网球。

## 四、半西方式正手握拍法

半西方式正手握拍介于东方式正手握拍和西方式正手握拍之间。半西方式正手握拍时,"V"形虎口对准右上斜面中间,所有手指环绕在拍把上,拇指中指相触,食指微向上与其他三指分开,无名指和小指都紧贴拍柄,手掌根抵住拍把底端(见图 4-5)。

半西方式正手握拍法的特点:具备东方式握拍和西方式握拍的优点,比东方式握拍更容易处理高球,击打出强烈上旋球;同时通过手腕的变动,也较容易处理低球,是现在多数球员所普遍采用的一种握拍方式。

## 五、双手反手握拍法

双手反手击球握拍是目前反手击球最为流行的握拍方法,但目前广为接受的是右手为大陆式握拍,左手为半西方式握拍。一般而言,也可以右手为东方式反手握拍法,即"V"形虎口对准拍柄的左上斜面,握在拍柄的下端,左手为东方式正手握拍法,即"V"形虎口对准拍柄的左上斜面,握在右手的上方,双手靠拢紧握球拍(见图 4-6)。

双手反手握拍法的特点:双手反手握拍能够击打出比单手反手握拍更为扎实的回球,动作隐蔽性更强,较容易处理低球,由于有左手的辅助,对于肩部高度的球也较容易处理。由于是双手握拍,对球员大范围移动有一定的限制,对步法的要求更加严谨。

图 4-5　半西方式握拍

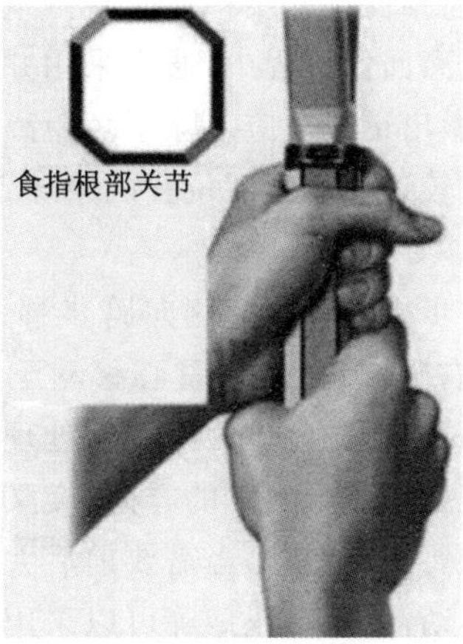


图 4-6　双手反手握拍

# 第二节　移动步法与击球站位

## 一、移动步法

网球运动实践中，对移动步法的要求较高。球场上每一次击球都会有变化，球员需要根据场上的变化运用不同的技术，而只有在正确、合理的移动步法基础之上，快速移动到击球点上，才能准确、有效地把球击出。即根据对方的来球速度、角度、弧度、方向等因素，通过合理的步法，迅速移动到最佳击球点，以完成有效技战术。网球的移动步法灵活、多变，主要包括分腿垫步、并步、交叉步、跨步、冲刺步、后撤步、小碎步、滑步等。

（一）分腿垫步

准备时双脚左右开立，膝关节微屈，降低身体重心（低于运动时身高 20 cm）。判断对方击球意图进行挥拍时，双脚蹬地跳离地面，落地时双脚与肩同宽或略比肩宽，用脚尖着地，重心放在两前脚掌上，肌肉保持适度紧张，背部保持挺直。分腿垫步是为了提高身体机动性，掌握平衡，快速启动，起到将各种移动步法如并步、交叉步及跑步等步法及各项技术动作连接在一起的作用。

根据其作用不同，可以分为高跳分腿垫步（或称防守型分腿垫步）、低跳分腿垫步及加宽脚距低跳分腿垫步（或称网前分腿垫步）。高跳分腿垫步常用于底线更加有力快速启动击打防守球使用；相比高跳分腿垫步，低跳分腿垫步常用于底线位置或相持球时使用，重心更接近于地面，使球员能够做出更快的反应，使击球脚步和移动更有节奏；加宽脚距低跳分腿垫步常用于网前截击球时使用，脚距加宽，有利于重心降低，顾及更大距离。需要指出的是，在上述垫步过程中，既可以原地垫步，也可以向前、向侧甚至向后垫步近距离击球。

（二）并步

并步是指面对球网两脚向左或向右平行移动的步法。两脚平行站立，向左移动时，蹬右脚，再蹬左脚，两脚腾空后，先右后左，两脚几乎同时落地；向右移动时，方法与向左移动相同，仅方向相反。并步移动时身体重心变换快但移动速度较慢，适宜于短距离移动。每次击球较近距离回位过程中，通常采用并步移动，有利于球员集中注意力在对手身上及回球的线路上，以做出迅速反应。除了短距离横向并步移动击球外，也有前后小距离的并步移动，有利于击打较近距离前后位置的来球。

（三）交叉步

交叉步指两脚交替侧向跨步移动。向右交叉步移动时，上体右转，左脚向右脚侧前迈出，然后右脚向右跨出，重心移动至右脚准备回击来球；向左交叉步移动时，与向右移动相同，仅方向相反。此步法常用于处理距离较远而要做出大幅度移动的来球。

根据第一步迈出脚的方向，交叉步分为前交叉步和后交叉步。后交叉步用于侧后方的移动。需要指出的是，当需要前后大范围移动时也可以纵向交叉步，比如由底线附近向中场位置的移动，退后高压球等可以采用交叉步。

（四）跨步

跨步是指向击球方向跨出一大步击球的步法，常用于近距离开放式与半开放式站位击球。跨步前膝部弯曲，上体前倾，身体重心移至跨出脚上。跨步时，一腿用力蹬地，另一腿向来球方向跨出一大步进行击球，随后，另一腿随重心前移自然跟上。跨步的特点是跨距大，便于向前、斜前方、斜后方降低重心回击来球。

网球比赛双方经常运用控制落点调动对方，以出其不意、攻其不备的方式力争主动。比赛时来球的落点在不断变化，要想准确反击，就要靠灵活、正确的步法移动到合适的击球位置。步法灵活，才能抢占有利的击球位置，并有效地回击来球。因此，步法是网球运动技术中最重要的基本功之一，良好的步法是发挥基本技术的基础。步法移动一般启动时前两步步幅要小，中间加快速度；击球时，缩小步幅，并以碎步调整到最佳击球位置。

（五）冲刺步

冲刺步是在击球过程中较长距离快速奔跑的步法。冲刺步时，一只脚蹬地起步，另一只脚迅速向前迈出，两脚交替，在持拍的两手臂快速摆动配合下，移动至击球点。常用于向前或斜前距离球员较远位置球的移动。

（六）后撤步

后撤步也叫回撤步，在中前场面对大角度来球，比如对方后场过顶高球或后退高压，需要右脚快速后撤，重心快速收到右脚，两脚交替进行后撤方向的移动，把握身体平衡，同时，启动时的前几步步幅要小，以产生最快的启动速度。

（七）小碎步

小碎步指在击球前为提高反应速度和调整身体平衡而使用的移动步幅较小的一种步法。小碎步一般被用于击球前对击球点和身体平衡的细小调整，有利于更加精准地击球。

（八）滑步

滑步指在红土或沙土甚至在硬地网球场上，球员利用快速跑动后制动的惯性在球场滑行一段距离进行击球的步法。进行滑步时，上体基本保持直立，能够较好地把身体重心保持在两腿之间，同时一定的启动速度，也是保持有效滑步的前提。

## 二、击球站位

球员通过合理的移动步法快速移动，在接近球后，还需要选择合理的站位，方能使击出的球更有效。击球站位是移动步法移动到位后，完成最后击球动作的专门步法。在运动实践中，身体重心及平衡的控制极为重要，在跑动过程中完成引拍、挥拍击球及随挥等动作时，重心把握不好，会影响移动步法及挥拍击球的效果。在击球瞬间，重心移动的关键在于击球重心轴心脚位置的确定，正确的击球站位能最大限度地提高击球技术效果。

（一）关闭式站位

关闭式站位也称闭合式站位，是充分利用重心的前后移动进行击球，即击球前重心在后脚，击球时重心移动至前脚，因而其击球效果更具穿透力。由于身体结构的原因，反手采用关闭式站位击球更多，更易使肌肉达到最佳的长度，发出更大力量。关闭式站位击球一定程度上会造成球员回位变慢，所以在更大转体和重心从后脚向前脚的推动下，两脚基本平行对着球网以利于回位。

动作要领：两脚分开站立，通过腰髋及肩部的转动，将重心转移至外侧脚上。球员的内侧脚向前方迈出，在挥拍击球时，身体重心向前推动保持在前脚上，以使球获得更大的向前的线动量。在随挥动作与还原动作中保持好平衡，后脚自然向前移动，并为下一次击球做好准备（见图 4-7、图 4-8）。

图 4-7　正手关闭式站位

图 4-8　反手关闭式站位

（二）开放式站位

开放式站位能够实现最大幅度的全身旋转，使腰腹完全拧紧，腿部和腰部的发力更为充分，因而击出的球旋转也更强烈。同时，开放式站位的击球点可以更靠近身体，相对而言，给移动留出了更多时间与空间，更加适合大范围的跑动击球及接发球技术。

动作要领：两脚分开站立，以双脚前脚掌为轴，向右侧身引拍，左肩对向来球方向，挥拍击球时，身体重心从右往左移动，同时，也会在双脚蹬地作用下，上下移动，击球后，重心压在左脚上，更利于左脚的蹬地，迅速回位（见图 4-9、图 4-10）。

（三）半开放式站位

半开放式站位介于关闭式和开放式站位之间，因双脚之间既有前后距离也有左右距离，击球点距离身体较远，向前挥拍送球时间较长的同时，也能利用身体拧紧旋转的力量，因而击出的球较重、较深，旋转也较多。既可以获得向前的线动量，也能充分利用身体的旋转，获

图 4-9　正手开放式站位

图 4-10　反手开放式站位

得角动量，同时有利于击球后的回位。

动作要领：两脚分开站立，以右脚为轴，左脚向侧前方上步，同时在非持拍手辅助下转肩带动右手向后摆动引拍。左脚侧向跨出的同时，两脚之间的连线与球网形成大约45°角，拉开球拍，以左肩朝前的姿势向前挥拍。挥拍时，身体重心从右脚向左脚转移，腰和肩的转动越大，越能获得力量和速度（见图4-11、图4-12）。

图 4-11　正手半开放式站位

图 4-12　反手半开放式站位

# 第三节　正手与反手击球技术

## 一、正手击球技术

正手击球是指用优势手完成击球的方法，是网球技术中最基本的技术。正手击球力量大，速度快，击出的球弧度控制及稳定性好，球场占比70％左右的球多用正手击球完成。

(一) 正手击球动作要领

正手击球完整动作见图 4-13(以右手持拍为例,下同)。

图 4-13　正手击球完整动作

1. 准备姿势

球员一般以半西方式握拍或西方式握拍为主。球员需要面对球网,双脚开立与肩同宽或略比肩宽,膝关节微曲,上身稍前倾,重心放在两前脚掌上。右手握住拍柄,左手扶住拍颈,球拍置于腰腹之间,拍头朝前上翘微向侧。两肘置于腰侧,目视来球。准备动作过程中要保持身体放松,并随时进行分腿垫步动作,根据来球方向迅速做出反应,判断来球方向。

2. 后摆引拍

当判断来球需要用正拍回击时,向右转髋、转肩,在左手辅助下带动球拍迅速向右后上方引拍,拍头要高于手腕,与来球高度保持一致,身体重心移向右脚,引拍结束时,左肩对网,球拍侧上指向天空,尽量保持侧身迎击球。其动作要求迅速、协调,并根据来球情况,适度弯曲膝关节,左脚可以向右前方跨出(与端线成 45°夹角)呈半开放式击球步法,或右脚跨越左脚呈关闭式击球步法,或两脚连线与底线平行的开放式击球步法对来球进行回击。

3. 挥拍击球

挥拍击球时,在蹬地转腰肩基础上,重心从右脚向左脚转换,大臂带动小臂,球拍从身后向前上方挥动迎击来球。击球点一般在身体右前方,通过脚下积极的移动及不同的击球步法使球在腰部高度击出。

4. 随挥跟进

球拍完成击球后,挥拍轨迹应沿着球飞行的方向继续向前向上,重心移动落在左脚上,身体右侧转向球网,拍头随着惯性挥到左肩侧方,用左手顺势扶住拍颈。随挥跟进结束后,应迅速恢复到准备姿势,通过一定的步法回位,为下一次击球做好准备。

(二) 正手击球技术类型

1. 正手上旋球

正手上旋球的特点是击出的球飞行弧线较高,下降速度较快,球落地后反弹较高,向前的冲力较大,便于球员控制力量。既可以大力击球,又因球飞行的高弧线而不易击球出界,具有较强的攻击性和稳定性。同时利用上旋球过网极速下坠的特点，击打出小斜线，能够有效破坏对方上网战术及击球节奏，从而取得场上主动。

击打上旋球时，需要屈膝降重心，在蹬地转腰肩基础上，两手协调向后上方迅速引拍，向前挥拍时，重心前移在身体侧前方击球，球拍从后下方向前上方快速擦击球，使球沿着横轴快速向前旋转，拍子随挥至身体肩侧。

2. 正手平击球

正手平击球的特点是击出球的飞行速度快，飞行弧线平直，球落地后反弹不高，前冲力大，平击球的球拍运行轨迹几乎呈水平运动。由于平击球弧线平直，导致其准确性与控制力较差，更易出现下网和出界等失误现象。

击打平击球时，在蹬地转腰肩基础上，两手协调向后方迅速引拍，向前挥拍击球时，手腕固紧，拍面与地面基本保持垂直，击球点在身体侧前方腰部高度位置，击球时，挥拍轨迹平直，充分前送，拍子随挥至身体肩侧。

（三）正手击球技术注意要点

1. 保持侧身迎击来球

在准备时间充足的情况下，无论采取哪种击球站位方式，要尽可能侧身迎击来球，依靠重心的力量，即用身体的力量打球。需要早判断来球落点，移动迅速的同时引拍准备击球。

2. 保持低重心

在击球时，屈膝保持低重心和身体平衡，充分利用蹬地转腰肩的力量，手腕要松紧有度，即仅在击球瞬间保持固定，拍子低于来球，加大正手击球力量的同时，增强击球稳定性和击球效果。

3. 重视非持拍手

非持拍手在引拍时，能够起到加速引拍的作用，同时维持身体平衡，减少身体负荷。击球时，非持拍手侧前指，还可以用作击球点的参照物，判断球与身体的空间距离，以确保正确的击球点（见图 4-14）。

图 4-14 非持拍手动作

4. 合理引拍的高度

对于高点球，引拍时重心要稍高一点，引拍也相应高一些，对于低点球，应降低身体重心。无论引拍高低，球拍都要在击球时稍低于来球，使球获得一定的上旋，以保证击球的稳定性。

5. 随挥动作的完整

无论是何种握拍方式及何种击球站位，均需要击球后随挥动作的完整性，即击球后球拍继续沿着挥拍轨迹前行，挥至身体左侧，这样有利于球飞行轨迹的控制。当然，根据对方球速、高度及自己想要的落点等，挥拍的轨迹会略有不同。比如，纳达尔为了打出的球有更多的上旋与战术需要，采用绕头随挥动作(见图 4-15)。

图 4-15　绕头随挥动作

## 二、双手反拍击球技术

在网球运动实践中，反手击球与正手击球技术相似，是网球的基本技术。反手击球分为单手反拍击球和双手反拍击球两类。双手反手击球技术现在越来越被广泛采用，它的出现使反手击球在网球比赛中由防御性武器演变成了进攻性武器，从而极大地增强了底线技术的反击能力，使底线全攻型选手达到了一个新的高度。

(一) 双手反拍击球动作要领

双手反拍击球完整动作如图 4-16 所示。

图 4-16　双手反拍击球完整动作

1. 准备姿势

双手反拍握拍一般以左手半西方式、右手为大陆式握拍为主，准备姿势与正手击球相同。

2. 后摆引拍

当判断对方来球朝你的反手方向飞来时，扶住拍颈的左手应迅速帮助右手变换为反手握拍法，左手顺势滑至右手上方，向左转肩、转髋带动球拍向左后上方摆动，后摆时肘关节自然弯曲，拍头稍翘起，指向后方，重心移向左脚，右脚向左前方上步，右肩或者右背对着球网，双臂紧靠身体，反手击球后摆动作应比正手后摆完成得早，整个动作要协调连贯。

3. 挥拍击球

球拍由应在后脚向前上方蹬转过程中向前上方挥出，转动腰髋，带动肩部，两手紧握球拍挥向来球，击球点在身体左侧右脚前方，球拍触球时，手腕保持固定，拍面与地面基本垂直，用蹬地转髋、转肩的力量推动重心前移击球。

4. 随挥跟进

击球后，球拍沿着球飞行的方向前向上送出，重心前移落在右脚上，挥拍在右肩上方结束，拍柄指向前方，随挥动作尽可能保持充分，随之身体转向球网，迅速恢复准备姿势，回位准备下一拍。

（二）双手反拍击球技术类型

1. 双手反拍上旋球

双手反拍上旋球的技术特点与正手上旋球相似，击出的球下降速度较快，球落地后反弹较高，向前的冲力较大，双手持拍更利于球员力量控制，具有较强的攻击性与稳定性。同时利用上旋球过网极速下坠的特点，击打出小斜线，能够有效破坏对方上网战术及击球节奏，从而取得场上主动。现代双手反拍技术一般以左手为主导手，击打上旋球时，需要屈膝降重心，在蹬地转腰肩基础上，两手协同用力，球拍从后下方向前上方快速擦击球，使球沿着横轴快速向前旋转，拍子随挥至肩上。

2. 双手反拍平击球

双手反拍平击球的特点与正手平击球相似，击出的球飞行速度快，飞行弧线平直，球落地后前冲力大，平击球的球拍运行轨迹几乎呈水平运动。由于平击球弧线平直，导致其准确性与控制力较差，更易出现下网和出界等失误现象。

双手反拍平击球时，在蹬地转腰肩基础上，两手协调向后方迅速引拍，向前挥拍击球时，手腕固紧，拍面与地面基本保持垂直，击球点在身体侧前方腰部高度位置，击球时，挥拍轨迹较为平直，充分前送，拍子随挥至肩上。

（三）双手反拍击球技术注意要点

1. 握拍方式合理

双手反拍持拍，可以根据自己的发力习惯采取不同的握拍方式，比如两手都是东方式，两手都是大陆式或左手东方式、右手大陆式，目前广为接受的双手反拍握方式是左手半西方、右手大陆式。

2. 早判断，早落位

由于是双手持拍，一定程度上限制了移动距离，需要更早根据自己击球的速度、角度、线路及对手的动作技术习惯等进行判断回球落点，更早移动到最佳击球位置。

3. 引拍转体早，幅度小，跨步大

图 4-17　引拍转体动作

引拍要保证肩膀转动有力，由于是双手臂协同用力及身体生理结构所致，引拍幅度较小，需要右脚向前大步跨出，收紧下颌，肩背对向来球，加大超越器械动作与击球距离，增加击球威力(见图 4-17)。

4. 以左手为主导

双手反拍击球有利于控制球拍，避免拍面不稳，较适宜击出上旋球。现代球员双手反拍多以左手为主导发力，右手协同，相比单手反拍控球较稳定。

5. 两臂协同发力

球拍触球时，眼睛盯球，左臂微屈，右臂伸直，拍面垂直地面，向前上送拍，两肘关节对向击球方向，拍子随挥至肩部上方。触球时两手臂可以都伸直，代表球员是纳达尔；也可以都弯曲，代表球员是德约科维奇、基里连科；也可以一臂伸直，一臂弯曲，代表球员是穆雷等。

6. 回位时的重心移动

由于双手反拍多采用关闭式站位击球，所以在击球后为了快速回位，后脚蹬上后，随着重心的前移，后脚快速移到与左脚平行的位置上，便于快速回位和下一拍的衔接。

## 三、单手反拍击球技术

### (一) 单手反拍击球技术要领

单手反拍击球完整动作如图 4-18 所示。

图 4-18　单手反拍击球完整动作

1. 准备姿势

单手反拍握拍一般以东方式反手握拍为主，准备姿势与正手准备姿势相同。

2. 后摆引拍

当判断对方来球朝你的反手方向飞来时，扶住拍颈的左手应迅速帮助右手握拍变换为反手握拍法，向左转肩、转髋带动球拍向左后上方摆动，后摆时肘关节自然弯曲，拍头稍翘起，指向后方，重心移向左脚，右脚向左前方上步，右肩背对着球网，球拍与后挡网形成大约45°角，单手反拍击球后摆动作应大于双手反拍动作幅度，整个动作要协调连贯。

3. 挥拍击球

球拍应在后脚向前上方蹬转过程后向前上方挥出，转动腰髋，带动肩部，触球时手臂几乎伸直，拍面保持垂直于地面，击球点在身体左侧右脚前方，球拍拍触球时，手腕保持固定，拍面与地面基本垂直，用蹬地转体与转肩的力量推动重心前移击球。

4. 随挥跟进

击球后，球拍沿着球飞行的方向前向上送出，重心前移落在右脚上，挥拍在右肩上方结束，拍柄指向前方，随挥动作尽可能充分，随之身体转向球网，恢复准备姿势，回位准备下一拍。

（二）单手反拍击球技术类型

1. 单手反拍上旋球

单手反拍上旋球的技术特点正手上旋球相似，击出的球下降速度较快，球落地后反弹较高，向前的冲力较大，由于单手反拍向右侧的随挥挥拍幅度较大，所以可以带出更大角度。同时单手控制拍面，相较于双手反拍，拍面触球后不稳定现象较多。

击打上旋球时，需要屈膝屈髋降重心，身体重心在从后脚向前脚快速转移过程中，要转肩、转髋，手臂伸直固定手腕，球拍从后下方向前上方快速擦击球，拍子随挥至身体肩上较高位置，左手在左侧后下方，拍柄指向球网。

2. 单手反拍平击球

单手反拍平击球的特点与正手平击球相似，击出的球飞行速度快，飞行弧线平直，球落地后前冲力大，平击球的球拍运行轨迹几乎呈水平运动。由于平击球平直弧线，导致其准确性与控制力较差，更易出现下网和出界等失误现象。

单手反拍平击球时，在蹬地转腰肩基础上，向前挥拍击球时，手腕固紧，拍面与地面基本保持垂直，击球点距离身体更远，做两手臂的扩展运动，充分利用肩部与胸部肌肉力量，向前挥拍轨迹较为平直，充分前送，避免过多转体。

（三）单手反拍击球技术注意要点

1. 引拍后摆幅度大

单手反拍引拍要在上体躯干转动超过90°角的基础上，拍子与后挡网约呈45°角，以增加球拍的做功距离，加快拍头速度，同时上体保持直立。

2. 手腕固定

击球时手腕与前臂形成“L”形，以利于在击球过程中的稳定与拍面控制。

3. 持拍手臂与非持拍手臂的紧密配合

在引拍过程中，非持拍手臂要扶住拍颈位置，引拍至左后上方，使身体呈扭紧状态，击球时击球手臂伸直利于拍面控制，两手臂要做相反的运动，充分利用身体的扩张反射，增加击球力量，控制身体的过多转动。

# 第四节　发球与接发球技术

## 一、发球技术

发球是网球比赛的开始，是网球运动中最为重要的技术之一。每一分均是从发球开始，是由球员自己掌控而较少受对方干扰的技术。发球是向对方发起攻击的开始，发球局需要围绕发球展开战术布置，通过发球速度、落点、旋转的控制限制对方。网球比赛中一发往往追求较快的速度与落点，二发强调准确的落点、旋转、角度的变化，更多强调稳定性。

### （一）发球技术要领

发球完整动作如图 4-19 所示。

图 4-19　发球完整动作

#### 1. 准备姿势

发球时，一般采用大陆式握拍方式或东方反手式握拍。双脚自然分开，侧身站立在底线处，左肩对着发球方向，左脚距离底线约 5 厘米，在一区左脚与端线形成大约 45°角，脚尖指向右侧网柱，右脚与端线基本保持平行，重心在两腿之间。左手拇指、食指与中指在无名指、小指的辅助下轻握住网球，与右手持拍的拍颈处相接触，拍头指向发球区，保持身心放松。

#### 2. 抛球与引拍

抛球与引拍几乎同步，握球的左手掌心向上，从同侧大腿位置以肩为轴直臂向上抛球，在眼睛高度出手，之后抛球手臂继续上举伴送，直至手臂几乎垂直指向地面；同时，持拍手臂由下方向后上方引拍，屈膝降重心并移至左脚，右手臂几乎与地面平行时，曲肘使拍头指向天空，此时，大小臂大约呈 90°角，大臂与身体呈 90°角，左侧腰胯呈反弓形。

#### 3. 挥拍击球

抛出的球从高点开始下降时，双脚蹬地，转髋转体，身体充分向上伸展，持拍手臂肘部向上拍头下降，此时左手臂下降，持拍手臂自然做出“搔背”动作，拍头完全指向地面。在重心过渡前脚基础上，身体继续向上伸展，带动肩部和手臂向上，同时内转前臂和手腕，鞭打击球的中上部。

4. 随挥

击球后，球拍在惯性作用下继续保持向上、向前、向外的挥拍轨迹，结束至身体左侧下方，同时左脚先落地进入场地内，随之右脚跟进，保持身体平衡做垫步回位，准备回击来球。

（二）发球技术类型

网球上手发球技术一般可以分为平击发球、侧旋发球及上旋发球 3 种类型。每一种发球的特点各不相同，好的发球往往能给比赛带来有利的局面。

1. 平击发球

平击发球一般用作一发，是一种旋转较少的大力快速发球。平击球力量大、速度快，加之刁钻的落点，可以给发球者带来直接得分或者是给对方造成较大威胁，专业运动员一发成功率一般可以达到 60%～70%左右。

平击发球的击球点在身体右肩正前方，在地面投影点距离底线约 40～60 厘米的位置，后摆引拍后，蹬地跳离地面以鞭打的方式挥拍，击打球的中上部，即平击发球是通过引拍，身体重心上升及前后的移动，以由下到上的身体用力顺序，向上、向前挥拍，触球瞬间球拍几乎竖直击中球的质心。抛球位置的稳定、身体充分伸展和正确的用力方向是提高命中率的关键。

2. 侧旋发球

侧旋发球也被称作切削发球，相比平击发球的击球点略低。侧旋发球飞行轨迹与飞进对方发球区后的弹跳均表现出向一侧偏移且弹跳较低（右手持拍发球向左，左手持拍发球向右）。对于接发球员往往造成移动距离增加，回球困难。侧旋发球能与身体的向前转动合力，使球在表现为侧拐的同时，也表现较高的速度和成功率，因此，即可以用作一发，也可以用作二发。

一般而言侧旋发球的击球点在右肩右侧前方，球拍快速从右侧上方向左下方挥动，从球的中部向球右侧挥动拍面，拍面触球瞬间基本处于直立状态，以使球沿着纵轴旋转，在身体向前上的转动配合下，增加球的旋转力度。

3. 上旋发球

上旋发球相比平击发球和侧旋发球过网幅度高，落地后弹跳高，成功率高，更加稳定，往往被用作二发。上旋发球具有强烈的上旋，球的飞行轨迹弯曲度较大，弧线较高，落地后的反弹高，前冲力强，力量越大，越明显。

发上旋球时，需要把球抛到头上偏左的位置，击球时身体呈后仰反弓形，然后双脚快速蹬地，向上挥拍，球拍触球瞬间，拍面基本呈横向，快速从球的左下向右上挥动，擦击球的背面，并向右上方带出，使球产生一定的右侧上旋。击球后，球拍继续向前挥动，使肘关节处在高位，随挥至身体右侧，并顺势结束在身体左侧。

（三）发球技术注意要点

1. 站位选择

无论是开放式（不上步式）还是关闭式（上步式），都可以发出不同类型的发球和较快的速度。球员可以根据自己身体和习惯感觉选择，不上步式能更好地利用角动量（转动力量），更易于身体平衡的把握；上步式发球能达到更高的击球高度（见图 4-20）。

图 4-20　发球站位选择

2. 抛球精准

精准的抛球是发球落点准确的前提。抛球时，要直臂托送球，在眼睛高度出手，之后手臂要伴送至身体的 1.5 倍高度加 30～50 cm，或比手臂举起拍的高度高出 30～50 cm，手臂上举至垂直指向天空。只有抛球的位置和高度精准，才能在挥拍轨迹和用力方向一致的基础落点稳定。专业运动员的抛球一般尽可能在一个点，通过身体的调整来发出不同旋转的球（见图 4-21）。

图 4-21　抛球动作

3. 引拍方式

引拍方式可以根据身体发力感觉选择，选择由下至上的引拍方式或直接拉拍方式，以有利于自己放松和发力为基准原则。目前被多数运动员所接受的是由下、向后向上的引拍方式，配合抛球，使球拍略晚于抛球，有利于追打击球，提升挥拍速度。无论何种引拍方式，多数球员都有重心由后向前的移动，此时前手臂抛球，后手臂跟随引拍上举。

4. 挥拍击球的超越器械动作

在蹬地重心前移时，左髋充分前移，上体左侧和左髋形成一定的反弓形，同时形成左肩高于右肩的身体姿态。

5. 击球点的控制

平击发球的击球点靠前，上旋发球的击球点靠后，侧旋发球击球点介于平击发球和上旋发球之间。平击发球击球点的投影点在左脚脚尖正前方约 40～60 厘米，上旋发球击球点的投影点在左脚脚后跟位置，侧旋发球击球点的投影点在左脚脚尖侧前方约 30～50 厘米位置。当然根据自己身高和身体素质不同,会略有不同。

6. 球拍触球时的方向

球拍触球时,球拍不是完全垂直指向天空的。发平击球时,球拍拍头斜向上大约呈70°～80°角;发侧旋球时,大约80°～90°角,是为了更好击打球的侧面,使球沿着纵轴旋转;上旋球时,与地面大约呈20°～30°角。

7. 随挥拍子的运行轨迹控制

无论哪种发球方式,击球后拍子的运行轨迹都会随着前臂与手腕的内转,摆至身体右侧,结束在身体左侧。平击发球时,向前的用力方向更多;上旋发球时,球拍触球后的摆动更加向外侧,相较平击发球,上旋发球前臂旋内幅度更大;相较平击发球与上旋发球,侧旋发球前臂旋内幅度要小。

8. 身体平衡控制

抛球后,左手臂上举指球,右手臂与左手臂呈"L"形;击球时,左手抱住自己小腹位置,右手臂向上,眼睛始终盯球,能使身体不过分前倾,保持平衡。

## 二、接发球技术

网球运动中,接发球是最难掌控的网球基本技术之一,因为来自对方的发球有着速度、角度、落点、旋转等变化,在对方球拍触球瞬间要迅速做出反应与判断,选择恰当的击球方式完成接发球动作,争取在接发环节主动求变,以打破对方的发球优势,取得比赛主动。在接发球动作技术中,有正反手抽击球、正反手削球及挑高球等,在对方快速发球的一瞬间,根据对方的站位等选择回击球技术及回击线路落点选择,其难度比一般的回击球要高得多。如果接发环节处理不好,很难破坏对方的发球战术布置,给对方战术上和心理上以威胁。随着现代网球发球技术的不断提高,接发环节的重要性越发凸显。

(一) 接发球技术要领

接发球完整动作如图4-22、图4-23、图4-24所示。

图4-22 正手接发球完整动作

图 4-23　双手反拍接发球完整动作

图 4-24　单手反拍接发球完整动作

1. 准备姿势与站位

接发球握拍方式应根据对方来球速度、旋转、落点及个人习惯选择恰当合理的握拍方法。在判断对方发球是正手位时，采用正手握拍；当判断发球是反手位时，迅速换握成反手握拍。

对方准备发球前，准备姿势与正手击球时相似，身体放松，两脚之间的距离略比肩宽，保持身体重心在前脚掌上，集中注意力在对方触球瞬间的用力方向上。站位位置应当在对方可能发球落点位置最大角度的平分线上，以利于己方对左右两侧的发球均能较好地处理。前后位置应当根据对方的发球，如果一发，退后至底线外 1～2 米甚至更远，如果是二发可以适当向前。当对方抛球时，应提高重心，向前跳步，并分腿垫步，也可以根据落点方向判断，向侧前方分腿垫步，以提高接发球质量。

2. 引拍与后摆

一般而言，相较底线击球，接发球的引拍幅度较小，需要根据对来球的判断及战术安排进行相应的调整。进攻型接发球的引拍幅度会稍大，当准确判断来球方向与落点后，可以加大引拍，有利于较大挥拍速度，提高回球质量。通常都是向两侧引拍，转体幅度较小，借助来球的速度与力量，回击球至合理深度与位置。

3. 前挥与击球

向前挥拍击球时，在蹬地、伸膝、展髋基础上异侧腿向侧前方大步跨出，持拍手腕固定，再向侧前方伸展手臂，转动身体，固定拍型，借助身体重心向前与来球力量把球推送至理想位置。

4. 随挥

接发球的随挥幅度较小，通常随挥的高度尽可能保持在高位，以保证较高的过网率。随挥动作完成的同时，应根据对方站位与接发球位置等快速移动回到合理位置，准备迎击发球方的第三拍球。

（二）接发球类型

根据接发球对对方的威胁，可分为进攻型接发与防守型接发。

1. 进攻型接发

进攻型接发主要是为了给对方施加更多压力。通常而言，进攻型接发主要应用于力量小、易于判断的一发或者二发。对于高水平的选手通常会通过脚下提前移动，用大力正手或侧身正手完成进攻型接发球。

2. 防守型接发

防守型接发主要是为了把对方的快球能够回击到有效区。通常而言，防守型接发应用于速度快、角度大、威胁较强的一发，或是大角度、旋转强的二发。通常选手都会采用推、挡、切、顶、送的方式把球回击到对方后场深区。

（三）接发球注意要点

1. 站位合理

接发球时一定要根据对方可能发球的位置及自己接发球能力，站位合理，一般而言要站在对方发球最大角度的平分线上，采用开放式站位击球。也可以通过两个发球局的观察，判断对方发球能力，适当偏向一侧站位。一发时一般要退后底线外 1～2 米，二发可适当前移。

2. 小幅度引拍

一般都要小幅度引拍，转体和转肩较少，固定手腕，蹬地展髋伸展手臂，借助来球速度力量把球回接到深区或小角度。

3. 控制身体平衡

通过蹬转身体、展髋伸手臂与下肢异侧腿的配合，控制回球落地，使球落入有效区域。

4. 提前计划

对回发球的线路要提前计划回球方式、线路与落点，首先在保证球过网的基础上，再考虑落点位置和攻击性。

5. 灵活处理二发

一般而言，二发旋转较多，速度较慢，可以适当提前侧身击球，攻击对方弱点，也可以退后站位，通过大力抽球，改变回发球节奏。

6. 回发球线路合理

回发球线路一般应根据个体能力进行合理线路回击。通常，对方在一区内角发球，回击对方直线深区；对方发一区外角，回击对方正手位斜线深区；对方二区发内角球，可以借力推挡至对方反手位置深区，对方二区发外角球，回击对方反手位深区或小角度。若对方是一区外角侧旋发球，弹跳低且弧线外拐，需要迅速迎前，拍面为后仰推切至对方深区或小角度；若对方发上旋反手位高球，应积极迎上，固定手腕向上挥拍，而不是下压，利用身体的力量把球击向对方场区底线深区。

# 第五节　截击球与高压球

## 一、截击球技术

截击球是指对方的来球在未落地前，凌空回击球到对方场区的一种近网击球方法。截击能够有效缩短击球距离，加大击球角度，表现为回球力量较大、速度较快、威胁性强。截击技术通常用于发球上网战术以及接发球与随球上网战术组合，是网球比赛中重要的得分手段，属于进攻性打法。截击球技术是网球所有技术中较难的技术之一，在练习中需要循序渐进，一般要在掌握了正手与反手击球及发球技术后，有了一定的基础后再学习截击球技术。随着现代网球技术的发展，底线综合技术愈发重要，网前截击的运用越来越少，但在双打比赛中，网前球的处理是重要的得分手段。

### （一）截击球技术要领

1. 准备姿势与站位

由于网前距离对手距离短，回球速度相对较快，没有充分的时间转换拍面，因此一般以大陆式握拍为主，非持拍手辅助握拍，轻托拍颈处，保持手腕固定，以对快速来球做出迅速反应。

截击球准备姿势与底线正击球相似，两脚开立略比肩宽，屈膝屈髋，重心放在两前脚掌，在非持拍手辅助作用下，拍头上翘至眼睛高度，集中注意力于对方击球动作，注视来球，脚下始终有节奏地进行垫步，在对手击球瞬间，判断来球方向、角度与线路，以快速移动调整位置。

截击球站位原则上是越靠近球网控制的角度越大，但因截击时需要借助来球力量和自身重心向前的力量，需要向前迈步，一般距离球网的前后距离在 2 米左右，同时防止过于贴近球网造成过网击球或者触网以及对方挑高球。左右距离一般而言也是要站在对方可能破网最大角度的平分线上，同时根据对方能力，尽可能站在偏向正手或反手的位置，以封死对方一个角度的回击球，留给对方难度较大的破网线路。

2. 后摆引拍

当判断来球需要截击时，异侧脚向反方向前侧跨出成“关闭式”步法，同时，迅速微转体向侧引拍。由于网前截击距离短，反应时间少，截击球引拍动作以“简洁、迅速、小幅度”为基本原则，手腕保持固定，根据来球速度与高度调整拍面后仰角度，球拍侧拉与肩平行，拍头要稍高于手腕，且高于肩部位置，两眼紧盯来球。

3. 挥拍击球

击球时，拍面角度微后仰，身体在蹬地作用下重心快速前移，保持异侧脚的前跨，几乎伸展肘臂向前挥拍。击球时，击球点需要保持在身体侧前方，在眼睛高度以短促的动作击打来球中下部。

4. 随挥动作

截击球根据回球落点和角度，一般而言随挥需要保持短促有力，击球后随惯性向前下方挥拍，使球产生下旋。

(二) 截击球的技术类型

1. 根据来球距离身体左右位置分类

根据来球距离身体左右位置，可以分为正手截击和反手截击。

(1) 正手截击。

当判断来球飞向正手位时，迅速微转肩带动球拍后摆，左脚向来球方向跨出，以加大击球速度。击球时肩部侧对球网，拍头向上侧斜 45°，拍面稍向后斜，在身体侧前面眼睛高度迎击来球。截击动作短促，有挡击或撞击球的中下部，增加击球的威力。击球后拍子随击球方向小幅度前送，随即恢复成准备姿势(见图 4-25)。

图 4-25　正手截击动作

(2) 反手截击。

当判断来球飞向反手位时，迅速微转肩，非持拍手扶助拍颈后摆球拍，右脚向来球方向跨出，以加大击球速度。击球时肩部侧对球网，拍面稍向后斜，在身体侧前面眼睛高度迎击来球，左手小幅度后摆，保持身体平衡。截击动作短促，挡击或撞击球的中下部，以增加击球的威力。击球后拍子随击球方向小幅度前送，随即恢复成准备姿势(见图 4-26)。

2. 根据来球过网后的高度分类

根据来球过网后的高度，可以分为低位截击和高位截击。

(1) 低位截击。

低位截击是指球过网后的高度较低，需要在低于球网近地面位置进行截击。低位截击也属于防守型截击技术的一种，需要球员屈膝，降低身体重心，上体前倾，犹如弓步。

来球处于正手位置，则采用正手截击技术；处于反手位置，则采用反手截击技术。大陆式握拍，击球瞬间，拍头略低于手腕，拍面几乎完全打开，于身体侧前击球，击球的后下部，以使球产生一定的下旋，击球后随挥更为短促，并保持身体平衡(见图 4-27)。

图 4-26　反手截击动作

图 4-27　低位截击动作

（2）高位截击。

高位截击是指对方来球过网后高度较高，但又不够高压高度，需要运用较高位置的截击技术。截击高球采用大陆式握拍，后摆引拍相较于低位截击要大、较高，触球时紧握球拍，手腕紧绷，拍面几乎垂直，身体重心向前击打球的中下部，向前下方简短随挥（见图 4-28）。

3. 根据来球过网后距离球网的远近分类

根据来球过网后距离球网的远近，可以分为前场截击和中后场截击。

（1）前场截击。

前场截击球是指来球过网后距离球网 2～3 米位置采用截击回球的方式，多用于发球上网战术中的第二截击或双打网前截击球。前场截击采用大陆式握拍，在身体侧前方，拍面角度微打开，如果低于球网较多，则拍面打开角度较大，击球的中下部，借助来球力量和身体重心向前的力量，击出下旋球，一般可以击出落点和速度俱佳的制胜球（见图 4-29）。

（2）中后场截击。

图 4-28　高位截击动作

图 4-29　前场截击动作

中后场截击是指来球过网后，在发球线附近位置的球所采用的回球方式。多用于发球上网战术中，中场截击球大部分是在腰部以下的部位击球，因为距离球网较远，触球时拍面打开角度较大，用力方向向前较多，回击到对方底线深区，以便于及时移动到前场，占据网前的有利位置，进行二次前场截击(见图 4-30)。

4. 根据来球过网后距离身体远近分类

根据来球过网后距离身体远近，可以分为近身位截击和远身位截击。

(1) 近身位截击。

近身位截击是指己方来球前场，对方回击球朝向自己身体中央快速飞来，即“追身球”而采用的回击方式。由于没有时间向前跨步借助身体重心力量，一般而言，对付这种“追身球”需要把球拍置于身体前面以反拍回击来球为主，球拍触球瞬间保持手腕紧绷，拍面在体前，正对来球截击，身体可以微左转，留出拍子迎击球的空间，或者身体带动拍子前迎，给球以力量。对付“追身球”，也可以根据来球距离身体位置，相应地进行后撤步，以使击球点保持在

图 4-30 中后场截击动作

侧前方。来球偏右侧追身，可以后撤右脚或左跨左脚，正手截击；来球偏左侧追身，后撤左脚或右跨右脚，反手截击(图 4-31)。

(2) 远身位截击。

远身位截击也叫伸展截击，是指移动到网前，对方来球过网后距离自己所处位置较远，需要异侧脚向来球方向跨出的同时，身体跳离地面，手臂快速伸直，拍面稍向前倾，击球的中下部，击球点在身体侧前方，向前下压送(图 4-32)。截击低位球时，拍面角度打开更多。

图 4-31 近身位截击动作

图 4-32 远身位截击动作

(三) 截击球技术注意要点

1. 引拍幅度

引拍幅度小，借助身体重心向前与来球的力量是击出截击速度的关键，击球时肩肘保持固定，身体主动向前迎击来球。

2. 身体平衡控制

截击时保持重心降低，两眼紧盯来球，使截击高度在眼睛高度，以保证更高成功率。高位截击时身体略伸展，重心处于高位，向前下用力；低位截击时，身体重心较低，向前上用力。

3. 拍面角度控制

拍面触球瞬间，紧绷手腕，使拍面角度合理。一般而言，球越高，拍面角度越接近垂直；球越低，拍面角度越打开。

4. 随挥轨迹

球拍触球后，沿着击球方向短随挥。高位截击和远距离截击随挥相对较长。

## 二、高压球技术

高压球是指用扣压的动作完成头部上空位置的击球技术方法，属于中前场技术的一种。一般而言，高压是用于应对回击过来的高球或挑高球。来到网前或截击后，对方回击过顶高球，通过良好的高压技术，可以迅速得分，是网前制胜的锐利武器。高压球技术和发球技术有相似之处，也有区别。第一，发球是自己抛球，击球点相对固定，而高压球则是对方挑过来的过顶高球，击球者需要根据对方挑球的高度弧度，通过脚下合理的移动步法，调整击球点进行高压；第二，发球技术的引拍后摆一般会表现出由下—向后—向上的动作过程，而高压球则是直接抬肘引拍，动作要求简短。高压球要求眼睛始终盯住球，及时侧身，调整好步法，并尽早举拍，找准击球点。击球时，跟进重心，体前击球，用力扣腕。一般以平击高压为主，以击出更快速度，用切削高压打法也可打出好的落点。

（一）高压球技术要领

高压球完整动作如图 4-33 所示。

图 4-33　高压球完整动作

1. 准备姿势

高压球握拍方式大多采用大陆式握拍法或东方式反手握拍法。当在网前或从后场来到中前场准备击打高球时，身体需要合理的交叉步或并步等移动步法迅速侧对来球，持拍手在左手辅助作用下，置于身体前方，重心置于两腿之间，两眼始终注视来球，准备引拍，以选取最佳击球点。

2. 后摆球拍

持拍手在左手辅助用力下，直接后拉，非持拍手指向空中来球，同时，身体会根据空中来球的位置变化，精准调整身体位置，此时持拍手臂肘部抬起，与指向空中的非持拍手臂形成L形，拍头向上。此时，身体应侧对来球，脚不断精准调整击球位置，屈膝，身体略有背弓，以加大高压扣球时的身体协调力量。

3. 挥拍击球

判断准击球点并移动到位后，以双脚为支撑向击球点方向蹬地、转体、收腹（反弹背弓），向上伸展手臂挥拍击球的中后上部。高压球发力顺序与发球相似，不同的是击球点在能保证球过网的前提下，其位置越靠前越利于发力和控制出手的角度，其威力也越大。高压球的拍头在蹬转与腰腹用力作用下，手臂手腕以鞭打动作击球，以达到最快速度。

4. 随挥动作

击球后，持拍手臂需要顺势将球拍摆至非持拍手一侧，即击球后小臂继续内旋，沿着球飞行的轨迹继续向前，身体重心顺势移至前腿，保持身体平衡。

（二）高压球技术类型

高压球基本上可分为落地高压球、后退高压球、跳起高压球和背身高压球四种。

1. 落地高压球

落地高压球是指以高压球技术击打落地后反弹高的球的一种高压处理方式。落地高压球适合对方回过来的球较高，且直上直下，或是对方来球落点较深，或是对方高球因阳光等环境因素导致难以在空中直接高压，同时时间较为充裕，落地后前冲一般较少，可以让球落地反弹，然后通过移动在高点扣杀。

落地高压需要侧身移动，以小碎步精心调整击球点，同时高举球拍。一般而言，落地高压击球点的位置，在身体前上方，双脚蹬地，重心前移，伸展手臂，并"旋内"扣腕，击球的中上部。击球后，手臂顺势向下，在身体的另一侧完成随挥动作。当落地球反弹高度不够时，可屈膝半蹲进行落地高压。

2. 后退高压球

后退高压球是指对方来球高且深，越过头顶位置，需要以一定的步法快速后退，在空中把球击打到对方场区的高压回击方式。当对方回击来球较高、较深时，需要快速撤步，然后以侧身并步或交叉步后退，同时持拍手在左手辅助下直接后引，球拍上举，非持拍手指向来球。击球时，后脚蹬地起跳与挥拍击球动作同时，在高点击球，双脚在空中前后换位，形成"剪刀脚"动作，利用手臂伸展，手腕旋内扣腕，将球压入对方场区。击球后，前脚着地、缓冲，身体重心前移，做好下一次击球准备（见图 4-34）。

3. 跳起高压球

跳起高压球是指双腿跳起后在空中进行高压球的高压回击方式。其目的是不让球从头顶正上方飞过，利用高高跃起的身体增加击球的力量和角度，如图 4-35 所示。

当对方回球较高、较深时，应迅速撤脚侧身，以并步或交叉步后退，同时持拍手直接后引，球拍上举，待球到达击球位置时，两脚同时蹬地起跳，在高点挥拍击球，利用手臂的伸展和手腕旋内扣腕动作，将球击回至对方场区。落地时，持拍手异侧脚先着地缓冲。在空中进行挥拍击球时，双脚会因转体发力维持身体平衡需要而前后交换。对方的进攻性上旋挑高球，起跳时间仓促，无法打出强力高压球时，可将球平推至对方底线深区或可控的角落位置，再找寻进攻网前球机会。

图 4-34　后退高压球完整动作

图 4-35　跳起高压球完整动作

4. 背身高压球

背身高压球是指对方来球高且深，已经越过头顶，无法用正常的高压球技术处理，需要身体背向球网，把球回击到对方场区内处理高球的方式。它可以分为正手背身高压球、反手背身高压球，反手背身高压球又被称为反手高压球（见图 4-36、图 4-37）。

背身高压球一般采用大陆式握拍。当判断来球高高越过头顶时，需要迅速向球的飞行方向撤步，然后以交叉步快速后退，转肩至肩背部对准来球，持拍手的异侧脚蹬地（即反拍背身高压，左脚蹬地，正手背身高压，右脚蹬地），身体跃起在空中，躯干后倾，增加击球的高度。正手引拍幅度较大，位置较低，处于腰部位置；反手引拍肩部位置稍高，在肩下。随着身体在空中的伸展，伸肘甩前臂、展腕，挥动球拍，在头顶后上方击打球的中上部。击球后，拍头完全指向击球方向，身体背向球网，腿因身体扭转作用，会有交叉，正手背向击球后，拍子随挥至肩背部，反手背向击球后，拍子随挥至肩侧。

图 4-36　正手背身高压球完整动作

图 4-37　反手背身高压球完整动作

（三）高压球技术注意要点

1. 后撤方向，找位置

判断对方的挑高球方向后，持拍手一侧的脚立刻向挑高球的方向（或偏右，或偏左）后撤，然后根据来球的速度快慢和深度交叉步或连续并步后撤，时间来得及应该多撤一些，然后再碎步向前调整，通常情况下人们向前移动相比后退容易。

2. 直接引拍，幅度小

高压球动作后摆引拍幅度较小，在非持拍手辅助下，直接从身体前引拍，两手臂呈L形。

3. 击球点位置

一般击球点保持在头上方稍前一点即可，在保证过网的前提下，增加更多威力。如果是后场高压，需要从下向上多用力，增加一定的上旋，击球入对方底线深区，以免下网。

4. 肘关节控制

将非持拍手臂肘关节对准来球比用手指球更有助于来球落点位置的准确判断与肩部的转动。在背身高压时，要注意用力顺序，尤其是反手背身高压，持拍手臂肘关节要对准来球方向，在击球瞬间手臂几乎伸直，以免肘关节受伤。

5. 动作果断

高压球时，整个动作要果断，首先要以落点和角度控制为主，其次是力量。

6. 身体平衡控制

高压球时尤其背身高压球，击球瞬间身体腾空，空中击球，落地后的支持需要很好的身体平衡控制。高压球技术需要循序渐进练习，提升技能的同时，提高身体核心力量。

# 第六节　切削球与放小球

## 一、切削球技术

切削球技术一般用在底线综合战术中，与底线正反技术不同的是，在使用切削球技术击球时，多是以单手握拍方式。切削球在击球过程中能够通过控制拍面的角度及切削用力方向、力度大小，使球的落点及旋转方式改变，往往有出其不意的击球效果，具有防守性强、隐蔽性强的特征。

切削球可以分为正手切削和反手切削。正手切削球是正手击球的一种方式，在击球瞬间，球拍微后仰击打球的中后下部，使之产生下旋或侧下旋。正手切削球技术在正式比赛当中应用较少，通常被用作防守手段，对付球速较快、角度较大的来球，偶尔也可作为出其不意的偷袭手段以打乱对手的进攻节奏。其技术特点是击球后球的飞行路线较为飘忽，落地后反弹较低，带有一定的侧旋。

(一) 切削球技术动作要领

1. 准备姿势

切削球握拍一般采用大陆式握拍方式，容易触及球的中下部。底线切削球的准备姿势与底线击球的姿势基本相同，身体面对球网，两脚开立，与肩同宽或略比肩宽，上体微前倾，重心放在两前脚掌上，左手扶住拍颈，右手持拍置于腹前，拍头稍立高于拍柄，两眼注视来球方向。

2. 侧身引拍

对来球方向进行准确判断后，立即侧身，重心向来球方向偏移，充分转体，同时，根据来球快慢和弧度高低，在非持拍手辅助下向后上方引拍，一般幅度不宜过大。反手引拍至左肩上方，拍面几乎与地面垂直；正手引拍至右肩侧上方，为了增加动作的迷惑性，通常引拍与正手击球更为相似，反手引拍幅度略大于正手。

3. 挥拍击球

切削球时，拍子应该从后上方向前下方用力，击球瞬间拍形微后仰，根据来球的高度，对拍面的角度进行调整，一般而言，来球越高，拍面越接近垂直；击球点越靠前，拍面越后仰，击球点越靠后，拍面越接近垂直。一般而言，要击打球的中后下部，向前下用力。球越高，越向下用力；球越低，越向前用力。

4. 随挥

击球后，球拍要随着球击出的方向继续挥动，以增加球的转速，同时增加击球的稳定性。根据击球效果的需要，拍子随挥距离或长或短，切削深球随挥距离长，切削短球随挥距离则小；随挥高度或高或低，低球随挥高，高球随挥则低。

（二）切削球技术类型

1. 根据来球的方向划分

根据来球的方向，可以分为正手切削球和反手切削球。

（1）正手切削球。

正手切削球技术动作如图 4-38 所示。

图 4-38　正手切削球技术动作

现代网球比赛实践中，正手削球技术一般较少使用，多用于回接对方正手位判断不准确或未来得及换握拍的发球，以及对网前低球的灵活处理或被对方大角度调动无法正手抽击球的被动处理方式。运用正拍削球时，应尽可能在来球高点期或上升期击球，使回击的切削球具有一定的攻击性，同时，主动变化场上比赛节奏，让对方难以处理，为争取场上主动创造条件。

当对方来球做好预判后，在左手的辅助下迅速侧身引拍，左肩侧对球网，重心落在右脚，球拍高于击球点，左脚向右前方跨出，重心前移，同时右手臂持拍从后上方向前下方挥动，在左脚右侧前方拍面微后仰击打球的中后部或中后下部，击球后拍头应顺势随挥至身体左侧，随后迅速跟进，为下一拍击球做好准备姿势。

（2）反手切削球。

反手切削球技术动作如图 4-39 所示。

在现代网球运动实践中，运用反手切削球多于正手切削球。反手切削带来下旋的低弹跳，迫使对方不得不改变击球节奏，为争取场上主动创造条件，特别是在被动或来到网前低球处理、反手位接发大角度快球以及草地球场（低弹跳）反手位球的处理上，反手切削运用较多。

当判断来球需要用反手切削球处理时，迅速移动，身体重心向左偏移的同时，在左手的辅助下拉动球拍至身体左侧肩上，拍面几乎垂直于地面。在右脚向左前方跨出的同时，球拍随身体重心前移，从上而下、从后向前挥动，击球的中部或中后下部。击球瞬间持拍手臂几

图 4-39　反手切削球技术动作

乎伸直，手腕固定，拍面微后仰，同时，非持拍手向后摆动，以维持身体平衡，避免身体过分转动。击球后，球拍随着球击出方向继续挥动，将拍子随挥到一定高度，随之做好准备下一拍球的处理。

2. 根据切削球的威力大小划分

根据切削球的威力大小，可以分为攻击型切削球和防守型切削球。

(1) 攻击型切削球。

攻击型切削球是指主动切削球，追求切削球的节奏、落点与速度的变化，为争取下一拍的主动，甚至直接得分的方式。攻击型切削引拍要早且高，手腕充分回勾，球拍环绕在脖颈处；击球前拍头一定要高过击球点，用身体重心向前下迎击来球；击球时，球拍尽可能垂直于地面，尽可能从球的正上部垂直下切，击球点要在身体的近身处，击球后，拍面依然保持垂直，向身体另一侧滑过，并停留在相对较低的位置(见图 4-40)。

(2) 防守型切削球。

防守型切削球是指较为被动的情况下，用切削回击球的处理方式。一般用于被动的反手接发球、被大角度调动等节奏的改变，以摆脱被动状态。防守型切削手腕回勾不明显，击球前，球拍上举位置相对较低；击球时拍面打开较多，击打球的中下部，前送动作较明显；击球后的拍面基本完全打开，且球拍停留位置较高，一般超过对侧肩膀(见图 4-41)。

图 4-40　攻击型切削球动作

图 4-41　防守型切削球动作

一般而言，当较为主动、引拍时间较为充分时，可以选择主动攻击型切削，为下一拍击球创造得分条件，而不是一拍得分。多数时候攻击型切削会伴随着身体重心的向前移动，一般选择后交叉步；在对方回球角度较大，时间不充分时，或意识到自己即将陷入被动，可以采用防守型切削，利用其在空中滞留时间长的特性，以使自己获得充分的回位时间。

（三）切削球技术注意要点

1. 早转体，保持侧身

判断来球到反手位，且决定以切削回击，就要移动侧身拉拍，肩部侧对来球，通过肩头盯住来球，同时非持拍手扶助拍颈处，使持拍手臂缠绕在脖颈处，处于较高位置，持拍手臂呈"L"形，做好充分的蓄力(见图 4-42)。

2. 非持拍手平衡的控制

非持拍手在击球后，需要向后向下伸展，形成与持拍手臂相反的移动路径，充分利用胸部肌肉的舒展给予球以力量，同时有助于避免身体在击球时的过分转体及击球后的身体平衡控制(见图 4-43)。

图 4-42　持拍手臂的"L"形

图 4-43　非持拍手平衡的控制

3. 击球时的用力方向

击球时，拍子的用力方向需要在向下用力的同时，手臂伸直，向前送出，方能施加给球更多向前的动量，同时拍形尽可能保持垂直(见图 4-44)。

图 4-44　击球时的用力方向

4. 击球时拍面角度的把握

击球时，拍面应该根据来球高低、用力方向调整合适的拍面角度。球越高，用力方向越向下，拍面角度越接近垂直(见图 4-45)。

图 4-45　击球时拍面角度的把握

## 二、放小球技术

放小球也叫放轻球或放短球，是指通过改变击球部位和用力方向把球击到对方场区近网位置，用以前后调动对方而获取得分或主动的击球方法。优秀的球员可以在场地的任一位置放出小球，随着现代网球技术的不断全面发展，放小球技术成为一种常规的技术，配合其他技术使用，越发显示其重要性。

一般情况下，放小球技术采用下旋切削技术，通过擦击球的中下部位置使球落地后弹跳低，前冲力小，甚至向回跳，往往会直接得分或取得出其不意的效果。放小球需要有精细的手感，合理的技术动作，配以合理的战术线路与落点位置，能够扰乱对方节奏、调动与消耗其体能，是得分与争取主动的有力武器。

（一）放小球技术动作要领

放小球技术动作如图 4-46 所示。

图 4-46　放小球技术动作

1. 准备姿势

放小球的握拍方式通常采用大陆式握拍。放小球的准备姿势应该与正反手底线击球动作保持一致，使放出的短球更具欺骗性或隐蔽性。

2. 引拍

放小球的引拍动作要与正反手底线引拍动作基本保持一致，以起到迷惑对方和更具隐蔽性，使放出的小球更有战术效果。

3. 挥拍击球

挥拍击球前，在非持拍手辅助下迅速调整握拍成大陆式，脚下积极移动，身体重心靠近击球点，身体重心一般侧对球网，眼睛盯住来球，拍面稍后仰，球拍从后上方向前下方挥动，触球瞬间，控制拍面擦击球的下部，使球产生一定的下旋，控制球的前跳距离与高度。

4. 随挥

击球后，球拍沿着触球方向做小幅度随挥，结束位置较低，身体跟着击球方向迅速移动至有利位置，为下一次击球做好准备。

（二）放小球技术类型

1. 正手与反手放小球

正手与反手放小球是在正反手切削基础上，在击球瞬间拍面角度打开，击球的中下部，击球后前送较少。施加于球的力量多是用于球的旋转控制，在随挥时往往会为了更好地击球效果，小幅度前送的同时向一侧挥动，增加击球的侧旋。

2. 截击放小球

截击放小球是指网前截击时通过一定的手法把来球力量卸掉，回击近网短球的击球方法。截击放小球的关键是击球瞬间拍面快速“包击”球的后下部，有触球瞬间拍子后撤并前送击球的下部，使球产生下旋，同时缓冲来球的速度与力量，在对方场区出现网前短球的效果。此种击球放小手法极其细腻，技巧性强。

3. 反弹放小球

反弹放小球是指在中场区域，对方来球下落较快，来不及截击，对方又远离球网时采用的一种回击球的方式。反弹放小球需要降低身体重心，判断来球落点，在球落地前，把球拍伸向落点稍后的位置，在球反弹瞬间，向前轻送球拍，使球过网后，形成近网短球。反弹击球放短球时，需要根据来球与球网的距离及速度，调整拍面触球角度，并控制好击球的力度，甚至需要拍子做回撤缓冲动作，使球刚好落在近网处，迫使对手无法追击或形成回球被动。

4. 回放小球

回放小球是指当能够追上对方放的网前小球时，使用放小球技术，回放小球到对方场区网前。此技术一般是追到对方回放小球已经低于球网且距离球网较近，而且已经较难完成其他高质量回球时运用。回放小球需要注意跑动时身体惯性和平衡的控制。

（三）放小球技术注意要点

1. 放小球时机把握

比赛中放小球时机的把握较为重要，一般而言使用频率不能太高，要有突然性，一旦被对方察觉，就很容易形成对方的反攻机会。要在对方退到底线后，突然放小。放小球的效果一方面要看自己的小球放得有多小，质量有多高，另一方面要看前一拍球形成的威胁。

2. 动作隐蔽性

放小球要在把控好时机的同时，注意动作隐蔽性，击球前的动作要具有一致性，身体要侧对球网，以隐蔽放小球意图。

3. 用力方向的控制

放小球时，用力方向一般不能向前太多，需要借助来球力量，快速转动拍面，擦击球的底部，使球产生下旋。一般用力方向以向侧滑动拍面，有时为了更好地缓冲来球力量，需要向下画出一个“C”形(见图 4-47)。

图 4-47　放小球用力方向的控制

4. 身体平衡控制

在回放小球时，要注意跑动时人体的惯性，必须要控制好击球的力量，否则很容易回放小球过长或过高而形成对方反击的机会，同时，非持拍手在开始击球时向相反方向运动，以维持身体平衡。一般而言，放小球后，身体重心随之跟进击球方向，在保证动作完成度和高成功率基础上，根据自己小球的质量，向底线前移动 2～3 米，以处于进可攻、退可守的有利位置。

## 第七节　挑高球与凌空抽击球

### 一、挑高球

挑高球是指把对方来球向上用力挑起，通过高弧线飞进对方场区的击球技术。挑高球技术是有力的底线防守技术，当击球处于被动时，通过高球在空中滞留时间长的特性迅速得到缓冲，摆脱困境，以恢复到较为有利的位置。当对方上网或双打时，能够越过网前人，使对方出现被动或直接得分。挑高球技术一般被认为是一种防御性的技术，随着现代网球技术的发展，挑高球也具有了一定的进攻性。因此，挑高球技术既是防守的利器，也是提高进攻和变化比赛节奏的手段。

(一) 挑高球技术要领

1. 准备姿势

挑高球技术一般是击打落地球的一种，它的握拍姿势和准备姿势与底线正反手相同，需要集中注意力，通过来球的弧线准确判断来球的线路与落点位置，并通过合理、积极移动，调整身体，保持身体平衡。

2. 后摆引拍

挑高球的引拍动作与底线正反手击球动作相似，具有隐蔽性，这样才能迷惑对方，使其对突然的节奏变化失去应对而导致回球效果不好，创造得分或主动进攻机会。

3. 挥拍击球

两眼紧盯来球，通过蹬地转体，转腰肩，拍子从后下方向上前上挥拍，向上的挥拍幅度要大于底线正反手击球，球拍触球瞬间，手腕绷紧控制好拍面，通过擦击球的中后下部，使球产生上旋或下旋。

4. 随挥

挑高球的随挥动作幅度大于底线正反手击球，一般是在头顶上方结束挥拍。

(二) 挑高球类型

根据挑高球给对方造成的威胁性大小，可以分为进攻型挑高球与防守型挑高球。

1. 进攻型挑高球

进攻型挑高球又被称为“上旋挑高球”，具有隐蔽性好、飞行弧线低、落地前冲快、弹跳高的特征。进攻型挑高球需要更为有力地挥动球拍，在合适的时机再配以强烈的旋转，往往可以使对方处于被动，从而获得主动进攻与得分的机会。

进攻型挑高球一般是在相对较为主动的情况下选择的一种回球方式，采用半西方或西方式正手握拍法，其引拍动作与正手底线击球相似，通过移动身体处于球后较为平衡的姿态。击球时，拍头充分下掉，拍面微打开，手腕固定，使球拍从下向上向前挥动，球拍触球后充分上送的同时，并伴有向前的力量，使球落地后有更多前冲和上跳，随挥动作要放松并结束在身体非持拍手一侧高位。正手进攻型挑高球用力方向需要向上通过头顶位置，一般采取同侧随挥；单手反拍挑高球上旋球时，持拍手臂要伸直，摩擦球的中后部向上发力，一般较少运用，多选用下旋挑高球，击球点多在身后，在最后一刻打开拍面，擦击球的下部，以越过对方头顶，落入对方底线深区。双手握拍反手挑高球时，两手臂协同向上发力是关键，拍子沿着用力方向随挥。

2. 防守型挑高球

防守型高球也被称为“下旋高球”，即采用正、反手下旋球的处理方式回击对方大角度来球的方法。当来球力度与角度较大，需要大范围跑动处于被动防守位置时，采用下旋高球回击到对方场区。下旋高球相对较容易控制，减少失误，以赢取回位时间，变被动为主动。

需要紧盯对方击球，判断对方击球线路与落点，边移动边引拍，迅速到击球位置。击球时，紧握球拍，手腕固定，拍面几乎完全后仰，击球点尽可能在身体侧前方擦击球的下部，向上用力托送，延长击球时间，以争取回位时间。防守挑高球的随挥动作应尽量充分向上，一般而言，拍头要高过头顶上方结束挥拍，并完成跟进动作，为下次击球迅速做好准备。

(三) 挑高球注意要点

1. 动作隐蔽

挑高球动作的隐蔽性与突然性是攻击型挑高球的关键，在准备姿势与引拍等环节要基本与正反手底线动作保持一致。

2. 用力方向控制

挑高球的用力方向不但要向上用力，保证高度以不让对方高压，也要向前用力保证挑高球的深度，使对方难以回跑，击出高质量回球。因此要加强击球瞬间手腕控制，调整挑高球时的拍形后仰角度，同时要从低于球的位置由下向上发力。

3. 旋转控制

创造更多摩擦，控制球的弧度，使球的稳定更高，威胁更大。同时挑高球要把握对方身后、斜线的原则进行挑高球。

4. 挑高球与放小球结合

通过放小球把对方吸引到网前，为下一拍挑高球做好铺垫。

## 二、凌空抽击球

凌空抽击球结合了底线抽击球与网前截击球的技术特征，一般而言击球时带有一定的上旋，攻击型较强，用于中场高球的处理，有时也用于对方回击的底线力量较小、高度较高的球(见图4-48)。凌空抽击球技术要领有以下几个。

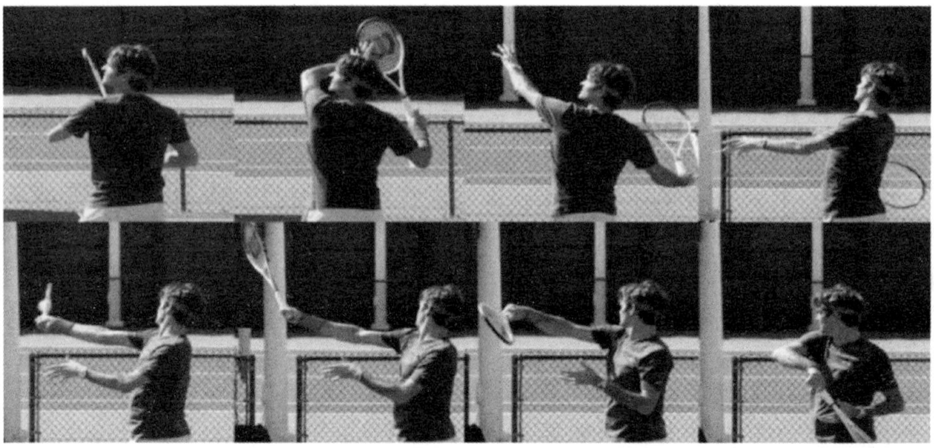

图 4-48　凌空抽击球技术动作

(一) 准备姿势

凌空抽击球的握拍与底线握拍相似，半西方或西方式握拍，脚下以开放式或半开放式击球站位为主。非持拍手扶住拍颈位置，使拍子置于腹前，拍头较高，两眼注视来球方向。

(二) 后摆引拍

在判断来球方向后，非持拍手在蹬地转腰肩基础上，辅助持拍手完成引拍至与来球高度相对应的位置，因为凌空抽击球一般是处理较慢的空中高球，所以引拍较高至侧上举。

(三) 挥拍击球

通过脚下积极移动，以半开放或开放式落位于击球点，蹬地转腰肩挥拍击球，在肩部高度身体侧前方，非持拍手指球，拍子由下向上、向前挥动带有一定的上旋把球击出。

(四) 随挥

击球后，身体重心完全移到持拍手异侧腿，球拍沿着挥拍轨迹随挥至非持拍手一侧肩下较低的位置，一般在腰部高度。

# 第八节　其他击球技术

## 一、反弹球技术

反弹球技术是指对方来球落地后弹瞬间，以固定的球拍角度，借助球弹起的力量回击到对方场区的一种手段。一般而言，反弹球是在被迫情况下，回击对方击到脚下的来球，或在发球上网或击打球随上的途中，没有时间和空间以截击形式回球，把刚从地面弹起的低球回击过网。反弹击球通常需要较强的技巧和节奏意识，击球姿势较低，难度较大，需要较为细腻的手感，为网前截击创造必要条件，是一项由被动变主动的过渡性技术。

### (一) 反弹球技术要领

反弹球技术动作如图 4-49 所示。

图 4-49　反弹球技术动作

1. 准备姿势

正、反拍反弹球握拍与网前截击握拍相同，一般采用大陆式或东方式反拍握拍法，需要屈膝屈髋、降低重心，左手辅助握拍，两眼盯住来球，此时重心在双脚前脚掌，微前倾身体保持平衡。

2. 引拍

当判断来球需要击打反弹球时，迅速下蹲，下降重心，如需正拍反弹球，随即转体左脚向前跨步，反拍反弹球则相反，此时身体前倾，保持平衡，球拍后摆动作以对方来球速度而定，一般是跨步转体时已完成后摆引拍动作。通常情况下，反弹球引拍幅度较小。

3. 挥拍击球

击球时两眼盯球，手腕固定，前臂伸出，拍面根据来球高低与快慢及战术需要，保持拍面基本垂直或微后仰，随着身体重心前移，拍子由下向上推击球，同时使球略带上旋。

4. 随挥

一般而言，反弹击球的随挥动作和截击相似，沿着出球方向短随挥。

（二）反弹球注意要点

1. 准确判断击球点

反弹球时，球员需要集中注意力，盯住来球，抓住击球时机，借助来球的反弹上升力，用拍子的甜点区域，以小臂带动手腕动作借力推击球过网。

2. 控制引拍幅度

反弹球与截击球的引拍相似，后摆幅度要小，前挥动作根据击球需要可长可短。

3. 手腕固定，控制拍面角度

反弹击球时，手腕保持适度紧张，根据对方球速快慢与旋转控制好拍面角度，若是下旋球拍面略微后仰，若是上旋球则拍面角度微前倾。

## 二、正手侧身攻技术

正手侧身攻技术（Inside-out Forehand）是指运用合理准确的步法移动到反手位置，用正手回击反手位置的来球，进攻线路可以是对方的反手位置，也可以是对方的正手位置。它是底线进攻型打法中的一项主要进攻手段。多数球员反手弱于正手，它一定程度上避免了反手击球的弱点，通过强有力的正手，施以对方进攻的压力，取得场上的优势与主动。正手侧身攻技术具有隐蔽性强、击球速度快、角度大等特点。正手侧身攻技术相比底线正手击球技术难度大，主要表现在移动步法的运用、击球时机的把握以及击球角度落点的控制上，同时要善于充分利用身体的转动为击球创造更多力量。

（一）正手侧身攻技术要领

正手侧身攻技术动作如图 4-50 所示。

图 4-50　正手侧身攻技术动作

1. 准备姿势

正手侧身攻技术一般采用正手握拍方式，即半西方或西方式正手握拍。正手侧身攻的准备姿势与底线正手击球技术的准备姿势相同，球员需要根据自己击球的速度、落点及对方回球的速度落点和弧线等因素对正手侧身攻技术的运用与否做出判断。

2. 引拍

在判断来球飞向自己反手位，通过交叉步、并步等移动步法靠近来球的同时，非持拍手辅助持拍手推拉拍至身体肩上位置，与来球高度相对应。

3. 挥拍击球

在击球瞬间，双脚站定，肩、双腿及髋部保持在同一侧，持拍手臂挥动球拍在腰部高度或腰部高度以上击球，蹬转身体，身体重心由后腿移向前腿。

4. 随挥

随着重心完全移动到前腿，挥拍击球完成，球拍继续向击球方向随挥至身体另一侧肩部位置。

（二）正手侧身攻的注意要点

1. 运用时机把握

反手位置的来球运用正手侧身攻技术的时机把握，一般是来球速度较慢、相对较浅位置的情况下运用该技术。同时，结合自己前一拍球（一般是对方反手位球）的速度、落点等，迫使对方无法变线，大概率回到自己反手位，通过合理步法移动运用正手侧身攻技术。

2. 合理步法的运用

恰到好处的击球点是正手侧身攻技术的前提。一般而言，正手侧身攻步法需要交叉步与并步的结合运用，使身体能快速移动到来球线路和击球点位置上。

3. 击球身体平衡的控制

击球时，要保持肩关节、髋关节基本平行，保持击球时身体的平衡。

## 三、随球上网技术

随上击球技术是比赛中必不可少的技术，它是指在随球上网战术中，上网前的一次击球技术。当面对来球质量不高的底线球或中场位置的浅球时，要在一定角度、速度及落点的击球后，快速向网前移动，施加给对方更大的击球心理压力，迫使对方击球失误或击出的球质量不高。

（一）随球上网技术动作要领

1. 准备姿势

随球上网技术的握拍与底线击球相同，采用半西方或西方式握拍方式。使用切削球上网时，一般采用大陆式握拍方式。其准备姿势与底线击球的准备姿势基本相同，要快速小碎步调整使肩部基本侧对球网。

2. 引拍

在快速向前移动侧身的同时，非持拍手辅助持拍手做小幅度、简洁的引拍。

3. 挥拍击球

在蹬地转腰肩基础上，挥动球拍，在身体前完成击球，一般而言，击球点在腰部与肩部之间。击上旋球时，拍面角度基本保持垂直于地面，拍头略低于手腕，由下向上挥拍，平击球的挥拍轨迹向前更多，下旋球时，拍面角度微后仰，由上向前下挥拍。

4. 随挥

击球后，球拍随击球方向随挥至身体另一侧肩部上下位置，根据来球高低，低球随挥位置稍高，高球随挥位置稍低。切削击球时，为了争取更多的上网时间，往往会把球送的更接近底线，随挥位置较高。

（二）随球上网技术动作的类型

1. 正手随球上网

正手随球上网一般采用底线击球技术的握拍方式，即半西方或西方式正手握拍，降低重心，紧盯来球，在准确判断来球落点后，快速移动的同时，持拍手在非持拍手的辅助下转肩引拍，在腰部与肩部位置体前完成击球，根据来球高低及击球方向，控制用力方向。一般击打斜线球，离球网较近，可以采用以平击球为主的方式完成击球；如果是击直线球，离球网较远，则可以选择以上旋球为主的方式完成击球。随挥高度则根据来球高低进行调整，一般而言，高球则随挥低，低球则随挥高（见图 4-51）。

图 4-51　正手随球上网技术动作

2. 双手反拍随球上网

双手反拍随球上网与底线双手反拍击球相同。需要降低重心，脚下碎步调整，紧盯来球，在准确判断对方来球落点后，快速移动的同时，转体快速引拍到体侧，由低到高，在身体前完成击球，并随挥至肩上。

3. 反手切削随球上网

反手切削随球上网是指通过反手切削球，使球带有强烈下旋，具有弹跳低，迫使对方回球更多向上，而带来网前得分机会的一种上网击球方式。其握拍与底线削球相同，即大陆式握拍，其准备姿势与底线切削球相同，不同的是，切削击球时重心更加向前，切削击球后，一般采用后交叉步，身体重心继续快速前移，来到网前，准备下一次网前击球。

4. 放小球随球上网

放小球随球上网是一种高难技术，是指在底线前放出高质量小球后，随之来到网前，准备下一拍击球的技术。放小球一般采用大陆式握拍方式，在准确判断对方击球线路与落点后，迅速移动，控制好身体重心，身体侧对球网，通过与底线击球相同的引拍方式，以迷惑对方，突然放出斜线或直线小球，随之身体重心继续快速前移，来到网前，准备下一次网前击球。

（三）随球上网技术动作注意要点

1. 随球上网时机的把握

随球上网技术一般是处在底线前或中场附近，在大角度击球或落点深、弹跳高的重球将对方拉出场外，迫使对方回球出现身体难以平衡时随球上网。

2. 随球上网步击球站位步法的运用

随球上网击球站位步法一般以封闭式或半开放为主。正手或反手封闭式击球步法击球后，后脚采用前交叉向前移动身体重心迅速来到网前，反手切削球击球后一般是以后交叉步前移身体重心迅速来到网前。

3. 随球上网击球线路的选择

随球上网击球线路的选择，击直线球，距离短，对手准备时间不足，相对攻击型较强，且更加容易快速上网，封住直线破网角度，兼顾斜线；击打斜线球，越过低网，线路长，对方准备时间长，相对自己准备时间也长；击打中间，自己来到球网中间，较容易封住对方低网破网角度，有利于下一拍的截击。无论哪一条线路选择都要提防对方过顶高球。

4. 随球上网身体平衡的控制

击球时，身体上蹬发力，以向前发力为主，以产生更多向前的动量，尽量来到网前，但不能太近贴网，要保持身体平衡，以防提过顶高球。

## 四、背对球网头上击球技术

背对球网头上击球技术是一项高难技术，是指球员来到网前，对方挑高球过顶至身后，球员快速回跑，球处于头顶，通过非常规挥拍回击到对方场区的一种方式，通常情况下，是处于被动情况下的紧急回球方式（见图 4-52）。

图 4-52　背对球网头上击球动作

背对球网头上击球技术采用大陆式握拍，在对方挑高球过顶的一刹那，在预估到对方挑高球的落点基础上，迅速撤脚、转身，快速度回跑，在看到击球点还在身体前头部以上位置高度，拍子从下方向前上方，击打球的背侧下部，带有一定的上旋，把球回击过去。如果在正手，拍子随挥至左肩上背部；如果在反手，手臂随挥高高举起，拍头指向击球方向，然后快速转身回位准备下一拍击球。

## 五、背对球网胯下击球技术

背对球网胯下击球技术是一项高难技术，是指球员来到网前，对方挑高球过顶至身后，球员快速回跑，球处于胯下位置，通过非常规挥拍回击到对方场区的一种方式，通常情况下，是处于被动情况下的紧急回球方式。

背对球网胯下击球技术采用大陆式握拍，在对方挑高球过顶的一刹那，判断对方挑高球的落点，迅速撤脚、转身，速度回跑，在看到击球点还在身体前侧腰部或腰部以下位置高度，拍子后摆从头部高度位置向下在持拍手同侧脚落地、另一脚斜前迈出的同时，在两腿之间，踝关节位置高度，击打球的背侧下部，击球瞬间手腕放松，简短向上随挥，击球后转身回位准备下一拍击球(见图 4-53)。

图 4-53　背对球网胯下击球动作

**【课后讨论】**

(1) 网球有哪些握拍方法？每种握拍有哪些基本要领？
(2) 网球击球时的基本站位有哪几种？不同站位的击球特点是什么？
(3) 正反手击球的动作技术环节及其技术要点有哪些？
(4) 发球与接发球技术类型有哪几种？其特点有哪些？
(5) 截击球技术的动作要领有哪些？
(6) 放小球的动作要领及注意事项有哪些？
(7) 挑高球与高压球的技术要领及注意事项有哪些？
(8) 正手侧身攻技术的动作要领及注意事项有哪些？

# 第五章　网球运动战术

**本章概要**

本章介绍了网球战术的概念与分类、网球战术的基本原则、网球战术制定依据，并对网球单打战术与双打战术及运用进行了较为详细的描述。

**学习目标**

（1）了解网球战术的概念与分类。

（2）了解网球战术与技术及心理素质的关系。

（3）熟悉网球单打战术与双打战术的特点。

## 第一节　网球运动战术概述

### 一、网球战术概念与分类

网球战术是指运动员或网球业余爱好者根据竞赛规则及网球运动规律，在比赛中根据双方情况、自然环境及临场变化，为了战胜对手或者为了取得期望的比赛结果而采取的策略和行动。广义的网球战术是指技术、意志、智能和素质等在比赛中有针对性的综合运用。狭义的网球战术是指运动员在比赛中根据对方的打法类型及技术特点有针对性地采用各种技术的原则和方法。

网球战术是每个网球运动员与爱好者的各种竞技能力得以在比赛中全面地发挥出来的条件。比赛中球员根据自己和对手的具体情况，正确而又有目的地把所掌握的各种技术有意识地组合起来，最大限度地发挥自己的各种竞技能力，以获取胜利。另外，合理、正确地运用战术能有效减少比赛过程中的心理与身体能耗。网球比赛战术包括比赛过程中的各个方面，诸如发球与上网、正手与反手、深球与浅球、上旋与下旋、加力与放小球等。在比赛中按照场区位置可以将网球战术分为发球战术、接发球战术、底线战术与网前战术；按照战术风格可分为防守反击型打法、底线攻击型打法、全场型打法与发球上网型打法；按照攻防意识可分为进攻战术与防守战术；按照比赛类型可分为单打战术与双打战术等。本章主要介绍比赛中较为典型的几种单打战术与双打战术。

### 二、网球战术与技术、身体素质、心理素质的关系

现代网球要求运动员具有全面的技术能力、超强的身体素质及心理素质，他们之间是互相联系、互相依存、互相制约的辩证关系。

网球技术是指符合人体科学原理、充分发挥身体潜在能力、有效完成动作的方法。技术

是战术的基础，是战术必不可少的基本要素。战术是技术的合理组合与良好发挥，战术的执行体现在技术动作的完成上。比如，发球技术与网前技术是发球上网战术的基础，良好的发球技术和网前技术是战术运用的前提。

身体素质是指球员运动中个体形态、肌肉活动等身体基本能力的综合表现，它包括力量、速度、耐力、柔韧与灵敏等能力。战术是建立在技术基础之上的，而良好的身体素质是掌握技术、战术发挥的基础。比如，发球及底线快速球需要良好的爆发力。

心理素质是指网球运动员在运动中应具备的心理条件，主要包括自信心、注意力、想象力等。心理素质的提升与控制是运动员技战术水平发挥的核心要素，良好的心理素质能有效避免技战术水平发挥失常现象发生。心理素质影响技战术的实施成效，是网球比赛中技战术应用的有效保证。

运动员技术、身体素质是战术的物质基础，心理素质则是战术的思想保证。比赛中的技术运用、身体素质、心理素质体现在具体的战术配合、战术行动中，同时良好的战术可以促进运动员技术、身体素质及心理素质的提高与发展。

### 三、网球战术的基本原则

#### （一）知己知彼，扬长避短

战术实效性需要从实际出发，对自己与对手做出符合实际的评估。比赛前战术的制定需要对自己技战术水平心中有数，同时还要清楚对手的技战术特点、打法类型以及体能、心理等情况，以便有针对性地设计战术方案。

随着训练手段与科技的进步，现代网球运动员的综合技能越来越接强，高水平选手在技能全面基础上，特长也突出。每个球员在努力发挥自己技战术特长的同时，也在努力克服自己的弱点。因此，要细心观察抓住对方的技战术弱点与破绽，扬长避短，掌握赛场主动权。如有的球员不擅长高球处理，正反手不均衡，就可以回击高球或反手为主，迫使对方失误；有的人擅长底线技术运用，就要想办法让对方来到网前；有的人不擅长前后跑动击球，就要多运用长、短球限制对手。

#### （二）积极顽强，攻守平衡

网球运动员赛场上积极顽强的气势有着较强的震慑作用。因此，在网球比赛中要通过一切可能，比如比分领先时的乘胜追击、落后时不气馁、顽强拼搏不畏输，以及相持球的耐心、关键球的果敢等，力争打出积极主动的气势。

网球比赛战术要攻守平衡。进攻能力体现在进攻的速度快慢及强度变化的交替灵活运用，防守能力体现在延缓进攻速度及增加进攻的难度上。攻守平衡极具艺术性，它需要丰富的比赛经验、临场应变能力、场上形势的观察判断、战机的捕捉等能力。攻守平衡要求球员具有多变的进攻手段，又要有出色的防守技术。攻守平衡的把握是控制比赛节奏、赢取比赛的综合能力体现。实践证明，片面强调进攻或防守都不可能实现网球比赛预期的比赛效果。

#### （三）准备充分，灵活机动

战术方案的制定在突出主要战术的同时，要具有全面性，做好充分准备，机动应变。网球运动多是在室外，不同的天气情况应该采取不同的战术方案和打法，因此，网球比赛中要根据当时的自然环境制定相应的战术方案。

现代网球比赛竞争激烈，预定的战术部署有可能会因对方技战术而难以实施，如果之前的战略部署是正确的，具有针对性，即使较难以实施，也要坚决执行；同时也要提升合理运用战术的能力，根据赛场情况的变化，灵活适时地对既定战术进行调整。这是现代网球比赛中球员制胜的必要条件。

## 四、网球战术制定依据

### （一）依据环境制定网球战术

球员能否利用环境因素制定合理的战术策略，往往对比赛结果的走向有着一定的影响。这些环境因素主要包括风向、太阳、气温、场地等。

#### 1. 依据风向制定战术

网球运动多为室外比赛，顺风与逆风时，球员采取的战术会有较大不同。顺风比赛时，顺风击球会使球速一定程度上加快，所以击球发力应控制，增加旋转和稳定性，防止出界；相反，对方在逆风击球时速度相对会较慢，可以采取积极上网截击，且网前击球距离短，受风的影响小。逆风比赛时，因风阻作用，运动员应用力击球，减少旋转，当对手来到网前时，应采用挑高深球为主，因风阻影响，球往往不会出界。

#### 2. 依据阳光制定战术

正规网球场地均应是南北朝向，在中午时分总有一方球员会朝向太阳。正对太阳的球员发球时，可以改变发球站位或抛球高度，以避免阳光刺眼。挑边选择时，对方选择发球，你应选择正对太阳场区接发球，在第一局交换场地后就可以背朝太阳发球。当对方面向太阳时，可以选择挑高球战术应对对方网前或底线上旋高球。当自己面向太阳时，不轻易上网，如果上网对方挑高球，则可以打落地高压。

#### 3. 依据气温制定网球战术

和其他体育运动赛事相比，网球运动赛事较为繁多，几乎每周都有比赛，这就要求运动员能够适应在不同气温条件下的比赛。夏天气温高，体力消耗大，对心理及意志是较大的考验，在战术安排时，要尽可能调动对手前后左右地奔跑消耗其体能和心理意志，以增加获胜概率。冬天气温低，要做好充分准备活动，避免运动损伤，在挑边选择时，可以先选择接发球，以利于身体的进一步活动，相对较为有利。

#### 4. 依据场地不同制定战术

在草地球场比赛时，利用草地球场的低弹跳，配合切削球的低弹跳，使回球更低；发球时多辅以侧旋球结合大力平击球效果会更好；回合球时保持低重心、小拉拍。红土或沙地球场比赛时，要利用红土场地的高弹跳，多拉上旋的高弹球，使回球更高；发球时多辅以上旋球结合大力发球，要有多回合相持的心理准备；由于红土球场启动时场地较滑，采用底线上旋高球辅以放小球调动，球员启动较难，到位后滑动制动距离难控制，会有更好的击球效果。硬地球场属于中速场地，要善于运用不同类型的旋转及不同高度与力度的击球，才会有更好的击球效果。

### （二）依据场区制定网球战术

根据网球场区纵向位置可分为后场、中场、前场；依据场区横向位置可分为左区、中路、右区。球员根据所处位置与击球特长，在追求击球落点纵向场区深浅位置不同的同时，配以横向左右线路的变化，如图 5-1 所示。

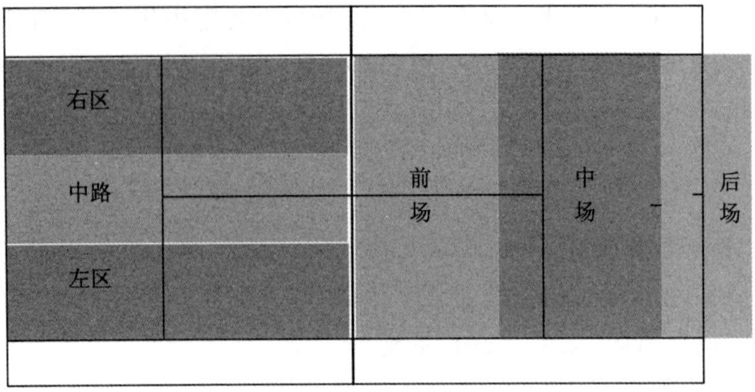


图 5-1　网球场区位置

1. 后场战术

后场区也称为相持区。后场区的战术制定要求球员要有耐心及侧身移动的灵活性，同时通过练习要具有一定的视野与深度以及击球角度与准确性，此区域也是球员击球的基础位置区域，每一分球的战术计划，均是从后场区域完成，只有在后场区域完成高质量击球，才有可能向中场或前场推进。后场较靠后的位置也称为防守区。

2. 中场战术

中场区域也称为施压区，一般而言，中场区域是球员较难以把握的区间，可选择的战术较多。当对方来球低时，可选择向前跑动的随球上网战术；当来球较高时，可选择正手或反手快速球结合放小球战术。更多利用正手或反手的攻击型击球给对方施压。

3. 前场战术

前场区域也就是拦网区，在前场区域球员的移动通常是向前或侧前，完成向前击球动作或截击，辅以放小球战术。

（三）依据比分变化制定战术

双方比分不同时，采取的网球战术应有不同。

（1）比赛一开始，要先根据自己的优势及制定的战术，以稳定高成功率回击球为主，试探对手的应变战术，研究统计先赢取 2 分，有 80%的概率拿下第一局。

（2）比分领先时，依然采用之前的战术，增加攻击性，增强控制与信心，找出对方的弱点，以增加获胜概率。

（3）比分持平时，状态好则可采用攻击性技术手段，状态不好，则采取防守型底线战术。比分在领先 2 分后被追平的分时，需要球员意识到如何领先或被对方追平的，采取的战术和技术结合中是哪个环节出了问题，需要做技术和战术的调整还是坚持原有战术。

（4）比分落后时，需要保持信心，减少非受迫性失误，通过梳理前面的比赛，逐渐调整比赛的技战术和状态。

# 第二节　网球单打战术

## 一、单打战术

单打战术是指球员在网球单打比赛中根据双方情况、自然环境及临场变化，为了战胜对手或为了取得期望的比赛结果而采取的策略和行动。在战术运用上要根据自己的技术特点及场上情况灵活采取不同的战术打法，其基本原则是：向空当击球，向对方身后击球，利用角度创造机会，迫使对手全场跑，适应对手，适应环境等。

本章主要介绍以球场位置划分的单打战术，包括发球战术、接发球战术、底线战术、中场战术及网前战术。

### （一）发球战术

发球是比赛第一分与进攻的开始。发球战术是指充分利用发球的优势，以速度、落点配以旋转的变化达到比赛胜利或优势的策略与手段。网球比赛实践中，一发速度通常采取速度快、角度大略带旋转的平击发球为主，迫使对方无法高质量回球，二发往往以强烈上旋或侧旋发向对方弱侧位以保证高成功率。发球战术又可以细分为发球积极上网战术、发球积极抢攻战术。

#### 1. 发球积极上网战术

发球上网主要是指球员通过发球的速度、旋转及落点的变化迫使对手无法高质量回接球，自己快速来到网前获得比赛胜利的得分手段。该战术一般运用于一发，可以分为下述4种情况。

（1）一区发外角上网。

通过一区侧旋发外角，发球员以一定的步法快速移动到前场合理的位置，把球截击回到对方有效场区空当位置，比如，截击到对方二区（见图5-2）。

（2）一区发内角上网。

通过一区平击或上旋内角发球，发球员以一定的步法快速移动到前场合理位置，把球截击回到对方有效场区空当位置，比如对方底线深区两角（见图5-3）。

（3）二区发外角上网。

通过二区上旋球或略带上旋的平击球发外角，发球员以一定的步法快速移动到前场合理的位置，把球截击回到对方有效场区空当位置，比如截击到对方一区（见图5-4）。

（4）二区发内角上网。

通过二区平击或侧旋内角发球，发球员以一定的步法快速移动到前场合理位置，把球截击回到对方有效场区空当位置，比如截击到底线深区两角（见图5-5）。

发球上网战术注意事项：

（1）实施发球上网战术，比不上网的发球抛球略微靠前，重心更多地向上，这样有利于重心快速前移来到网前有利位置。

（2）发球上网战术的实施一般要有快速的一发作为保证，且有较高的一发成功率。

（3）发球落点的旋转及落点变化要丰富，让对方难以适应发球节奏，以便创造更好的网前机会。

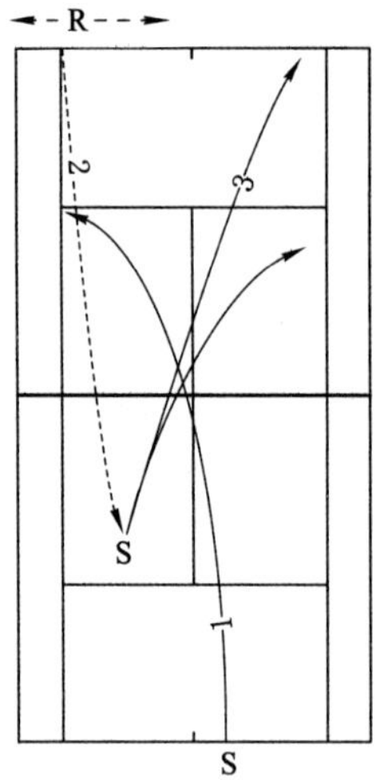


图 5-2　一区发外角上网

（S 为发球方，R 为接球方，下同）

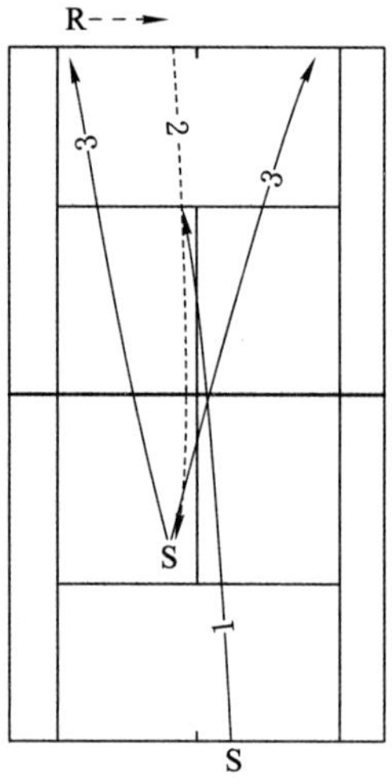


图 5-3　一区发内角上网

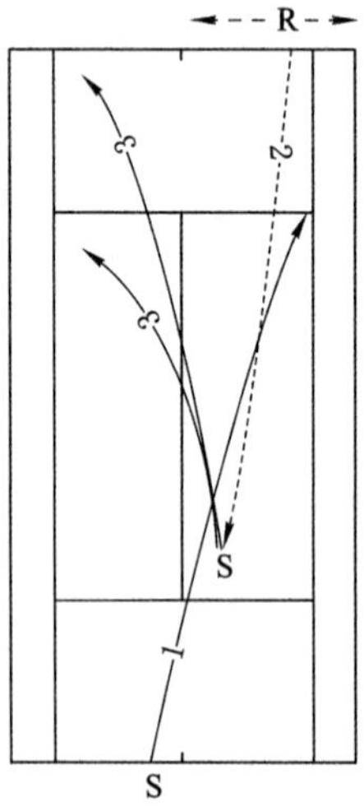


图 5-4　二区发外角上网

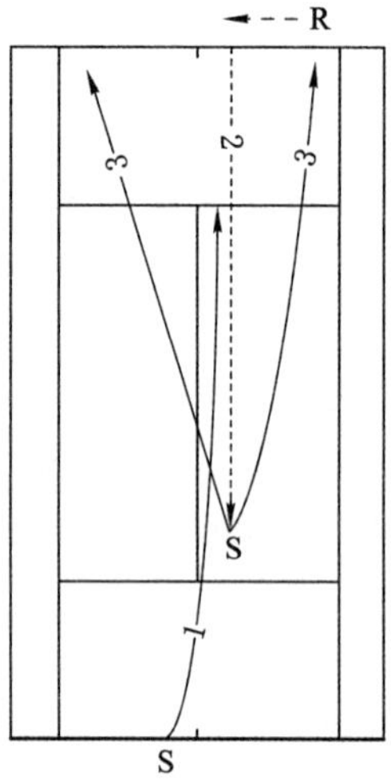


图 5-5　二区发内角上网

（4）发球后应根据自己发球落点位置以及速度旋转变化等确定，快速移动到发球线附近，要急停做垫跨步，判断对方回球的线路，然后再向前移动，进行有效截击。

（5）截击时，除了截击空当位置、深区等位置外，也可以根据对方回位的速度，截击到对方身后，或放小球。第一截击后，要根据自己截击位置和速度，继续向网前靠近，垫步准备第二次截击或对方的挑高球。

2. 发球积极抢攻战术

发球抢攻是指球员通过发球的速度、旋转及落点变化迫使对手无法高质量回球，通过快速进攻至对方场区以获得比赛胜利或优势的手段。该战术一般运用于一发，可分为下述 4 种情况。

（1）一区发外角抢攻。

一区发外角抢攻是指球员通过侧旋或带有侧旋的平击外角发球，迫使对方远离接发球的舒服位置而无法回击有威力的接发球，发球方通过快速发起进攻至对方场区空当位置，比如一区外角发球，对方回到中场一区偏正手位置，发球方快速回击到对方底线空当位置，如图 5-6 所示。

（2）一区发内角抢攻。

一区发内角抢攻是指球员通过上旋或平击内角发球，迫使对方无法回击有威力的接发球，发球方通过快速发起进攻至对方场区底线空当位置，比如一区内角发球，对方回到中场二区偏反手位置，发球方快速回击到对方底线空当位置，如图 5-7 所示。

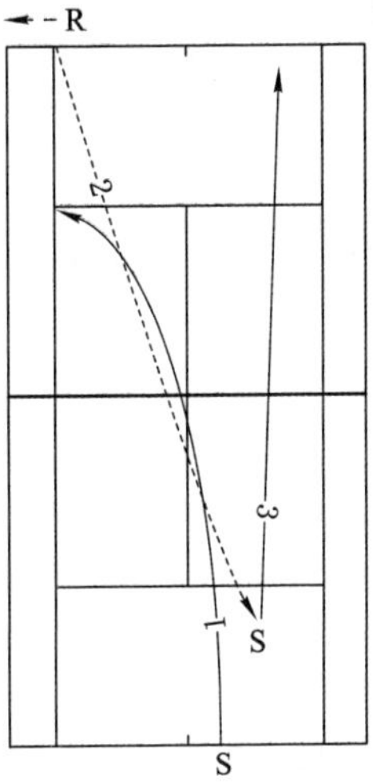


图 5-6　一区发外角抢攻

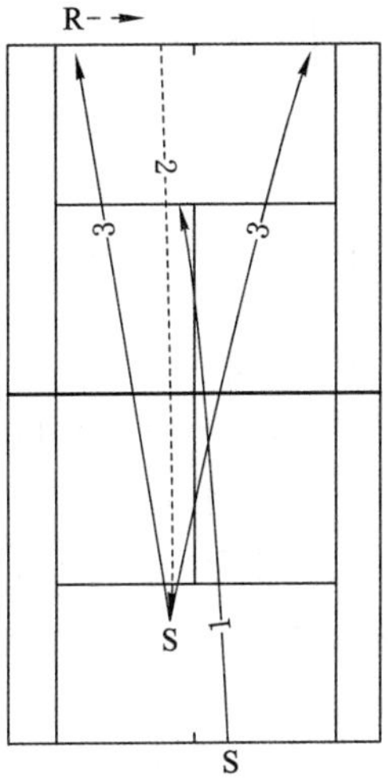


图 5-7　一区发内角抢攻

（3）二区发外角抢攻。

二区发外角抢攻是指球员通过上旋或平击外角发球，迫使对方远离接发球的舒服位置而无法回击有威力的接发球，发球方通过快速发起进攻至对方场区空当位置，比如二区外角发球，对方回到中场二区偏反手位置，发球方快速回击到对方底线空当位置，如图 5-8 所示。

（4）二区发内角抢攻。

二区发内角抢攻是指球员通过侧旋或平击内角发球，迫使对方无法回击有威力的接发球，发球方通过快速发起进攻至对方场区底线空当位置，比如二区内角发球，对方回到中场一区偏正手位置，发球方快速回击到对方底线空当位置，以获取比赛得分或优势，如图 5-9 所示。

发球积极抢攻战术注意事项：

（1）发球积极抢攻战术的实施，是基于发球的质量，包括发球速度、落点及旋转的结合与变化。通过落点及旋转的结合，打乱对方的接发节奏，接发球方对发球落点、速度及旋转判断越不准确，回球质量越低，进攻效果越好。

（2）抢攻时，要看到对方场区空当位置，避免一拍得分心理，需要有多拍使对方被动或失误，要有优势累积的耐心，积极移动网前得分的准备。

（3）当对方回位补防空档区域的移动速度较快时，要调整节奏，击球至对方身后空档区域。

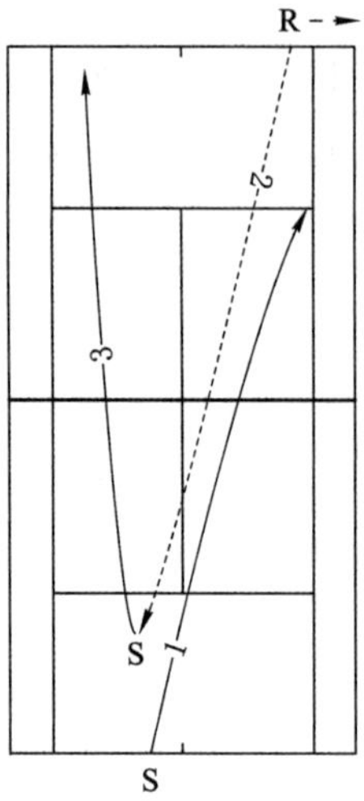


图 5-8　二区发外角抢攻

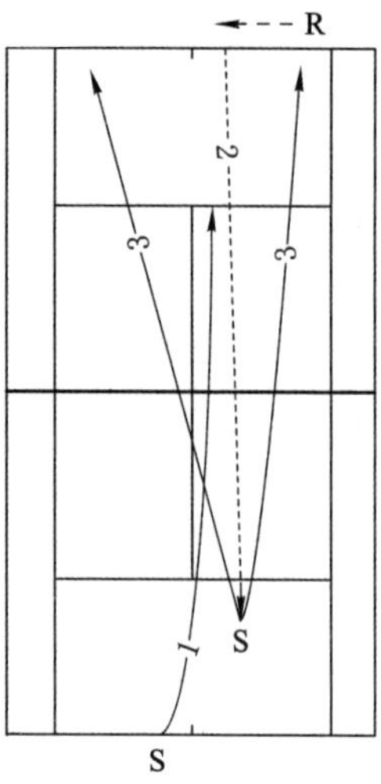


图 5-9　二区发外角抢攻

（二）接发球战术

接发球是回击发球方发出的球，是比赛中较为被动与受发球方制约的技术。接发球战术是指通过短时间的快速反应与合理移动，判断对方发球的落点、旋转及速度，以合理的线路、落点与速度回球至对方场区的策略与手段。接发球战术又可以细分为接发球积极上网战术与接发球积极抢攻战术，一般用于对方的二发。

1. 接发球积极上网战术

接发球上网战术通常是指球员通过快速多变的回发球手段，迅速移动到网前，给予发球方以心理压力，获得比赛胜利的得分手段。该战术一般运用于二发，可以分为下述 4 种情况。

（1）接一区外角上网。

接发一区外角二发，通过快速抽击至对方底线深区位置，比如对方二区底线反手位置，以一定的步法快速移动到前场合理的位置，准备截击对方回球至有效场区空当位置（见图 5-10）。

（2）接一区内角上网。

接发一区内角二发，通过快速抽击或切削至对方底线深区位置，比如二区底线位置，以一定的步法快速移动到前场合理的位置，准备截击对方回球至有效场区空当位置（见图 5-11）。

（3）接二区外角上网。

接发二区外角二发，通过快速抽击至对方底线深区位置，比如侧身抽击或反手抽击对方一区底线位置（抽击直线距离相对较短，对方跑动距离长，有利于来到网前封堵正手直线破网），以一定的步法快速移动到前场合理的位置，准备截击对方回球到有效场区空当位置（见图 5-12）。

（4）接二区内角上网。

接发二区内角二发，通过快速抽击至对方底线深区位置，比如一区底线位置（抽击直线距离相对距离较短，对方跑动距离长，有利于来到网前封堵正手直线破网），以一定的步法快速移动到前场合理的位置，准备截击对方回球至有效场区空当位置（见图 5-13）。

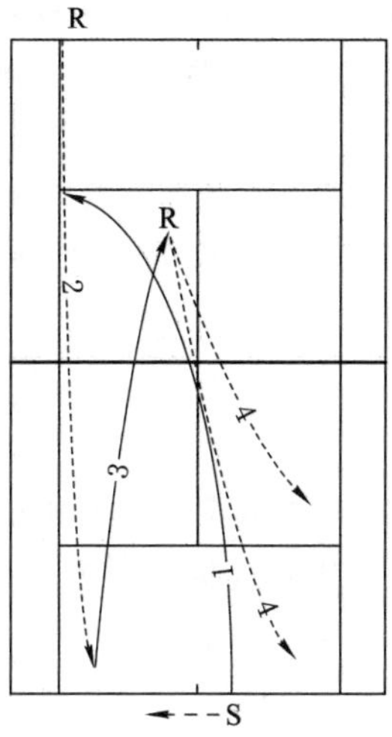


图 5-10　接一区外角上网

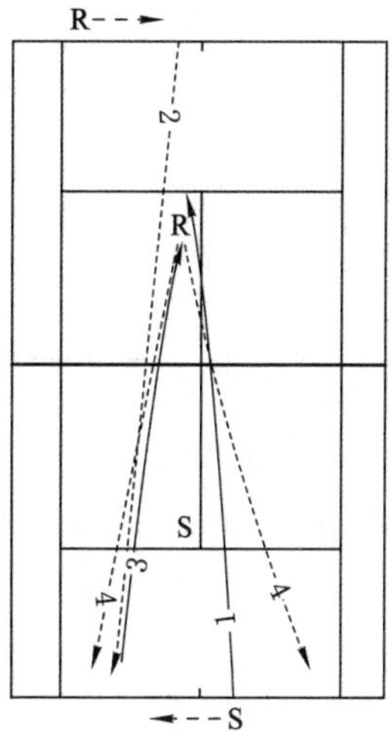


图 5-11　接一区内角上网

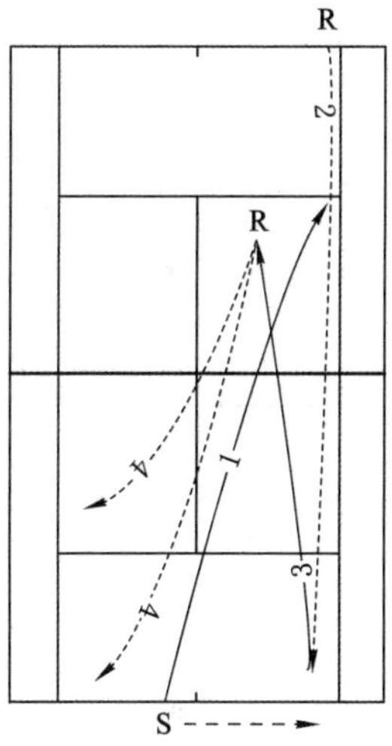


图 5-12　接二区外角上网

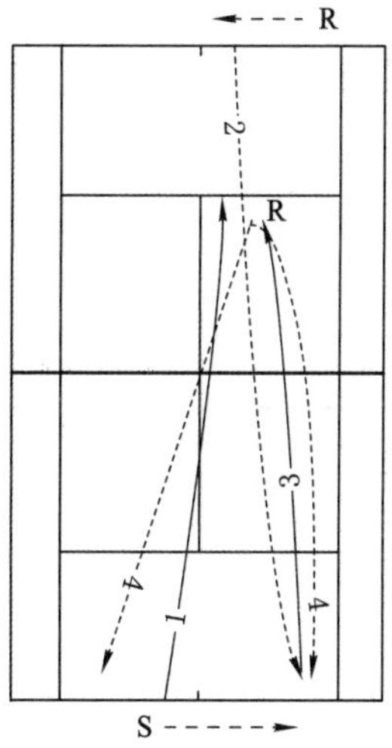


图 5-13　接二区内角上网

接发上网战术注意事项：

(1) 实施接发球上网战术，比不上网的底线战术的站位更加靠前，要在对方抛球准备发球瞬间，进入底线内接发，有利于重心快速前移来到网前有利位置。

(2) 接发球上网战术的实施一般要有发球落点的准确判断以及准确的击球落点，已形成对方的压迫感。

(3) 要有多变的接发球手法和线路落点能力，让对方难以适应接发球落点位置，以便更好地来到网前，减少对方的破网机会。

(4) 接发球后来到网前的过程中，应根据自己接发的落点位置以及速度旋转变化等快速移动到发球线附近，要急停做垫跨步，判断对方回球的线路，然后再向前移动，截击有效落点。

(5) 截击时,除了截击空当位置深区等位置外,也应根据对方回位的速度,截击到对方身后,或放小球。第一截击后,要根据自己截击位置和速度,继续向网前靠近,垫步准备第二次截击或对方的挑高球。

2. 接发积极抢攻战术

接发球积极抢攻战术通常是通过快速多变的回发球手段,以合理的速度、落点与弧线控制回球至对方场区,迫使发球方处于被动或直接得分的策略与手段。该战术一般运用于二发,可以分为下述 4 种情况。

(1) 接一区外角抢攻。

接一区外角较慢的发球时,通过快速抽击对方底线深区空当位置,迫使对方无法回击高质量回球而获取场上主动优势。比如接一区外角发球,直线或斜线抽击对方底线两角深球,如图 5-14 所示。

(2) 接一区内角抢攻。

接一区内角较慢的发球时,通过快速抽击对方底线深区空当位置,迫使对方无法回击高质量回球而获取场上主动优势。比如接二区内角发球,直线或斜线抽击对方底线两角深球,如图 5-15 所示。

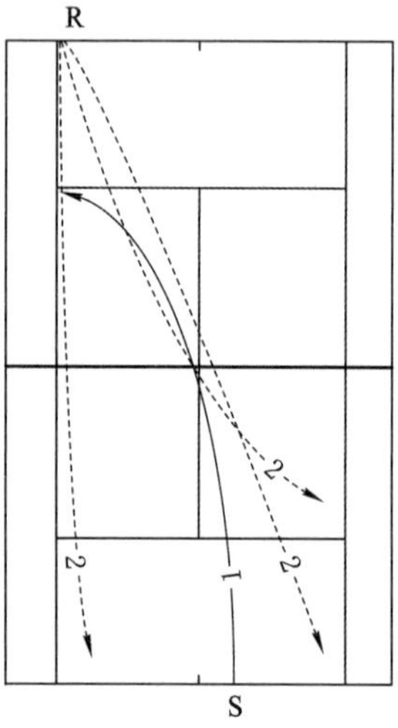


图 5-14　接一区外角抢攻

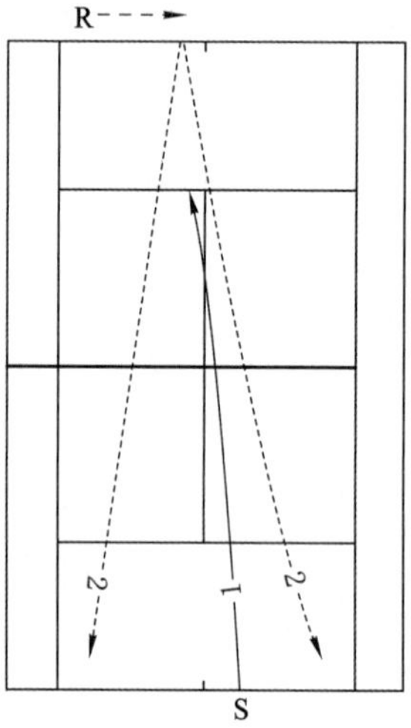


图 5-15　接一区内角抢攻

(3 )接二区外角抢攻。

接二区外角较慢的发球时,通过快速抽击对方底线深区空当位置,迫使对方无法回击高质量回球而获取场上主动优势。比如接二区外角发球,直线或斜线或侧身抽击对方底线两角深球,如图 5-16 所示。

(4) 接二区内角抢攻。

接二区内角较慢的发球时,通过快速抽击对方底线深区空当位置,迫使对方无法回击高质量回球,而获取场上主动优势。比如接二区内角发球,直线或斜线抽击对方底线两角深球,如图 5-17 所示。

接发抢攻战术注意事项:

(1) 接发球抢攻战术要集中注意力正确判断对方发球的落点、旋转及速度。对于发球

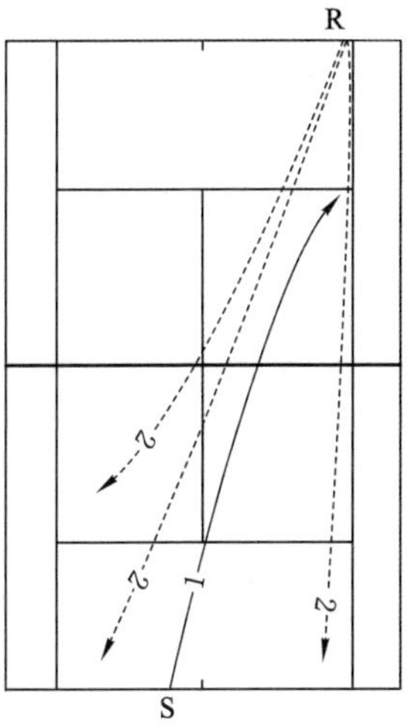


图 5-16 接二区外角抢攻

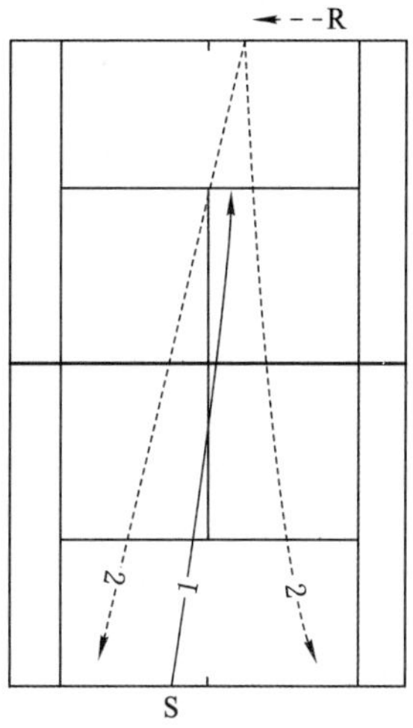


图 5-17 接二区内角抢攻

速较快时，引拍幅度要小，注意重心的前移，依靠重心前移及来球力量，回击斜线深球为主。

(2) 若对方发球上网战术，需要接发球以回小斜线、回接旋转球至对方脚下球为主，迫使对方无法高质量截击，再快速直、斜线破网，或挑高球。

(3) 对于侧重旋转与落点的二发，引拍幅度稍大，接发高成功率基础上，以回击对方底线深球与空档，具有强烈旋转与速度，辅以放小球。

(三) 底线战术

底线战术主要是底线相持过程中为赢取得分或比赛优势所采取的策略与手段。通常情况下，在底线相持过程中，通过保持击球的深度和速度，主动改变相持过程中击球的节奏快慢、弧线高低、旋转变化、线路变化等手段，迫使对方失去场上优势位置或失误。底线战术可以细分为底线进攻型战术、底线防守反击型战术。

1. 底线进攻型战术

底线进攻型战术是指利用正反手抽击球的速度、旋转、线路及落点的主动变化，攻击对方底线弱势一侧，迫使对方失去场上位置或失误的策略与手段，包括底线相持主动变线、底线侧身攻战术以及底线快节奏战术等。

(1) 底线相持主动变线。

底线相持主动变线是指在底线回合球的过程中，一方变直线或变斜线，改变线路，迫使对方在跑动中击球，以限制对方高质量回球，以取得比赛胜利的策略或手段。比如，通过底线斜线速度、旋转及落点的配送，造成对方回球线路变浅，快速变直线(见图 5-18)。

(2) 底线侧身攻。

底线侧身攻是指底线回合球的过程中，对方回球落点靠近反手位底线或中场球，以交叉步或连续并步快速移动，用正手击打反手位的球，以取得比赛胜利的策略或手段。比如通过侧身斜线或直线，调动对方，迫使对方回球质量进一步降低，移动到中前场得分(见图 5-19)。

(3) 底线快节奏。

底线快节奏是指底线回合球的过程中，通过积极移动，主动迎击球的上升期，迫使对方准备时间变短，以较快的底线节奏变化和准确的落点控制，迫使对方无法高质量回球，以取

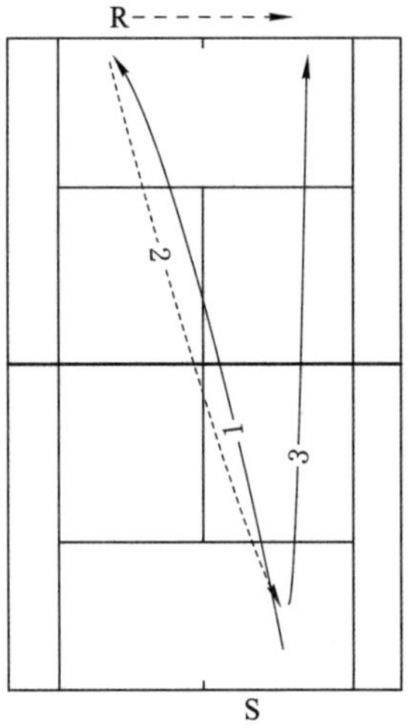


图 5-18　底线相持主动变线

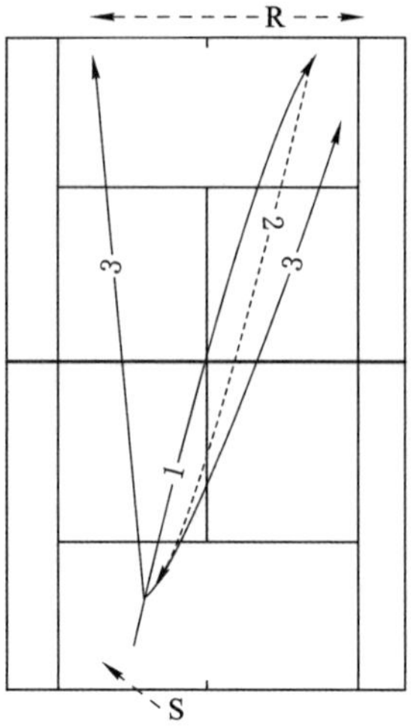


图 5-19　底线侧身攻

得比赛胜利的策略或手段。

底线进攻型战术应用注意事项：

(1) 底线进攻型战术要保证回合球的质量，即球的速度、旋转、弧线及落点控制，落点的深度、线路控制要合理。

(2) 压制对方弱手一侧，通常是反手位，通过不同深度和弧线的控制，迫使其反手位回击球出现浅球，再侧身正手攻击另外一侧。

(3) 通过强有力正手回球，连续压制对方一点，迫使对方回击球质量降低，再快速变线，迫使对方在跑动中回球质量不高或失误。

(4) 正手侧身攻时，要敢于快节奏压制反手同一位置，或不停旋转变化，迫使对方回球质量下降，利用侧身攻击其弱侧。

2. 底线防守反击型战术

底线防守反击战术是指球员通过底线球的旋转、落点、弧线及速度控制，充分发挥判断准、反应快、步法快、体力好、击球准的特点调动对方，以达到在防守中寻找机会进行反击取胜的策略或手段。比如，在对方运用发球上网进攻时，接发球可采用迎上借力击球，把球通过一定的弧线和落点控制到对方脚下或两边小角，然后进行第二拍的反击破网；在对方进行底线快节奏战术时，可采用底线止反手上旋球的弧线控制把球回击到对方底线两边大角度深处，让对方无法加快节奏，或以一定深度的切削球改变对方击球节奏，不给对方进攻得分机会，然后再伺机进行反击；除此，较为明显与突出的底线防守反击型战术是在对方运用随球上网进攻战术时，应提高底线穿越球第一拍的成功率和突击性以及破网的质量，以寻找第二拍破网反击的机会，或者小斜线穿越，其次，也可以通过挑高球越过对方头顶回击球到对方底线，对方失误，同时消耗对方体能。

(1) 底线穿越球。

底线穿越球是指对方通过底线快速球大角度压制移动到网前，利用对方站位未稳，或站位瑕疵，选择合适的路线回球，形成底线穿越得分的手段(见图 5-20)。

(2) 底线挑高球。

底线挑高球是对方通过底线快速球大角度压制移动到网前，利用对方站位未稳，或站位瑕疵，选择合适的路线回球，进行挑高球至对方后场，形成对方被动局面或直接得分(见图5-21)。

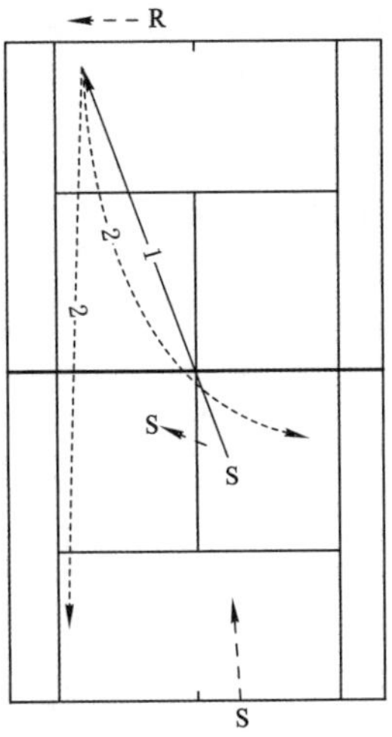


图 5-20　底线穿越球

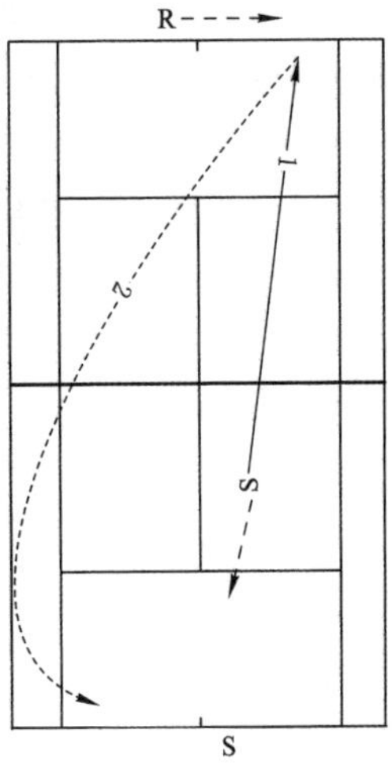


图 5-21　底线挑高球

底线防守反击战术注意事项：

(1) 坚持回球至底线深区。通过一定高度的上旋弧线及身体重心的击球前送，使回击球落点在底线附近，加大对方快节奏回球的距离，防止对方上网，同时使自己每一次击球的准备时间更为充分。

(2) 要有落点的变换。通过落点的前后或左右变换调动对手，不让对方有规律地移动。

(3) 耐性等待机会。如果对方也是底线打法的选手，通过不同旋转、落点及弧线的高低控制，耐心地等待防反时机，或迫使对方失误。

(四) 中场战术

中场战术是指通过底线回合球的旋转、落点、弧线及速度控制，使对方回球落点在中场位置，然后球员通过合理的步法快速移动到中场，采取不同技法配合不同旋转落点，进一步攻击对方弱点或空档以获取比赛胜利或优势的策略或手段。中场区域在发球线附近，从底线移动至中场，回球角度增加，步法合理与身体平衡控制是确保稳定回击的关键。中场回球虽然角度大，但距离短，要通过旋转与落点来控制回球的深度。中场抽球、随球上网以及放小球等击球动作要保持一致及动作的隐蔽性，迫使对手无法预先做出判断。中场击球时，击球点高于网口应选择略带上旋的平击回球及落点控制，以寻求制胜分，并进一步来到网前，准备截击与对方的挑高球；当击球点低于网口，应击出更多上旋球或切削球、放小球等回击适当位置并上网拦截。中场击球战术可以细分为正手直、斜线上网战术，反手直、斜线上网战术，反手切削直、斜线上网，中场正、反手放小球上网战术。

(1) 正手直、斜线上网。

正手直、斜线上网是指通过一定的旋转与落点控制正手抽击直、斜线，并进一步来到网前准备截击以获取得分的手段。比如，在中场正手位抽击直线随上(见图 5-22)。

(2) 反手直、斜线上网。

反手直、斜线上网是指通过一定的旋转与落点控制,反手抽击直、斜线,并进一步来到网前准备截击以获取得分的手段。比如,在中场反手位抽击斜线随上(见图 5-23)。

(3) 反手切削直、斜线上网。

反手切削直、斜线上网是指通过一定的旋转与落点控制,反手切斜直、斜线,并进一步来到网前准备截击以获取得分的手段。比如,在中场反手切削直线随上(见图 5-23)。

(4) 中场正、反手放小球上网。

中场正、反手放小球上网是指通过一定的旋转与落点控制网前放小球,并进一步来到网前准备截击以获取得分的手段。比如,在反手位直线放小球随上(见图 5-24)。

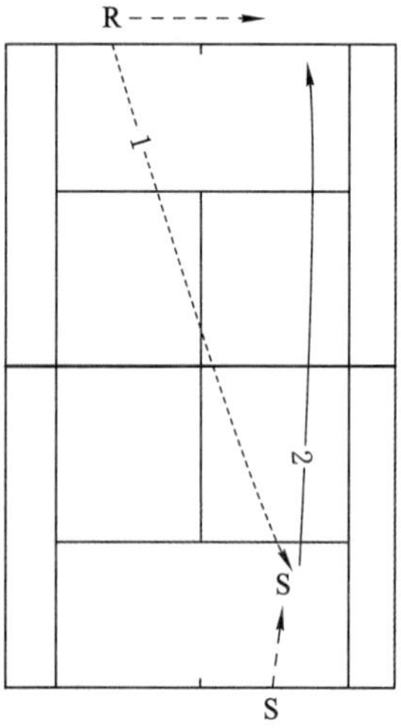


图 5-22　正手直、斜线上网

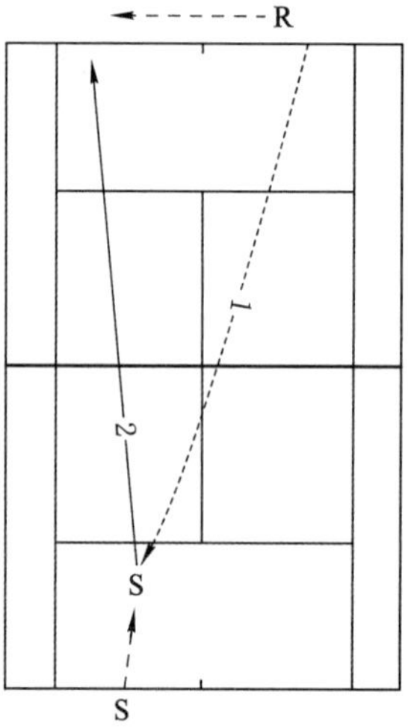


图 5-23　反手直、斜线上网

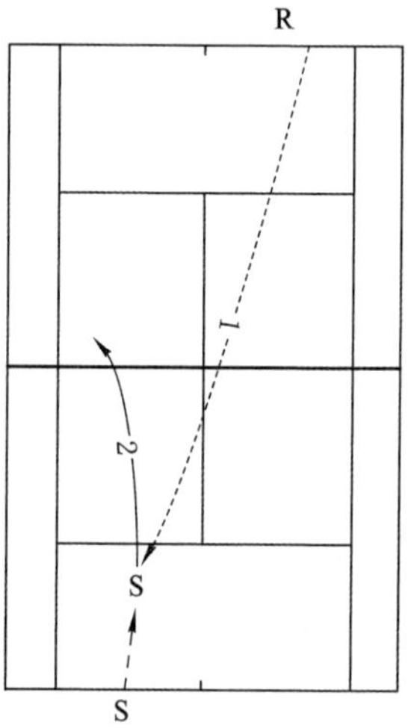


图 5-24　中场正、反手放小球上网

中场战术注意事项:

(1) 中场战术的线路组织关键是前一回合球或前几个回合球的效果积累,迫使对方回球质量降低。所以,回击高质量底线球是中场战术的基础。

(2) 从底线移动到中场,移动步法要合理,心态要保持平稳,谨慎处理中场球,看到机会,要通过中场球落点、旋转、速度的控制,为进一步争取网前优势奠定基础。

(3) 在中场球处理后,快速向前移动,保持身体平衡与心态的基础上,还要落位合理,人随球动。一般而言,是站在对方回击两边最大角度的平分线上,和接发球的道理相似。当然也要结合对方破网能力的强弱,相应地封住某一条线路,比如对方中场正手斜线球。如图 5-25所示,正手斜线回合球,由底线移动到中场回击直线,然后快速移动到网前位置。

(4) 中场随球上网要以击打对方弱势一侧结合空当位置进行回球。

(五) 网前战术

网前战术是指通过速度、旋转、落点的底线回合球压迫,迫使对方回球质量降低,快速移动到网前,通过网前截击不同落点位置,获取比赛胜利的得分策略与手段。显然,网前战术的运用需要通过发球、底线战术及中场战术的结合运用为球员上网创造时机,在中前场区域使用截击球、高压球及放小球技术完成得分。网前战术的制定和运用主要由移动速度、击球时机和落点线路配速等要素构成。由于中前场区域距离对方球员较近,因此击球主要以快

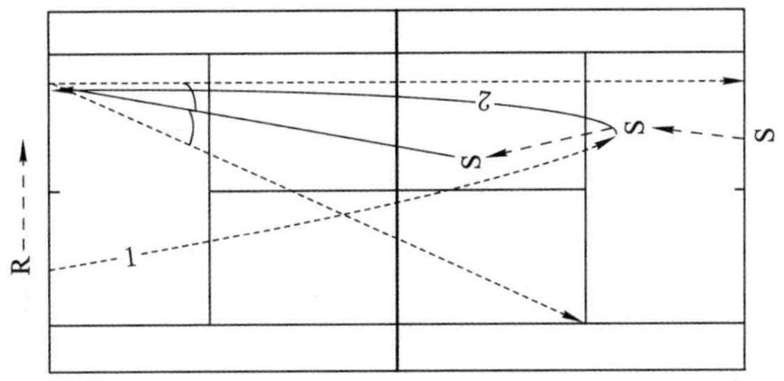


图 5-25　中场战术

速截击球为主，在对方底线击球后迅速移动并使用截击技术完成得分，同时根据不同情况配以高压球及放小球技术。网前战术是一种极具攻击性又极具挑战性的技术打法。

1. 网前截击底线深区

网前截击底线深区是指通过底线回合球的限制，迫使对方回球质量降低，通过积极移动，随球来到网前进行截击底线深区，迫使对方失误而获得比赛胜利的得分手段，如图 5-26 所示。

2. 网前放小球

网前截击放小球是指通过底线回合球变化迫使对方回球质量降低，积极移动随球来到网前进行截击放网前小球，使对方无法回击或失误而获得比赛胜利的得分手段，如图 5-27 所示。

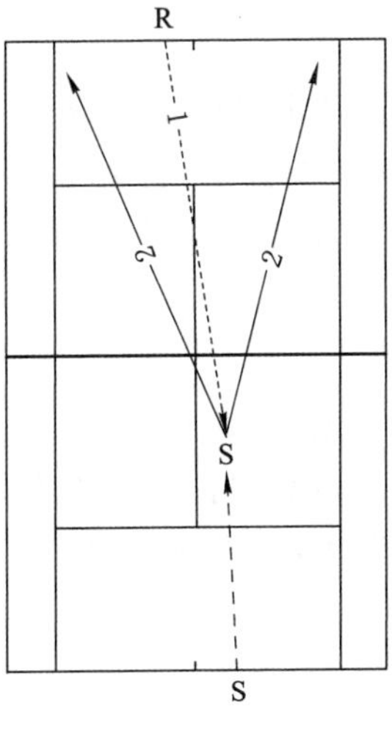


图 5-26　网前截击底线深区

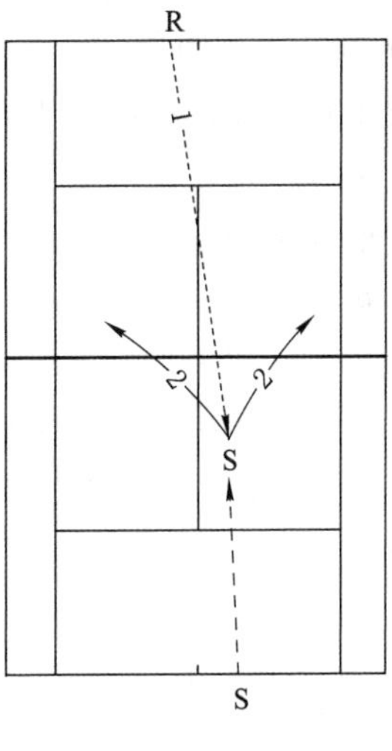


图 5-27　网前放小球

3. 网前高压

网前高压球是指通过发球及速度快、力量大的底线击球战术，迫使对手无法及时移动到位，球员快速移动到网前截击球至底线深区，对方使用挑高球进行防守，球员在网前或中前场使用高压球技术完成得分。根据球飞行路线及高度，挑高球主要分为较深的挑高球与较浅的挑高球，球员应对不同深度的挑高球在准确判断的基础上快速移动到位，使用高压球技术击向对手弱侧或空当位置从而完成得分（见图 5-28）。

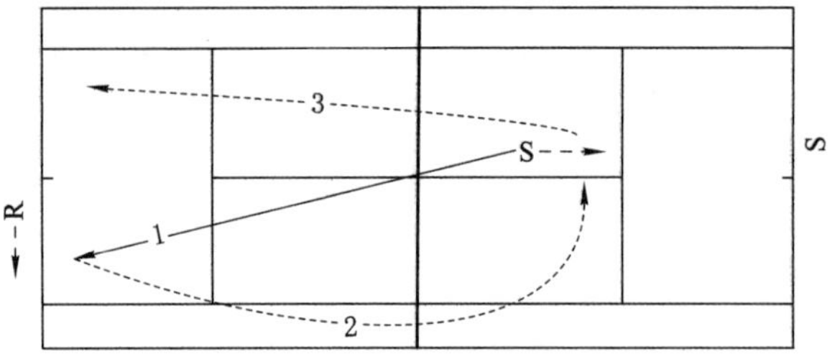


图 5-28　网前高压球

网前战术注意事项：

（1）网前战术时机把握。网前战术通常需要以其他战术为基础，通过底线稳定性或一定攻击性的击球，迫使对方回球质量下降，此时快速移到中前场，进一步通过速度快、落点好的截击奠定优势或得分。

（2）网前截击控制。网前截击应以落点和角度为主，其次是速度。

（3）高压球控制。网前截击后的高压球首先以落点控制为主，其次是速度结合空档。

## 二、单打战术的应用

在某种单打战术运用之前，都需要通过不断的训练，促进对战术的深刻认知，提升实战中合理运用战术的能力。因此，发球战术、接发球战术、底线战术、中场战术及网前战术这 5 种不同的战术策略是平时练习中需要不断提高的核心能力。

### （一）发球战术应用

发球技术在网球比赛中的重要性不言而喻。发球是完全由自己掌控击球节奏，较少受对手影响的击球技术。比赛的每一分首先由发球开始。发球是技术，更是战术，因为有着落点、旋转、速度的多种配合与变化，同时更是一种心理考验。由此可见，发球技术在网球运动中有着重要的地位。

1. 一发的发球战术

（1）在全身协调发力的基础上进行大力发球，尽可能地发出 ACE 球或直得。

（2）将球发到对方接发球较为弱势的一侧，确保一发的成功率在 70%左右。

（3）通过发球的落点、速度、旋转等变化进行间接进攻，如发球上网、发球后正手侧身攻。

2. 二发的发球战术

（1）二发成功率尽可能做到 100%，将球发至对方弱势一侧或与接发球方预判位置相反一侧。

（2）以落点、旋转与速度的配合与变化发出具有稳定且有一定进攻性的二发。

（3）谨防自己的薄弱环节，重视二发后的防守。

3. 发球练习目标与重点

（1）掌握侧旋、上旋、侧上旋的发球技术，了解不同旋转球的特性，充分利用不同旋转与落点的变化打乱对手击球节奏，从而达到制约对手的目的。

（2）掌握内角、外角、中路的发球落点技术，使对手难以判断来球的方向与落点变化。

(3) 以一定的角度和深度落点,加大对手回发球进攻的难度。

(4) 注重提高一发、二发的成功率。成功率是发球技战术的基本要求,提高一发与二发的成功率在某种意义上说就是提升“作战”能力及比赛自信心。

(5) 掌握发球上网战术。突袭性的发球上网,具有使对手措手不及的战术作用。

(6) 精准快速发球。精准快速发球是不可多得的、不受对方控制的压倒性进攻手段,可发球直接得分,摧毁对手的信心。

(二) 接发球战术运用

当处于接发球状态时,一定要充分做好从被动局面开始这一分比赛的准备。重炮发球、诡异的旋转发球、大角度发球及其他发球战术都能起到压制与调动对方的作用,所以,从理论上说,接发球一方是处于被动的态势下,要知晓通过防守反击的技战术化解不利局面。

1. 接一发战术

(1) 集中注意力观察对手的技术动作及技术细节处理,洞察对方的发球意图,调整接发站位,缩短接发球引拍,以顶、推、挡等形式把对方一发回到有效深区。

(2) 如果发球方上网,回球至对方脚下是良策。

(3) 利用弧度、角度与深度变化,将球接至对方较为弱势的一侧,加强接发威胁。

2. 接二发战术

(1) 洞察对方发球意图,伺机抢攻对方二发。主动退后加大引拍幅度或主动迎前、高点击球进攻二发。

(2) 在对方抛球前向反手方向移动,侧身正手进攻,注重接发球的成功率及攻击性。

(3) 通过用封堵来球路线的移动方式进行大角度回发球,以形成制胜分或迫使对方被动。

(4) 在不同比分采用不同接发球战术策略。在大比分领先或落后时,可偶尔接发球上网或接发球放小球的技战术。

3. 接发球练习目标与重点

(1) 掌握迎前抢点接发球技巧。迎前接发球有利于抢高点进攻和封堵来球角度,还能有效缩短对方的防守时间。

(2) 熟练运用切削接发球技术。采用切削接发球可有效缓解对手的大力发球,加大击球点范围,能够一定程度限制对方的快节奏进攻。

(3) 把发球接到深区。当接发球接到对方深区位置时,可有效地缓解对手发球后的连续攻击态势。

(4) 掌握侧身抢攻接发球技术。强势的侧身接发球进攻手段可给对方造成一定的心理压力。

(5) 掌握推挡接发球技术。可有效地防御对方的快速发球,缓解被动的接发球态势。

(6) 学会运用接发上网或放小球技术。多种接发战术的混合运用能够打破对方的发球战术。

(三) 底线战术应用

比赛过程中,球员双方在底线相持过程中为赢取得分或比赛优势,会通过击球深度、速度、旋转及弧线变化,迫使对方失去场上优势位置。

1. 底线相持战术

(1) 击球到球场深区,迫使对方远离场地或舒服区击球。

(2) 以斜线深球为主,迫使对方出现中场球,改变击球线路与旋转,合理回位。

(3) 多使用优势技术回击来球,如正手抽球、正手侧身攻,尽可能减少非受迫性失误。

(4) 尽量利用整个场地全方位调动对方,迫使对方脱离舒服区击球。

2. 底线进攻战术

(1) 根据对方的回位速度快慢,选择性地击打重复落点。

(2) 通过移动迎前击球,加快击球节奏,加大对方的跑动范围,迫使其失误。

(3) 回球连续压制对方弱势一侧,比如压反打正,以打破场上平衡。

(4) 使用放小球技术或切削短球结合挑高球,前后调动对手。

3. 底线防守战术

(1) 被动态势下,以控制球为主,以斜线为主少变线球,尽可能回球至对方底线深区。

(2) 利用高弧度球和切削球滞空时间长的特性,至对方底线深区,争取回防位置。

(3) 洞察对方战术意图,提前移动,封堵来球路线,减少跑动范围。

(4) 不同旋转球配合,主动改变击球节奏,以干扰对方的击球节奏。

(5) 回击中路深球,让对方无法借到击球角度,积极奔跑,为防守反击寻找机会。

(6) 所有的穿越球一般应以低弧线过网急坠为主,且以快速距离短的直线穿越为最佳,斜线穿越球要注意落点浅、角度大,如小斜线穿越球;积极准备第二次穿越。

(7) 穿越应与挑高球为主,挑高球以斜线结合反手身后线路为最佳。

4. 底线战术练习目标与重点

(1) 击球时身体平衡控制。平衡的身体状态是击球稳定的基本保障,缺少身体平衡,就意味着丢失击球的稳定性。

(2) 树立击球底线深区意识。底线回球、底线深区能有效降低对方回球质量。

(3) 上旋球与下旋球的应用意识。不同旋转能有效改变击球节奏,增强击球的控制能力,一定程度上能缓解被动状况。

(4) 正手侧身击球意识。正手击球是大部分球员的优势技术,通过积极移动正手侧身攻以获得场上优势。

(5) 掌握发力击球与抢点击球技术。通过积极移动,迎击球的上升期击球,能够有效借助来球速度,提升击球攻击性。

(6) 精练直线与斜线穿越技术。斜线与直线是两条穿越网前选手的必经路线,提升二次穿越能力。

(7) 精练得分技术和战术。根据自己的技术掌握与身体能力,明确战术重点,提升战术运用能力与战术成功率,提升信心。

(四) 中场战术应用

中场战术应用是在发球线附近,从底线移动到中场,回球角度增加,但回球线路变短,步法合理与身体平衡控制是确保稳定回击的关键,需要通过旋转、落点、弧线及速度控制,进一步攻击对方以获取比赛胜利或优势。

(1) 向对手弱势一侧击球并随球上网。

(2) 利用半场截击或凌空击球加快进攻节奏。

（3）使用优势技术攻击对方后随球上网。

（4）选择直线随球上网为主，根据对方破网能力封堵网前位置。

（5）慎用放小球与拦网放小球，一般仅限于对方站位靠后或在出其不意的情况下使用。

中场战术练习目标与重点：

（1）合理运用随球上网战术，注意封堵网前的站位位置。

（2）精练高弧度深区球、强烈上旋球、急速下旋击球，攻击对手弱势一侧，伺机上网。

（3）通过抢点击球，随球上网。

（4）掌握不同节奏的随球上网能力。扰乱对方击球节奏，迫使对方回球质量下降，突袭上网得分。

（五）网前战术应用

网前战术的运用需要通过发球、底线战术及中场战术的结合运用为上网创造时机，在中前场区域使用截击球、高压球及放小球技术完成得分。网前战术是一种极具攻击性与挑战性的技术打法，要在网前获得优势，除了有上网击球时的保障，网前的发挥才是得分的关键所在。

（1）通常选择截击直线球为主结合斜线球与空档落点。

（2）以截击至对方底线深区为主，以速度结合落点为主。

（3）集中注意力洞察对方破网路线，警惕对方挑高球。

（4）在网前二次截击时，移动路线要以斜前方移动，封堵直线兼顾斜线。

网前战术练习目标与重点：

（1）掌握截击与底线回合的能力。截击前底线击球的速度、角度与落点选择是网前战术运用的基础。

（2）熟练高压技术。掌握良好的高压技术可使网前技术信心倍增，并给对手带来强烈的压迫感。

（3）培养迎前紧逼的截击意识。

（4）注重中场球质量。中场球的质量是截击效果的关键。

（5）培养中场球上网的意识。中场球后随球上网应考虑移动路线与封网位置，减少对方破网概率。

（6）掌握截击斜线球与截击直线球的时机。截击斜线是制胜分的选择，截直线是抑制对手穿越球的选择。

## 第三节　网球双打战术

双打是两对球员之间进行比赛，是团队作战。与单打相比，双打场地范围更大，趣味性更高，运动强度相对较小，更讲究配合，双打搭档之间的能力平衡与优势互补是成功的关键。

### 一、双打战术特点

（一）密切协作，优势互补

双打是技术特长与风格不尽相同的两人协同作战。双打球员应相互信任，配合默契，相互鼓励与谅解，在思想上与行动上协调一致，克服困难，才能增强比赛斗志，战胜对手。

（二）技术细腻，战术变化丰富

高水平双打比赛几乎是发球—接发球、截击—破网、挑高球—高压球的比赛，凌空击球的次数明显增加，并伴随出现较多高难技术，如接发球破网、接发球挑高球、反弹球、截击挑高球及放小球等，这都是双打战术的需要。双打球员在技术上必须互相了解，取长补短，应多为同伴创造机会。

（三）网前制胜得分多

在双打比赛中，网前争夺是焦点，更多得分在网前。在目前的双打比赛中，只有极少数球员是依靠在底线击球得分，大部分的双打比赛得分都是通过网前运动员的抢网而获得。因此，能否控制网前是双打比赛成败的关键。

（四）发球局获胜概率高

由于双打比赛的发球局有同伴抢占网前的进攻位置，再加上发球员的有力发球进攻，使得发球方获胜的概率明显增多。比赛中一旦丢失发球局，则很难挽回该盘比赛的劣势。在势均力敌的较量中，抢七时的发球分也不可轻易丢失，否则很难挽回败局。

## 二、双打比赛基本阵型

双打比赛讲究球员之间的配合，运动员可以根据本方的优势与劣势在发球局和接发球局采用适合自己的阵型。球员应该根据比赛的情况，进行快速合理移动与准确判断，选择最有利的阵型与战术。

（一）基本阵型

1. 雁式阵型

雁式阵型是发球方前后分区站位的阵型，是比赛中最常用的阵型。发球员根据战术需要可站在靠近中点标志或双打边线之间任何位置发球，但多数运动员采用靠近单打边线内侧的位置发球。发球员同伴通常站在本方另一半场发球线和球网之间的位置。雁式阵型球员一前一后站位，也被称为前后阵型，如图 5-29 所示。

2. 双底线阵型

双底线阵型是发球员及其同伴都站在底线附近的阵型，两人分别在各自半场进行击球。如果两人实力不均，能力强的球员可以多分担一些击球区域。通常采取这种站位的队员，网前截击和高压技术不够成熟，为避免失误过多，而选择在双底线阵型，如图 5-30 所示。

3. 澳式阵型

澳式阵型是运动员发球时，其同伴在网前拦截，并在同一半场内的阵型。这一阵型通常是接发球员的正手斜线球进攻能力很强时，发球员采用左区发球到接发球员的反手，迫使其回击直线球，而自己移动到右区用正手进攻，如图 5-31 所示。

4. “I”字阵型

“I”字阵型是运动员发球时站位靠近中点标志，而同伴跪在网前中线上，二人成一直线的发球阵型。运动员发球后，同伴根据事先约定的方向迅速向左或右移动，在网前拦截，如图 5-32所示。

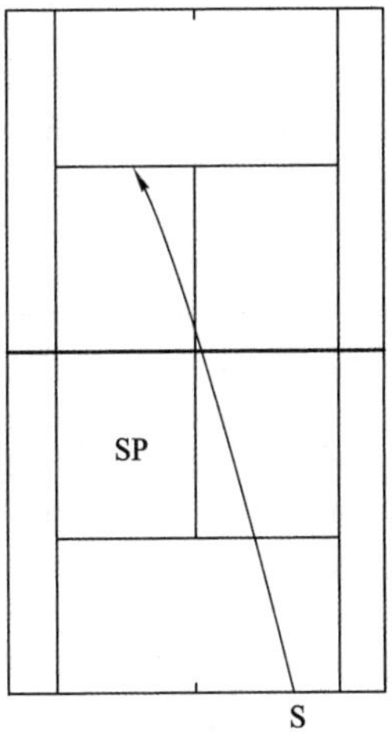


图 5-29　雁式阵型

（S 为发球球员，SP 为发球球员同伴，下同）

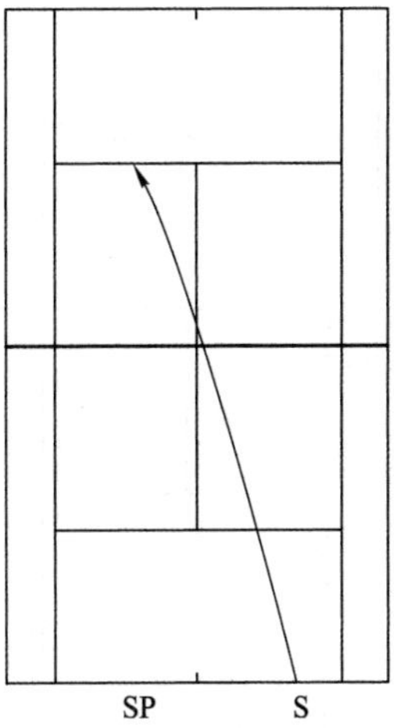


图 5-30　双底线阵型

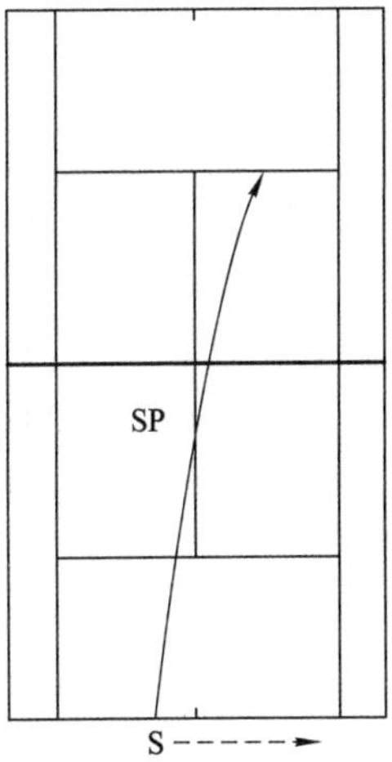


图 5-31　澳式阵型

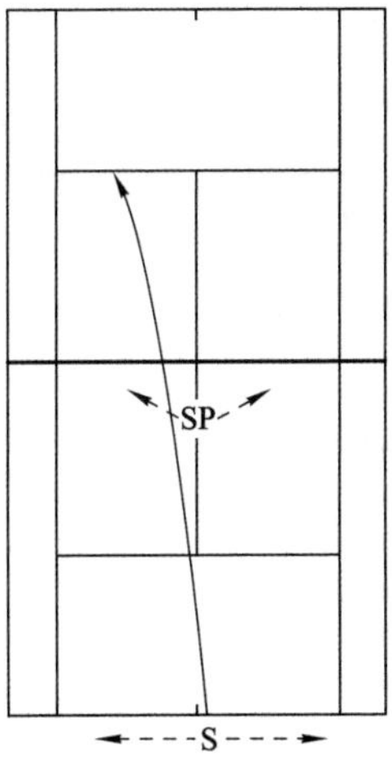


图 5-32　"I"字阵型

（二）接发球方阵型

1．雁式阵型

接发球雁式阵型与发球方的基本相同，接发球员在接第一发球时，其同伴站在发球线上或稍靠前些；在接球员接第二发球时，同伴通常要前移准备抢网，如图 5-33 所示。

2．双底线阵型

双底线阵型是接发球员与同伴都站在底线附近的接发球站位，两人分别在各自半区进行击球，能力强的球员可以多分担些击球区域，如图 5-34 所示。

（三）发球方与接发球方对阵阵型

发球方在发球时可以采用 4 种阵型，接发球方在接发球时可以采用 2 种阵型，双方可能

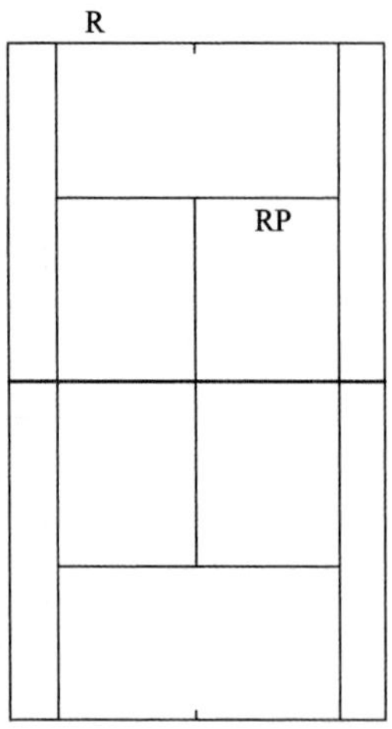


图 5-33　接发球方雁式阵型

（R 为接发球员，RP 为接发球员同伴，下同）

图 5-34　接发球方双底线阵型

采用的对阵形式如表 5-1 所列，共 8 种。运动员在比赛中根据攻防转化与实际需要，随时可能变化阵型，这些阵型的变化从比赛的开始阶段就确定了双打战术的多样性。

**表 5-1　发球与接发球对阵形式**

| 发球方阵型 | 接发球方阵型 | 可能的对阵形式 |
|---|---|---|
| 雁式阵型 | 雁式阵型 | 雁式阵型 VS 雁式阵型 |
| | | 雁式阵型 VS 双底线阵型 |
| 双底线阵型 | | 双底线阵型 VS 雁式阵型 |
| | | 双底线阵型 VS 双底线阵型 |
| 澳式阵型 | 双底线阵型 | 澳式阵型 VS 雁式阵型 |
| | | 澳式阵型 VS 双底线阵型 |
| "I"字阵型 | | "I"字阵型 VS 雁式阵型 |
| | | "I"字阵型 VS 双底线阵型 |

## 三、双打比赛战术分类

双打比赛要求同伴密切配合，同伴间严密的防守、有效的进攻、准确的落点控制、合理的战术布置是最终取得优势及获取胜利的关键。好的配合不仅要求同伴之间互相了解，而且还要了解同伴之间如何进行战术配合。双打战术一般可分为发球局战术与接发球局战术。

### （一）发球局战术

双打发球局战术是指通过发球落点、旋转、速度变化，配合球员之间的站位形成场上优势而获取胜利的策略。通常发球技术较好的球员作为首发球员。高质量一发，能有效打乱对方接发球战术，还可直接给同伴网前创造更多得分机会。发球局战术一般可分为：发球上网战术、发球抢网战术、"I"字型站位战术和澳式站位战术。

1. 发球上网战术

一般而言，双打发球应确保高一发命中率，以避免二发被大力攻击，通常是以多变的落点、旋转结合平击，然后快速移向网前；二发时，以旋转与落点的结合变化为主，创造上网条件。上网后的中场第一次截击球要保持低弧线、深落点或大角度，以避免对方网前同伴突击抢网。

（1）双打一区发外角双上网。

一区一发侧旋或带有侧旋的平击球至对方发球区外角，快速移动上网，一般情况下移动位置是发球中线偏右处，主要封住对方正手中线的穿越球，截击至接发球员反手区，然后继续上网迎前，拦截对方的穿越球或挑高球（图 5-35）。

（2）双打一区发内角双上网。

一区一发平击或侧上旋球至对方发球区内角，快速移动上网，一般情况下移动位置是发球中线偏右处，主要封住对方正手中线的穿越球，截击至接发球员正、反手空档区域，然后继续上网迎前，拦截对方的穿越球或挑高球（图 5-36）。

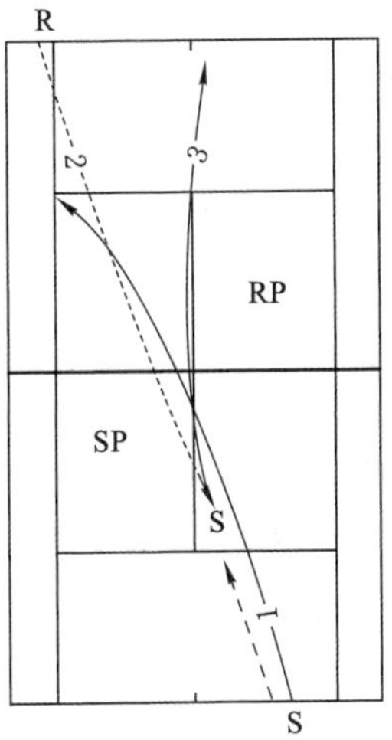


图 5-35　双打一区发外角双上网

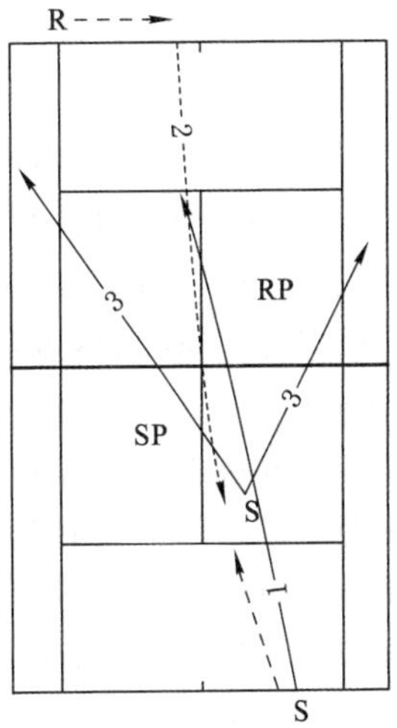


图 5-36　双打一区发内角双上网

（3）双打二区发外角双上网。

二区一发略带上旋的平击球或上旋球至对方发球区外角，快速移动上网，一般情况下移动位置是发球中线偏左处，主要封住对方中线的穿越球，截球至对方反手区，然后继续上网迎前，拦截对方的穿越球或挑高球（图 5-37）。

（4）双打二区发内角双上网。

二区一发平击或侧旋球至对方发球区内角，快速移动上网，一般情况下移动位置是发球中线偏左处，主要封住对方正手中线的穿越球，截击至接发球员正、反手空档区域，然后继续上网迎前，拦截对方的穿越球或挑高球（图 5-38）。

2. 发球抢网战术

发球抢网战术是指网前球员利用同伴的落点、旋转、速度变化，在网前抢截对方接发球的战术。由于网前球员距网近，有利于抢截对方接发质量不高的接发球，得分率高，威胁大，使接发球方不仅要对付发球的攻击，还要承受抢网的巨大压力。发球员利用变化多端的发球与网前抢截配合，破坏接发球的节奏和习惯，使接发球的质量下降以致失误。抢网战术的

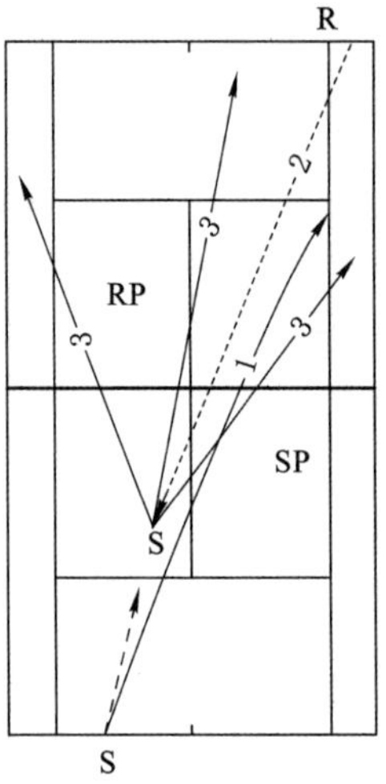


图 5-37　双打二区发外角双上网

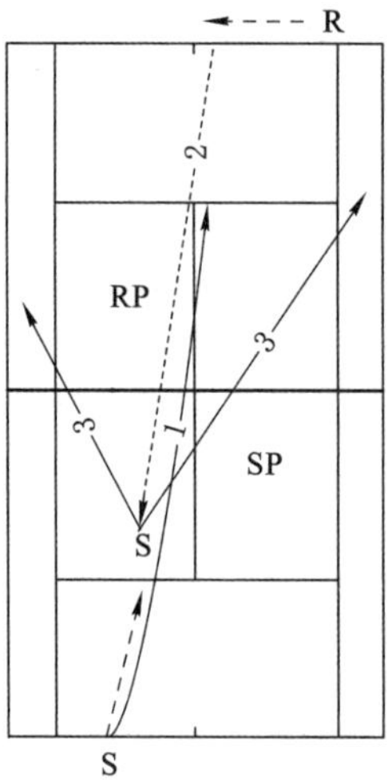


图 5-38　双打二区发内角双上网

使用率和效果与双打发球局战术有着紧密的关系。发球员同伴网前控制能力越强，接发球员受到的压力就越大。发球员同伴应扩大网前控制范围，强化抢网意识，掌握移动技巧。

发球抢网战术要求发球方队员思维敏捷，步法快速，要与同伴约好抢网暗号。网前同伴准备抢网时，根据发球路线、落点及接发球员的击球线路做相应的移动，进行拦截。抢网时启动时机要恰到好处，一般在对方接发球员触球瞬间启动，过晚则来不及抢网，过早则会暴露抢网意图，使对方打直线球穿越。抢网的击球目标一般是对方场区中间或者网前队员的脚下，使对方回击过来的球有利于自己再次截击。一般情况下，对大力斜线球与小斜线球不抢，对弧线较高的斜线球可进行抢网。同时，在双打比赛中，抢网要与同伴进行良好的交流，具有逼真的假动作以及清晰的防守区域概念。

（1）双打发外角抢网。

发外角球时，发球员同伴 SP 移动到 $W_1$ 位置，防守接发球员的直线击球，同时对靠近线路 1 的球实施拦截，主要截击回至对方场区网前人脚下及其他空当位置，如图 5-39、图 5-40 所示。

（2）双打发内角抢网。

发内角球时，发球员同伴 SP 移动到 $W_2$ 位置，防守接发球员的直线击球，同时对靠近线路 2 的球实施拦截，主要截击回对方场区网前人脚下及其他空当位置，如图 5-39、图 5-40 所示。

3. “I”字站位战术

“I”字站位战术是指发球时，发球方的两名球员基本站在一条直线上，根据事先约定的方向进行移动争取得分的策略。为了避免发球时击中同伴，掩饰战术意图，同伴通常是跪或分腿俯身在中线上。对方接发球球员虽然知道发球员同伴要移动，但却不知道移动方向，从而给对方接发球造成疑惑与压力，从而降低回发球质量，扰乱接发球员同伴的战术布置，增加其心理压力并造成击球质量下降或失误。

（1）发球方不换边网前战术。

发球员同伴在听到发球声后，根据事先约定，快速回到自己原本防守的一侧，防守自己

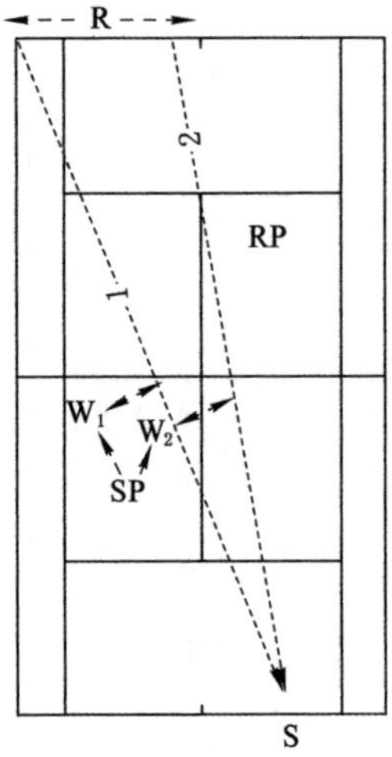


图 5-39　双打发外角、内角抢网(一区发球)

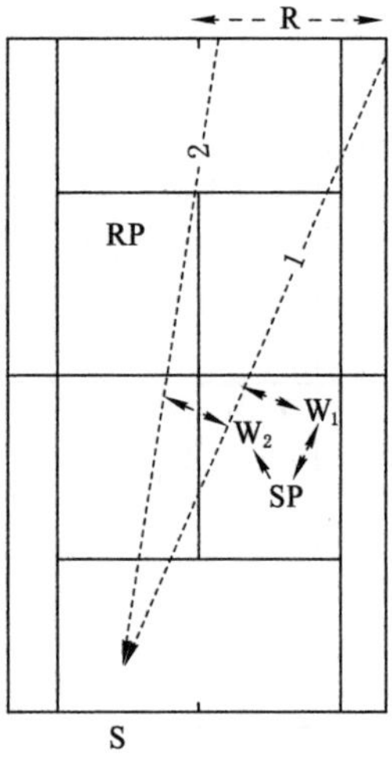


图 5-40　双打发外角、内角抢网(二区发球)

的区域。如果是外角发球则快速移动到 $W_1$，如果是内角发球则移动到 $W_2$，截击对方的接发球至对方场区网前人脚下及其他空当位置，如图 5-41、图 5-42 所示。发球员发球后上网，根据事先的约定向边线外侧移动，准备截击对方的斜线接发球，也可以不上网，在底线附近。

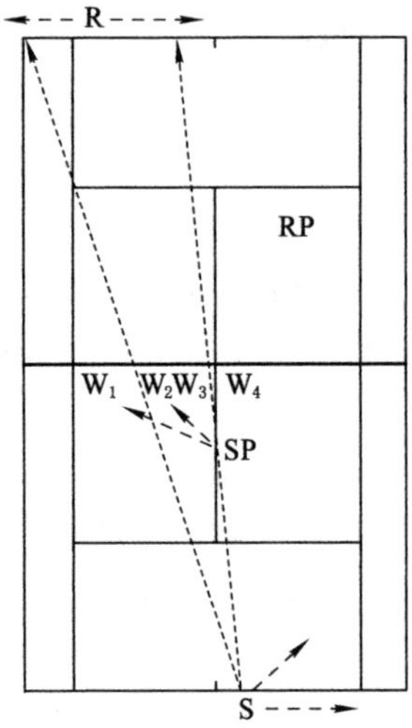


图 5-41　发球方不换边网前战术(一区发球)

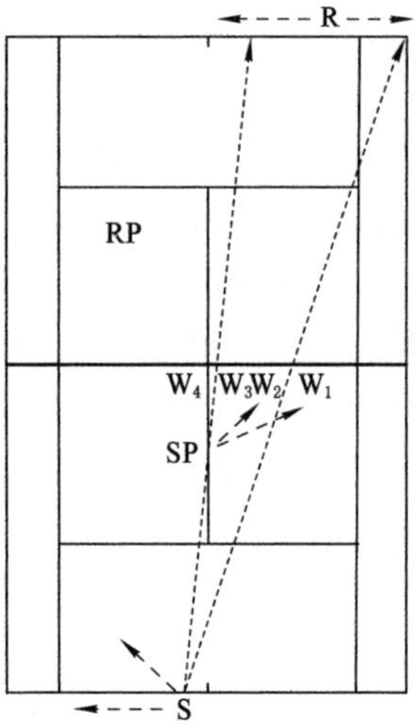


图 5-42　发球方不换边网前战术(二区发球)

(2) 发球方换边网前战术。

发球员同在听到发球声后，根据事先约定，快速换边，实施抢网。如果是内角发球则快速向前移动到 $W_3$，如果是外角发球则移动到 $W_4$，截击回球至对方场区网前人脚下及其他空当位置，如图 5-43 和图 5-44 所示。发球员发球后上网，根据事先的约定换边并向外侧移动，准备拦截对方的直线接发球，也可以不上网，在底线附近。

"I"字站位能够打乱通常的比赛阵型，施加给对方变化的压力，迫使斜线接发进攻能力强的对手回发难度较大的直线球，化解发球员发球上网时接发球员同伴抢网造成的压力。

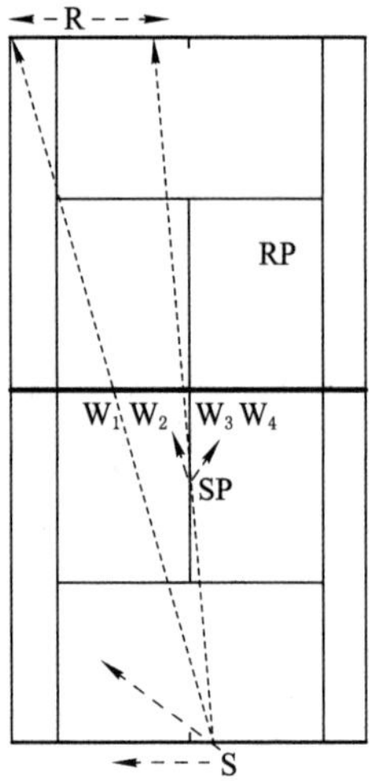


图 5-43　发球方换边网前战术(一区发球)

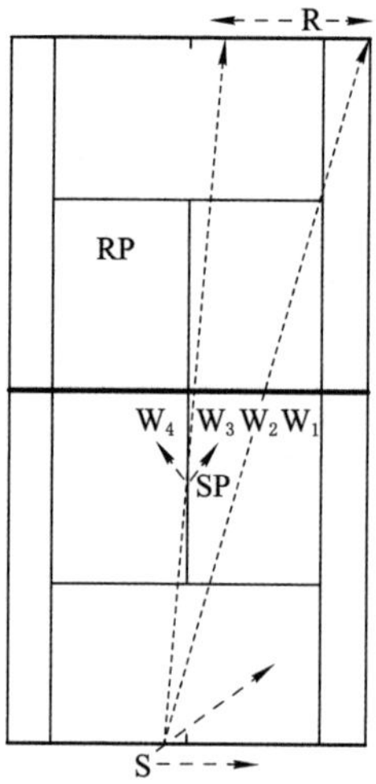


图 5-44　发球方换边网前战术(二区发球)

一般而言,“I”字站位发球员同伴的移动位置是根据发球员发球位置来确定的。无论抢网还是不抢网,相比内角发球,外角发球时发球员同伴从中线移动到 $W_1$ 或 $W_4$ 位置需要的移动距离较长,因此双打时主张发球员更多实施内角发球策略,且 $W_2$、$W_3$ 离中线的距离近,发球员同伴不需要长距离移动,可以更好地掩饰战术意图,实施抢网。

4. 澳式站位战术

澳式阵型是指发球方的两名球员都在同一侧场区的站位形式,通常多在占先区使用,以减小接发球员反手斜线接球的影响,迫使对方反手回发难度更大的直线球而获得优势或得分的策略(见图 5-45 和图 5-46)。采取澳式阵型时,发球员可在边线与中点标志之间发球。为了使战术变化更多,现在的网球职业比赛中,澳式阵型通常演化为“I”字阵型,即发球方的两名运动员站位近乎在一条直线上。

双打发球局战术要求:

(1) 双打一发的成功率与质量至关重要。一般而言,以 80%～90%的力量发出平击、侧旋、上旋球,发球成功率达到 70%以上。二发以旋转、落点控制为主,缩小一发二发之间的速度差距,以凸显发球在双打中的直接进攻优势。

(2) 以不同旋转与落点的变换来控制发球局的主动权,迫使接发球方的进攻节奏。

(3) 根据接发球员的站位及技术特点,与同伴密切协作网前封网位置,变换发球的方式和落点,为同伴的抢网与发球上网截击得分创造有利条件。

(4) 根据对手的不同,发球的旋转与落点的使用也不同。

对方接发球员站位以底线以内接发球上网为主,攻势较强,发球员应以控制落点与旋转为主,一般宜发侧旋球配合发中路平击球,破坏对方接发球抢攻的空间位置,争取发球局的主动。对方接发球员站在端线外接球,高回球成功率,但缺少攻击性,发球员可发侧旋与上旋球把对方控制在场外,争取上网截击与网前同伴抢网截击得分。若对方接发球员正手优于反手,发球员应以发不同的旋转球至对方反手位为主,结合突发正手位,是赢得发球局的重要法宝之一。

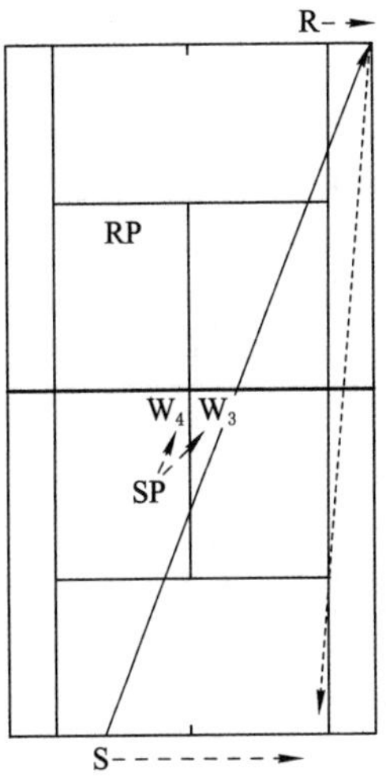


图 5-45　澳式站位战术(一区发球)

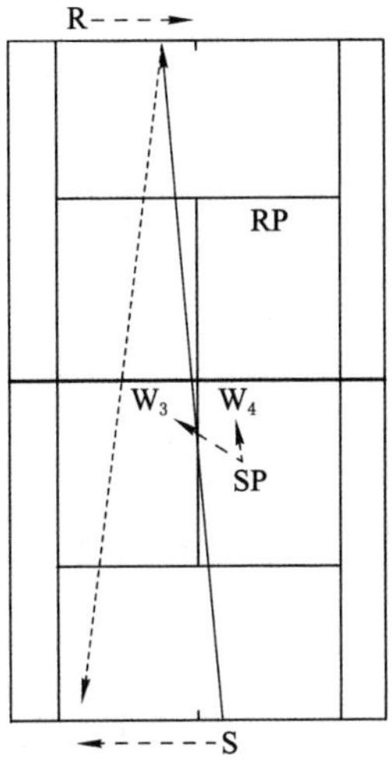


图 5-46　澳式站位战术(二区发球)

（二）接发球局战术

双打比赛中,发球局是处于优势的一方,高水平双打比赛的发球局胜率极高,因此要取得比赛的胜利,必须要在接发球局精心组织技战术。接发球局战术是指接发球员利用接发回球的落点、旋转、路线及速度控制,赢得比赛得分的策略,其运用成功与否,取决于接发球的质量以及接发球后的同伴的配合。接发球局战术安排时,要根据对方发球及网前的攻势,提高接发球的质量,做到灵活机动,防止无战术意识的回击。接发球局战术包括接发球双上网战术、接发球抢网战术和接发球双底线战术。

1. 接发球双上网战术

为了抢占网前有利位置,当对方发球时,接发球员要集中注意力,准确洞察发球落点等信息,迅速到底线或底线以内回击,然后随球上网。由于在底线内向前迎击球,回接球速度较快,能带给对方发球上网截击与抢网造成较大威胁。接发球双上网战术对接发球员的接发球技术要求较高,比如准确的判断,快速地移动,准确的落点控制。一区接发上网战术如图 5-47 所示,二区接发上网战术如图 5-48 所示。

接发球双上网战术要求:

(1) 保持与网的适当位置。一般而言,根据对方球速与上网战术安排,距离球网 3 米左右。进可攻,退可守,既能截击高于球网的强有力的进攻性来球,也能迅速后撤对付发球方的挑高球。

(2) 保持与同伴适当的位置。与同伴距离不宜过大,以避免对方从两者的结合部突破,造成网前的被动或失分。

(3) 保持与同伴的密切配合。当对方回球在两者之间时,正手击球者击球更为有利;来球在两人之间反弹后呈斜线时,由身位在前者迎击为佳。

2. 接发球抢网战术

接发球抢网战术是指在高水平双打比赛中,接发球方同伴默契配合,接发球员通过落点、速度与旋转的变化,接发同伴快速向网前移动,占据有利网前位置,截击对方回球的策略。接发球抢网战术能够使发球上网者增加中场截击球的心理压力,导致回球质量下降或

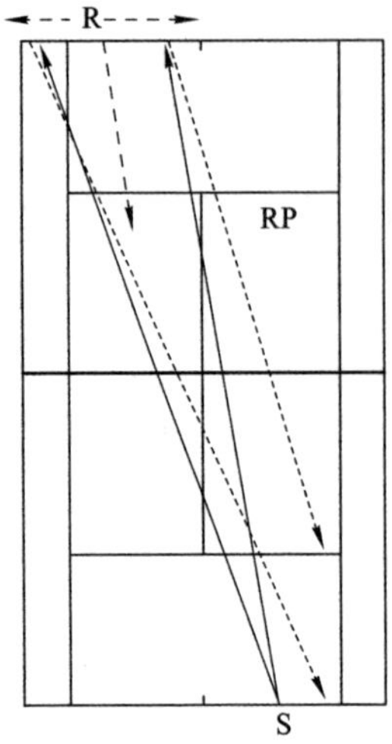


图 5-47　一区接发上网战术

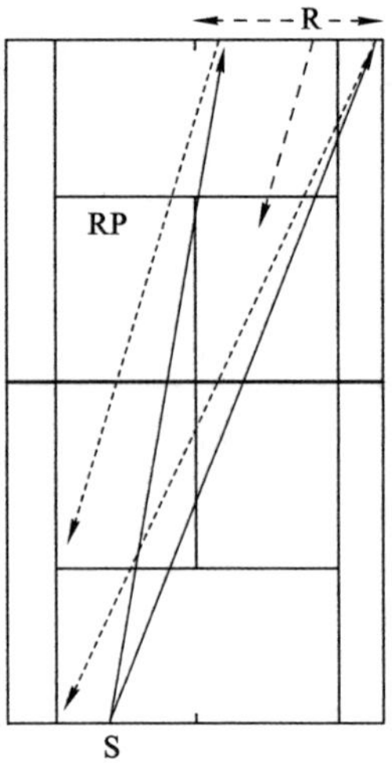


图 5-48　二区接发上网战术

失误。

接发球抢网战术要求：

(1) 接发方同伴之间密切配合，当接发球员通过速度、落点与旋转回击出高质量回发球时，接发球方发上或待在底线球员击出的球质量一般，同伴应快速前移抢网，给对方以致命一击，而接发球员也要随之补位，防止对方击出直线球。一区接发抢网战术同伴之间的配合如图 5-49 所示，二区接发抢网战术同伴之间的配合如图 5-50 所示。

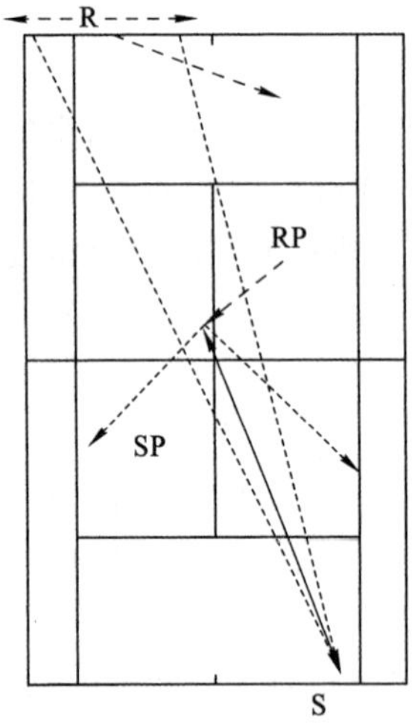


图 5-49　一区接发抢网战术

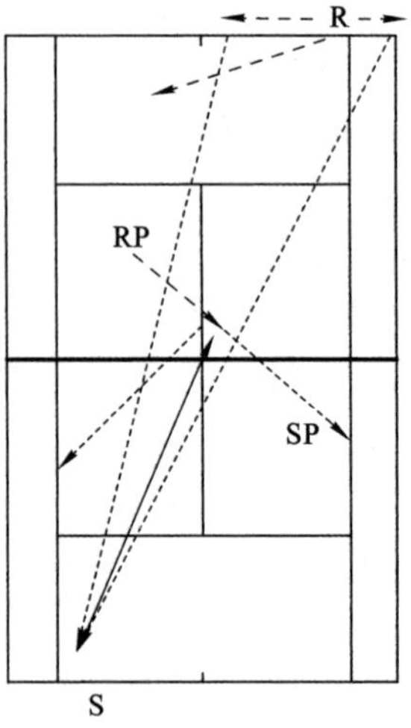


图 5-50　二区接发抢网战术

(2) 接发球方网前球员启动时机要合适，以避免被对方识破，从而变线或抽出小斜线造成被动。

(3) 接发抢网战术，需要通过同伴间的有效沟通，做出抢网的假动作，即在对方击球时会向斜前移动，分散对方的注意力，使其回球失误，为己方创造进攻时机。

3. 接发球双底线战术

接发球双底线战术是指接发球员在接发时均留在底线位置，通过底线回击球的速度、落点、旋转及弧线控制，伺机反攻，或诱使对方失误赢取比赛胜利的策略，如图 5-51 所示。

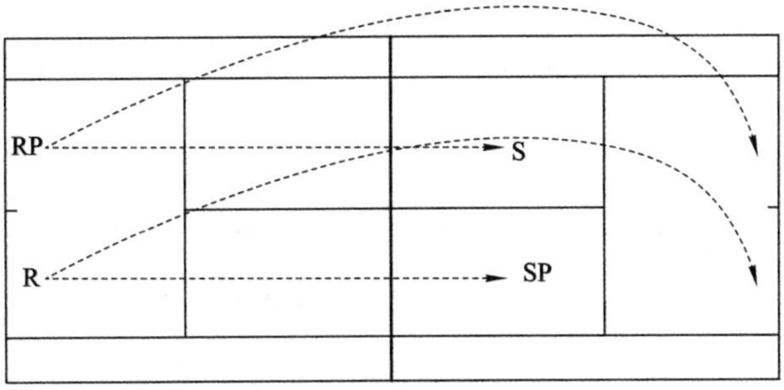


图 5-51　接发球双底线战术

一般而言，在双打比赛中，针对发球威胁大、网前积极的对方球员，为了破坏其快速进攻节奏，可采用接发球双底线战术，即二人都退至底线，使发球方在网前截击产生一定的心理压力，而导致截击效果不好或失误。

要求接发球员首先要有较高的接发成功率，然后再寻找机会进行反击，破网应以速度快、弧线低、线路控制准确地击球至发球方两人之间的位置，结合对方底线对角或两边线位置击球，以及小斜线或挑高球战术。

4. 接发球挑高球战术

在双打比赛中接发挑高球战术是指通过接发挑高破坏对方的进攻节奏与发球上网战术的策略。接发挑高球在高水平比赛中运用得较少，但有时能起到出其不意的效果，往往能变被动为主动。接发挑高球通常是在反手位接发挑高球至对方网前球员身后，迫使发球方发球员大范围移动击球。

如图 5-52 所示战术为一区反手位接发挑高球至对方网前球员身后深区，接发球员迅速来到网前发球线附近准备截击或高压，发球方发球运动员快速移动至同伴身后回击挑高球。

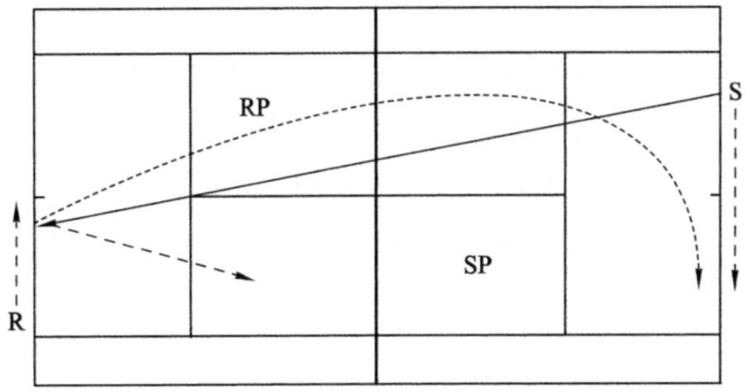


图 5-52　一区反手位接发挑高球战术

图 5-53 所示战术为二区反手位接发挑高球至对方网前球员身后深区，接发球员迅速来到网前发球线附近准备截击或高压，发球方发球运动员快速移动至同伴身后回击挑高球。

双打比赛接发球局中，一般是在发球方使用发球上网战术时，接发球员通过反手上旋或

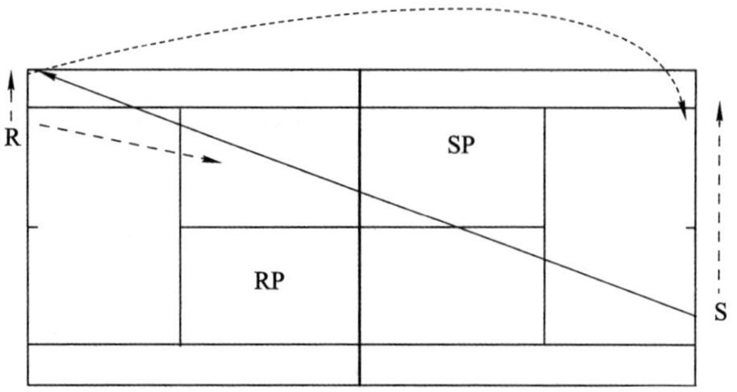


图 5-53　二区反手位接发挑高球战术

下旋挑高球至对方网前球员身后，然后随球至网前准备高压或截击得分；也可以在回合球过程中，对方进攻节奏较快，通过一记挑高球到底线，以减缓对方的击球节奏。

5. 双打比赛接发球战术要求

（1）接发球应早准备，站好位置，判断准确，胆大心细，向前迎击，动作小而快，提高接球的成功率和质量，扭转接发被动态势。

（2）接发球应有计划地向发球方进行回击，不轻易回接给对方网前球员。判断出对方采用发球上网战术后，迅速前迎回击球至对方脚下或小斜线位置，或挑高球至对方网前球员身后深区，调动发球运动员，然后随接发球上网。

（3）抢打直线。针对发球方网前球员积极抢网战术，接发方接发球员要积极迎上击出角度与速度，控制弧度，击出速度，结合偷袭直线，迫使对方网前球员不敢抢网或位置后退。

（4）接发球方同伴应积极沟通，采用迎上击打与上旋挑高等多变的接发球方式至对方发球上网球员的脚下或身后底线深区位置，为同伴抢网进攻创造条件。

（三）双打比赛战术运用注意事项

1. 要紧盯球，兼顾人

在双打过程中，不管是底线还是网前，都要紧盯球，同时兼顾对方底线及网前人的移动位置，以快速移动缩小封堵面积，获得最大进攻角度。

2. 发球落点多变

T 点位置球、追身发球配合外角发球。双打发球中多以内角发球与追身发球为主，球经过低网位置，成功率高，对方回发球角度小，网前容易抢攻。

3. 高压球力量大、落点刁钻，错位移动同伴处理

针对高球果断高压，以大角度落点为主进行高压；越过头顶后，要与同伴及时换位，由同伴处理。

4. 精进挑高球战术运用

底线挑直线高球过顶时，网前同伴要继续向网前发球中线靠近，准备截击或高压，底线球员也可以移动至底线以内，可准备截击，或凌空挑高球。

5. 网前击球打近打动

针对高球，在可能范围内的落点选择离自己近的对方球员，或大角度空当，截击时应以对方网前球员的身后为主，以及双方中间结合部，或对方底线上网移动球员的脚下，限制对手穿越球的角度及速度。

6. 底线球深落点

双打底线击球时，一般以底线大角度深球控制与低弧线中路底线深球为主，结合直线快速破网球线路为辅。

7. 封锁中路

在高水平男子双打比赛时，4 个球员几乎都在努力封住中路，准备抢网，迫使对方向两边的高网位置回击，以留给自己更多的反应时间寻求制胜分。

8. 接发球的重心跟进

接发球时，重心前移有利于回发球速度，同时，无论上网与否，身体重心、位置都要向着接发球的路线跟进，以免被对方控制在底线。

9. 假动作逼真

利用假动作迷惑对手，扰乱对方节奏。网前的佯动抢攻，底线的佯动上网，均会造成对方击球的不稳定。

**【课后讨论】**

(1) 网球战术制定的依据。

(2) 网球战术的种类。

(3) 发球上网战术注意事项。

(4) 双打比赛战术基本阵型，并画图表示。

(5) 发球与接发球技术类型有哪几种？其特点有哪些？

(6) 画图表示“I”字阵型双打战术发球方网前同伴移动位置。

(7) 双打战术注意事项。

# 第六章　网球运动教学

**本章概要**

本章介绍了网球教学内容与教学阶段，以及网球运动的教学原则与方法，并对网球教学文件的制定及网球运动教学效果评价进行了描述。

**学习目标**

（1）熟知网球运动不同教学阶段学生行为特点与教师的教学要求。

（2）深刻领会网球教学原则及教学方法。

（3）掌握多种网球教学方法。

（4）培养网球教学实践能力。

## 第一节　网球运动教学内容与教学阶段

网球运动教学是教师根据一定的目标、计划与学生的身心特点，指导学生掌握网球理论知识、技术技能，增强学生体质，发展其认知能力及意志品质培养的教育过程。从广义来说，凡是学习与传授网球知识技能有关的有组织的活动均可以称为网球运动教学。从狭义来说，在特定条件下通过网球知识技能的学习与传授活动来实现特定教育目标的教学过程即为网球运动教学。

### 一、网球运动教学内容

现代网球运动教学的对象主要是初学者，因此教学要从最基本的知识技能开始，其教学内容可以根据教学对象与教学目标来确定。一般而言，教学与训练是一个相互交融、相互统一的整体。教学是训练的基础，训练又是提高运动水平的过程，二者之间相辅相成。所不同的是教学侧重于掌握基本的动作概念、方法与技术规范，是由不会到会的过程，而训练则侧重于技术技能的熟练性与运用能力，是由会到提高的过程。网球教学的基本内容可以分为三个方面：理论知识教学、技术动作教学和战术方法教学。

（一）理论知识教学

目前，网球运动教学已经形成了一个较为完善的理论与知识体系。这个体系的主要内容包括教学训练理论、战术实践理论、规则与裁判方法理论与竞赛组织理论等，它是学习网球运动必须掌握的教学内容。理论知识的教学有助于技术与战术的学习，是技战术学习的基础，学生只有在正确的网球理论指导下，才能正确地进行事网球运动的锻炼与比赛。

（二）技术动作教学

网球技术动作教学是学生或网球爱好者初学阶段的主要内容。技术动作的教学包括技术规格、技术动作要领与技术的运用方法等内容，为了提高与发展学生技术，教学要强调动作的规范性，为进一步学习与提高网球技能打下坚实的基本功与技术基础。

（三）战术方法教学

由于网球运动分为单打和双打，因此在技战术方面它们存在着一定的差异。在网球单打中，分底线型打法、发球上网型打法和技术全面型打法，所以战术方法的教学会有所不同；而在双打战术教学中，由于站位的不同，其战术又可分为双上网战术、双底线战术和一前一后站位的战术以及澳式站位战术、"I"字站位战术。再者，由于在网球比赛中，没有教练的指导，需要学生独立地去解决场上的问题，所以还要培养学生的独立思考能力。网球是一项个性极强的个人项目，虽然每个人都有自己擅长的不同的战术，但是它们之间却存在着一些共性。因此，在网球战术方法教学中，战术教学可以使学生了解战术运用的基本方法、要点和运用时机，与此同时，还要培养学生的独立思维能力与团队合作精神，使学生掌握战术运用的精髓。

### 二、网球运动教学阶段

根据网球运动技能的形成规律及运动特点，网球技术的教学过程可以划分成3个教学阶段，每个阶段的任务以及相应的教学要求都有所不同。

（一）粗略掌握运动阶段

此阶段是初学者在经过熟悉球性的训练后，在开始学习各种技术时都要经历这一阶段。在这一教学阶段，通过教师的示范、讲解，学生对所学的技术有一个初步印象，并通过学生自己的模仿练习，体会肌肉感觉，粗略地掌握动作。在这一阶段，学生对球的落点与弹跳高度判断不是很准确，引拍不够及时、不充分，会出现多余动作，且动作紧张、费力、不协调。教学中教师应注意精讲多练，抓动作要点，以正确的示范和简练的讲解，初步建立动作概念，多让学生自己去体会动作，不必过多强调动作细节。

（二）纠正错误、改进动作阶段

此阶段主要是消除学生的各种错误动作，改进他们的技术，提高动作的准确性、协调性和实效性。学生通过反复练习，逐渐消除了紧张，动作质量、回球成功率都明显提高，但动作仍不够熟练，没有形成自动化。教学中，教师应通过详细的示范与讲解，帮助学生理解正确的技术，体会动作细节，使动作日趋合理。教师要注意观察学生的动作，抓主要问题，采取针对性措施及时纠正。教师的精力主要集中在这一教学阶段。另外，教师应根据学生的不同情况，加强个别指导，注意因材施教。

（二）巩固与完善动作阶段

此阶段学生的动作已基本定型，能够比较轻松、准确地完成动作。教学中，通过反复的练习，逐渐使学生的动作自动化，力争每一次击球都打得轻松、自如、熟练、省力。在这一阶段教师应注意练习手段的多样化，要采取分组比赛的方式，调动学生练习积极性，增强学生兴趣。

## 第二节　网球运动教学原则与方法

网球教学原则是长期教学实践的科学认知，是网球教学过程客观规律的反映，是从事教学活动必须遵循的准则与要求。网球教学原则具体包括以下基本原则。

## 一、网球运动教学原则

### （一）自觉积极性原则

自觉积极性原则是指在网球教学过程中，要充分调动学生学习的主动性和创造性，发挥学生学习的主体作用，使学习成为学生的自觉行为。在教学中运用自觉积极性原则，应注意以下四点：

1. 明确学习目的

网球运动教学一开始应向学生进行学习目的教育，使学生认识到网球运动在健身娱乐等方面的意义，增强学生学习网球运动的自觉性和积极性；同时，向学生宣布教学的目的、任务要求、考核标准等，每次课开始时使学生明确课堂目标任务与要求，在学习每一动作时应向学生讲明所学动作的作用，使学生有目的地进行学习。

2. 培养学生网球运动兴趣

在网球运动教学中培养学生兴趣至关重要。学生对网球运动有兴趣就会努力克服困难，认真研究技术，自觉练习，不断提升。不同教学阶段，要根据学生的情况，提出切合实际的要求，使其通过一定的努力能够达到。课的组织应力求多样化，不同身体部位的动作练习要穿插进行，并适当采取游戏法、比赛法等方法，使网球教学过程活泼而富有乐趣。

3. 掌握学生心理活动规律

在网球运动教学中，教师要善于了解和把握不同教学阶段技能学习过程学生的心理活动规律，有针对性地解决教学过程中出现的不良心理现象和由此引起的具体问题。比如，刚学会打网球时容易出现不注意动作质量的冒进心理；遇到困难完不成任务时会出现悲观失望心理；纠正错误、改进动作效果不明显时易产生焦虑心理等。教学中，教师应根据学生产生各种不良心理现象的原因“对症下药”，积极引导。

4. 发挥教师主导作用

要调动学生学习的自觉积极性，必须发挥教师的主导作用。教师既要为人师表，教书育人，热爱自己的工作，注意自己的言行举止，又要严格要求学生，建立良好的师生关系。在教学上应做到精益求精，上课时精神振作，口令清晰洪亮，手势清楚大方，讲解生动易懂，富有说服力与启发性。同时，教师还应努力提高示范的质量，通过准确、优美、轻松、自如的动作示范，激发学生的学习兴趣。

### （二）直观性原则

直观性原则是指在网球教学中，通过学生的各种感官及已有的直接或间接经验，丰富学生的感性认识，学生可以获得生动的表象，从而掌握网球的知识、技术技能。网球教学中常用的直观方法有技术动作示范、比赛录像、助力与阻力、固定目标练习等。通过这些直观教学方法，学生可以认清各项基本技术特点、运动范围、动作要领、动作结构之间的相互内在联系，建立正确的技术动作概念，从而有意识地模仿、体验动作，达到尽快掌握技术动作的目的。运动直观性原则应注意以下两点：

1. 明确重点

在运用直观方法教学中，应让学生知道看什么与如何看。例如，教师发球技术时，应明确学生要仔细观察抛球与引拍时两臂的配合，再看击球前的“搔背”动作；截击球示范时，可强调让学生注意看击球点的位置与击球瞬间的拍形状态。

2. 讲解正确、生动

教师正确的示范、生动的讲解，可以提高教学效果。例如，学生初学正手上旋球时，教师向学生展示拍子挥拍轨迹像“从山底向上爬山”和“汽车雨刷器”的运行轨迹，让学生去体会拍子的挥拍轨迹。

（三）循序渐进原则

循序渐进原则是指网球教学过程中根据学生的认知规律、动作技能的形成规律及人体生理机能活动变化规律，对教学内容、练习方法与运动负荷进行合理安排，由简入繁、由易到难、逐步深化，使学生系统地学习和掌握知识、技能与技能。运用循序渐进原则，应注意以下三点：

1. 教学计划制定应前后衔接

教学计划制定时，需要把握教材的系统性，每次课教学内容的衔接性，逐步提高要求。例如，正手学习后可衔接反手学习，切削球学习可衔接截击学习，有共同击球特征和要求的动作学习计划衔接，有助于动作之间的正迁移。

2. 教学内容的系统连贯由易到难

教学内容系统和连贯，重点突出，有主有次，抓住重点，以点带面。教学内容安排和组织教学时，应由简到繁、由易到难。例如，正手击球教学时，重点要掌握向前挥拍击球时击球点的把握与拍面角度的控制；网球运动的各单项技术动作的安排顺序，一般从正手到反手；单项击球技术的组织教法，一般是从单人练习到多人练习，从少回合练习到练习多回合击球，从慢球到快球，由近球到远球。

3. 逐步提高运动负荷

教学中，应逐步提高运动负荷，让身体机能逐步适应。例如，在热身的准备活动时，心律应由低到高，逐步稳定增加；在安排底线击球练习时，击球节奏应由慢到快；两人隔网相互练习时应由近及远，逐渐拉长击球距离。

（四）巩固提高原则

巩固提高原则是指在网球教学中，学生掌握网球的基本理论知识、技术技能，建立了正确的动作定型，能在学习、训练、比赛中熟练地运用，并不断地巩固和提高。课堂提问、课外练习和作业、课外辅导、教学比赛、测验以及期末考试等都是巩固和提高学生网球技能的有效方法。在网球运动教学中，运用巩固提高原则应注意以下三点：

1. 集中安排网球课

网球课安排最好相对集中，每周 2～3 次课，以利于运动技能的巩固，避免因课与课间隔太久而发生运动技能的消退。

2. 反复练习，逐步提高

在教学中，要组织学生进行反复练习。在初步掌握动作后，应进行大量的动作练习，从量变到质变，逐步形成正确的动力定型。反复练习不是简单的重复，而是要不断提出新的、更高的要求，并经常进行技术评定，使学生看到自己的进步，激发其学习自觉积极性，促进运动技能的巩固与提高。

3. 改变练习条件，提高练习难度

在网球运动教学中，改变练习条件对巩固提高所学知识、技术和技能可以起到良好的作用。改变练习条件，不仅可以检查学生掌握技能的熟练程度，使学生的运动技能得到进一步的发展，还可以丰富教学手段，提高学生对学习的新鲜感。

（五）因材施教原则

因材施教原则是指在教学中，既要面向全体学生，提出统一要求，又要根据不同学生的个体差异区别对待，把集体教学与个别指导结合起来，使每个学生的才能都得到充分的发展。在教学中运用因材施教原则，应注意以下两点：

1. 了解学生的一般情况和个体特点

在教学时，教师应通过各种途径和方法，既要掌握学生的一般情况，又要了解学生的个体特点如身体素质、接受能力等，以便采取不同的措施，因人施教。

2. 一般要求和区别对待相结合

在教学中，教师在面向全体学生的同时，还要注意兼顾个体，区别对待。对基础好接受能力强的学生，可加快进度，提出更高的要求，以满足他们的学习欲望。在练习中，对少数基础好的学生，可以安排较长时间与较高强度的练习。对基础差、接受能力弱的学生，则应耐心辅导，适当放慢学习速度，降低练习规范，使他们能逐步达到一般要求。

## 二、网球运动教学方法

网球运动教学方法是指教师根据一定的教学目的与计划，为完成网球教学内容与任务所采用的符合学生认知规律的有效的教学手段。网球常用的教学方法有语言教学法、直观教学法、完整与分解教学法、重复教学法、比赛教学法等。

（一）语言教学法

语言教学法是指教师正确地使用各种语言指导学生明确网球教学任务，掌握教学内容，从而加速领会网球技术技能的一种教学方法。教师通过有效的语言反馈，可以让学生从外部获得自身所做动作正确与否的信息，从而有利于学生掌握动作。其具体形式有讲解、口令与指示、口头评定与自我暗示等。

1. 讲解法

讲解法是教师用语言向学生说明教学的任务、内容、要求、动作名称、动作要领等进行教学的一种常用的方法。在网球教学实践中，教师运用语言启发学生积极思维，加深对教材内容的理解，促进对技术技能掌握的基本方法。讲解的科学性和艺术性，是教师教学水平的一个重要标志，对教学效果有很大的影响。教师在教学过程中要不断总结经验，在语言表达上做到精益求精。在讲解法的具体应用中，应做到以下几点。

（1）目的明确，与示范紧密结合。要根据教学任务与学生的实际情况，有针对性、有区别地进行讲解，注意客观效果。在理论讲解与技术动作分析时，要结合正确的示范配以形象的讲解，把直观感受与理性思维紧密结合，做到精讲多练。

（2）注重系统性与逻辑性。网球教学中教师讲解的内容必须具有科学性、系统性与逻辑性，教学内容要全面，完整，注重新旧知识的有机联系。讲解时，按照教学大纲要求与教材特点，根据学生的认知规律，从简到繁，由浅入深地进行讲解。比如正手击球动作讲解时，首先要讲解准备姿势，再讲解动作顺序：后摆引拍—挥拍击球—随挥跟进。此外，讲解时必须要用专业术语来描述动作的过程，身体各个部分的位置，运动方式以及身体与器械的关系等。

（3）简明扼要，生动形象。网球教学中，动作技术的讲解不仅要言简意赅，恰到好处，而且还要掌握语言的技巧。能够运用贴切的比喻及术语、口诀进行讲解，确切地表达动作技术结构和要领。比如，可以把网球发球动作比喻成“甩鞭子”，从而便于学生建立初步的动作表象。

（4）要有启发性。教师在讲解时善于运用启发性语言，启发学生利用自身的知识与经验去分析问题，自觉地解决技术动作中存在的错误，加深对技术动作的理解，调动学生自觉学习的积极性。比如，进行上手发球技术的学习时，启发“网球技术中最重要的是哪一项”；在提高发球技术学习时，启发“发球技术中最重要的环节是哪一项”等，调动学生学习和思考的积极性，加深对动作的理解。此外，讲解还要善于抓住时机，不同阶段的精讲与详细讲解相结合，才能最大限度地帮助学生快速准确地掌握动作要领。

2. 口令与指示

口令与指示是指网球教学实践中，教师通过口令、指示的方式来指导学生网球练习的方法。比如，底线正手击球动作“准备—引拍—击球随挥”过程用“一、二、三、四”的口令来执行。

3. 口头评定法

口头评定是教师对学生掌握知识、技术技能情况及行为表现以口头方式反馈的一种形式。在口头讲评学生的行为表现时，原则上应实事求是，但对于自尊心强、比较敏感的学生，应讲究评定的方式和方法。在网球技术教学中，一般运用口头形式给予学生即时反馈的情况较多。但口头评定时一般要在动作完成后的25～30秒内，因为一般动作的记忆是大脑皮层的短时存储，超过25～30秒就会消退25％～30％。

4. 自我暗示法

自我暗示可以看作是无声的语言。可以采用心中默念与展开联想的方式。需要注意的是，自我暗示应该目的明确并且与个人实际密切结合，以引起有效的联想与思考。

通过有效的语言反馈，可以使学生从外部获得自身所做动作正确与否的信息，从而有利于学生技术动作的学习和掌握。使用语言法进行教学时，应注意几个要点：

（1）具有针对性。针对性反馈内容应包括学生应如何去做，以便解决或纠正问题。例如，在练习正手击落地球时，针对击球点问题，明确告知击球点在身体的右侧前方。

（2）具有建设性。建设性反馈承认学生动作的积极方面，并提出改进的积极方法。例如，在学习发球时，建设性的反馈内容如下：“你发球的力量很大，已经给对方造成了威胁，但是，要注重对球的落点控制，并增加发球的稳定性。”

（3）具有时效性。在学生完成动作后应尽可能快地给予有效反馈内容。这时学生对刚完成的动作有更清晰的记忆和运动本体感觉，是从反馈中汲取有益东西的好时机。

（4）具有明确性。检查学生是否清楚地理解了反馈内容是非常重要的，即让学生明确你所表达的内容。

（5）针对可改变的行为。反馈应使学生集中在能够做出改变的动作行为上。例如，有的学生击球动作正确但球速不快，在这种情况下，教师应针对学生肌肉力量不足这个原因反馈给学生，让学生知道通过学生身体力量的训练是完全可以改变击球力度这种情况的。

（6）一次只纠正一个动作。一个学生一次只能对一个指令产生反应。教师应记住所观察到的所有情况并且确定哪个错误动作是最主要的。任何反馈都应一次只纠正一个错误动作，并要首先纠正最主要的错误动作。

（二）直观教学法

直观法是指在网球教学实践中，借助视、听等感官功能技术动作的教学方法。直观法具体形式有：动作示范、直观教具与模型演示、电化手段演示、助力与阻力、定向与引导等。

1. 动作示范

动作示范是教师根据任务选择具体的动作为范例，使学生了解需要学习的动作形象、结构、要领和方法。它不仅有利于学生正确动作表象的形成，而且优美的动作示范还能激发学生的学习兴趣。因此，教师要不断提高动作示范质量。具体运用动作示范法时，应注意以下几个方面：

（1）示范位置。教师进行示范时，要选好示范位置，首先要将学生安排在背对强光的地方，自己的示范位置应使每一个同学都能够看清楚动作，示范点要根据队形的长短及场地情况而定，一般距离2～3米为宜。

（2）示范重点。网球教学中的示范，要做到主次分明，重点突出。示范前，应根据教学内容与要求，对示范动作提出明确的要求，指明示范的重点及任务。教师也可在完整示范后，进行分解示范或重点动作的示范。

（3）示范时机。网球教学中，可以根据教学内容、教学对象与动作的难易决定何时进行示范。有的可以先示范，后讲解，再练习；有的可以先讲解，后示范，再练习；也有的可以先练习，再示范讲解；或者也可以边练习边讲解示范。

（4）示范面与示范速度。网球教学的示范面主要有正面、侧面与背面。选择哪个面进行示范，取决于所教动作的结构和教师的教学意图，关键在于要让学生看清楚重要的技术环节。示范以中速为宜，但有时为了使学生看得清楚，可以采用较慢的速度进行示范。

（5）正误对比示范。在学习新动作时，为了使学生更清楚地建立动作概念，预防错误动作的发生，或是在纠正错误动作时，为了使学生明确自己的错误所在，教师在进行正确技术示范后，可以形象地模拟一下常见的或典型的错误动作，这样学生通过鲜明的对比，对正确技术和错误动作都有更明确的认识。

2. 直观教具与模型演示

充分发挥照片与模型的作用。直观教具与模型演示可以长时间观摩，而且还可以根据情况突出某个细微环节。

3. 电化手段演示

应充分发挥现代视听教育手段，比如手机等的录像功能，通过慢动作录制或慢放、暂停功能清晰动作的每个细微环节，及时准确反馈，有助于正确动作表象的快速建立，提高学生学习兴趣。

4. 助力与阻力

借助外力（如教师）的帮助或对抗阻力使学生通过触觉与肌肉的本体感觉体会动作要领的方法，多在初学或纠正错误动作或体会某一动作细节时运用。

5. 定向与引导

通过目标定向与引导，学生完成动作的本体感觉的方法。如在球网上再加一条细绳，引导学生击球弧线与击球深度控制时的动作用力感受；在发球区放置标志物，提升发球落点控制。

（三）分解与完整教学法

1. 分解教学法

分解教学是把一个完整动作的技术合理地分成几个部分，按部分逐次进行教学，最后完整地掌握动作技术。

分解教学的优点在于分解教学化繁为简，化难为易，使复杂的动作变得简单明了，从而简化教学过程，增强学生学习的信心，有利于学生更快更好地掌握复杂动作。但分解教学如果运用不当就容易造成动作割裂，破坏动作结构的完整性，从而影响正确技术的形成。因此，在进行分解教学时，要使学生明确所划分的部分动作在完整动作中的位置与作用；同时还要考虑到各部分动作之间的有机联系，使动作部分的划分不致改变动作的结构。通过分解教学，学生基本掌握所教授动作之后，应适时向完整动作练习过渡，以便学生更快地掌握完整技术。应明确分解只是手段，完整才是目的。

2. 完整教学法

完整教学是从动作的开始到结束不分部分和段落，完整地进行教学。这种方法能保持动作的完整性，不会破坏动作的结构与各部分之间的内在联系，便于学生完整地掌握正确技术。完整教学法常用于比较简单的动作。

3. 分解教学与完整教学教学法的综合运用

分解教学与完整教学是相对而言的，对于整体来说是分解，对于局部来说则是完整。应根据动作的复杂程度和学习者的接受能力而选择合适的教学方法。通常来说，学习简单技术时，完整法优于分解法；而学习复杂动作时，分解法又优于完整法。动作的复杂过程，对具体学生来说也是相对的。对基础好、学习能力强者，可能是简单技术，宜采用完整法施教；而对基础差、学习能力弱者，则可能是复杂技术，宜采用分解法施教。在网球教学中，应把分解教学与完整教学很好地结合起来。采用分解教学应以掌握完整技术为目的，通过分解练习体会动作要领，并积极创造条件向完整练习过渡。在完整教学中，亦可以用分解法来加强局部动作的练习。

网球教学中常用的方法是“完整、分解、再完整”练习法，这是一种以完整教学为主导，把分解法与完整法很好地结合起来的教学方法。在教师示范、讲解后，就让学生完整试练，初步建立完整动作概念，然后再进行一定的分解练习，使学生初步掌握分解动作要领，接着再转入完整动作的练习。另一种常用的方法是“分解、完整、再分解、再完整”练习法。在教学中，先进行分解练习，让学生初步体会分解动作要领后，即转入完整练习；然后再进行分解练习，改进局部技术，最后再进行完整练习。通过几次循环，达到完整地掌握动作技术的目的。

4. 分解与完整教学法应用要点

教师在选择分解和完整教学法时，应注意几个要点：

（1）学生的水平。一般而言，在训练初学者时更多地使用分解教学法，训练高水平的学生时更多地使用完整教学法。

（2）技能的复杂性。一般而言，当教授有难度的技术动作时，更多地使用分解教学法，当教授易学的技术动作时，更多地使用完整教学法。

（3）技能组合的难度。原则上，在训练技术方面时更多地使用分解教学法或混合教学法，当训练战术方面时，更多地使用完整教学法。

综上，当学生水平较低、训练目标难度大时，最好使用分解教学法；当学生水平较高，训练目标容易达到时，最好使用完整教学法；当学生水平较高，但训练目标难度极大时，最好使用分解教学法。

（四）重复教学法

重复教学法是指教师教导学生以不变的动作，相同的挥拍幅度、挥拍速度和节奏，反复练习基本击球技术的方法。教学中反复训练，有利于巩固与提高学生的击球效果和技术稳定性，有利于教师观察、帮助学生改进动作技术，有利于学生在反复练习中掌握和巩固动作技术，从而达到掌握运动技能、发展体能、培养意志品质、增强体魄的目的。

重复教学法应用要点：

(1) 根据教学任务、教材性质与学生实际情况，合理地确定重复次数及时间等因素。

(2) 根据学生体质状况，安排适宜的运动负荷，每次重复都要有明确的要求。主要包括每一次(组)运动的数量与强度、练习次(组)数、每次(组)间的休息等。

(3) 练习时要保证动作的质量，尽量将动作做得正确、协调、轻松，这样可以提高练习效果，减少不安全因素，防止运动损伤的发生。

(4) 要把提高身体素质与改进技术结合起来，并在教学方法上采取措施，提高学生的兴趣。不仅要注意运动负荷，而且也要注意调节学生的心理状态和情绪。

（五）比赛教学法

比赛教学法是指在比赛的条件下组织学生进行练习，巩固技术技能的方法。这种方法通常在学生已基本掌握了各项击球技术技能的前提下使用。比赛按其内容可分为专门性的技战术比赛与实战性比赛；按规模可分为内部比赛与公开比赛；按比赛分数可分为规则规定的比赛与特定比分比赛。该方法不仅可以充分调动学生的积极性，激发学生学习兴趣，吸引学生积极参与，提高教学效率，检验学生的技术动作水平，还可以培养学生的良好品德、竞争精神和团结协作精神，让学生在比赛中学会学习，善于学习。

运用比赛法练习时，可根据不同目的，选用不同的比赛方法。比赛教学法的应用要点如下：

(1) 运用比赛教学法应注意竞争性与安全性。

(2) 在充分发挥学生主体作用的同时，体现教师的主导地位。

(3) 根据教材内容的特点和学生的具体情况安排比赛，并要注意创新。

## 三、网球各项技术的教学方法

### （一）主要步法教学方法

1. 垫步

垫步的主要动作是“跳”，当对手挥拍击球时，两脚跳离地面，前脚掌着地，完成小幅度轻跳动作，为移动与击球做好准备，起到加速作用。

(1) 教学步骤。

① 明确垫步的特点和使用时机。垫步运用于网球底线正、反手教学中，有助于学生明确击球变化规律，培养学生底线正、反手击球的节奏意识。垫步可以使身体由静止达到起动状态，具有动作的预判性与连续性作用。大多数网球专业选手在对手击球时，都会跳起做分腿垫步，而接发球期间的分腿垫步则更为重要，能保持迅捷反应的状态应对快速来球。

② 讲解垫步的完整动作概念。垫步时双脚平行与肩同宽或略宽，同时利用膝关节与脚

踝的屈伸在动作起动时跳起，用前脚掌着地，重心向前。垫步是网球运动中不可或缺的步法，一般在接发球、网前攻球以及网前截击中经常使用。垫步可以使运动员的移动更加流畅，使身体可以随时迅速移动到来球方向并处于击球准备中，这也是保持身体平衡的关键。

③ 教师进行完整动作示范与分解动作演示。

④ 学生进行分解动作与完整动作练习。

(2) 练习方法。

① 结合多球的垫步练习。学生徒手或持拍站立于发球线或底线，教师位于对面球网处，并用手抛球或持拍送球至学生身体附近，学生在教师送球瞬间做 2～3 次垫步，同时判断来球方向后，快速向球移动并完成徒手抓球或持拍击球动作，然后快速返回起点做连续垫步，准备下一次动作。球的落点可规则或不规则，重复练习，8～12 球为一组，组数根据时间与课堂人数、学生掌握情况确定，一般不少于 8 组。

② 自抛自接球分腿垫步练习。学生向上抛球的同时，做 4 次原地踏步，然后做分腿垫步，向前迈一步抓球。逐渐降低抛球高度增加练习难度，重复练习。

③ 抓球垫步练习。教师向远处抛球，学生垫步后迅速起动并用手抓球，体会垫步的重要性与实用性。逐渐增加抛球远度，提高练习难度。

④ 跳绳练习。双脚跳绳 20～30 次后，休息 1 分钟，再做 40～60 次单脚跳绳练习，增强脚踝力量与耐力，提高垫步的起动速度等。

(3) 易犯错误与纠正方法。

① 易犯错误：全脚掌着地，脚跟未抬起，影响垫步速度。

纠正方法一：垫步练习准备姿势开始时，先要求学生踮起脚尖持续 3 秒钟，然后再进行无球或有球垫步练习。

纠正方法二：学生练习时，在其鞋跟部固定一个约 1 厘米的泡沫体会脚尖踮起的感觉体会。

② 易犯错误：膝关节未弯曲，重心太高，影响整体速度。

纠正方法：设置两个相距比肩宽的标志点，让学生的双脚分别站于标志点上，进行原地的无球或有球垫步练习，扩大双脚支撑点距离，从而降低身体重心。

2. 跨步

跨步是由支撑脚的支撑与跨步脚的跨步组成的。跨步时，除开放式击球由击球方同侧脚跨步外，其他跨步均是以来球一侧脚为支撑脚，异侧脚作为跨步脚向前跨出，向后跨步表现为后撤步。网球跨步有三种基本步法：两侧蹬跨步法、并步右侧移动步法、左侧前交叉移动步法。

(1) 教学步骤。

① 明确跨步的特点与使用时机。跨步在网球运动中通常用于处理应急来球，所以也叫“应急步法”，在接发球、底线被动防守与处理紧急场内短球时使用较多，有助于防守反击与转换攻防节奏，是防守移动中不可或缺的一种步法类型。

② 讲解跨步的完整动作概念。当练习者准确判断移动方向，并迅速向移动方向迈出一步，同时，应迅速将身体重心转移至移动腿，完成击球动作的同时跟进另一条腿，再恢复至起始动作。跨步对练习者的腿部力量与柔性等有较高要求。

③ 教师进行完整动作示范与分解动作演示。

④ 学生进行分解动作与完整动作练习。

（2）练习方法。

① 抛接球练习。教师与学生面对面，相距2米站立，教师向学生体侧抛球，学生分腿垫步后迅速向出球方向跨出一步，并努力抓住来球，回到原位进行下一次练习。

② 并步右侧移动步法练习。学生从起动开始，身体侧向右侧，重心移向右脚，左脚向右脚并步靠拢，并以前脚掌着地向右侧蹬伸，右脚在左脚并步未落地时，关节旋外后向右侧跨出一大步，落地时脚尖朝向右方。击球后，右腿随即再旋内蹬伸，向回移动，重复练习。

③ 两侧蹬跨步法练习。学生向右侧蹬跨步时，身体重心先移至左脚上，随即左腿迅速用力蹬伸，在右腿向右侧跨出的同时，髋关节旋外，落地后成侧弓箭步状。向左侧蹬跨步则相反而行，重复练习。

④ 左侧前交叉移动步法练习。学生原地起动时，左脚先向左侧迈一小步，随即以左脚为轴，身体左转，右脚向左侧跨一大步，呈背对球网姿势击球。击球后，右腿迅速蹬伸转体还原成面对球网姿势，并利用左脚并步调整身体重心和回动，重复练习。

（3）易犯错误与正方法。

① 易犯错误：跨步后重心过于偏向外侧，破坏身体平衡引发损伤。

纠正方法：要求学生先从低速度、小幅度的跨步练习开始，落地时重点体会脚后跟与脚前掌依次缓冲着地的要领和感觉，熟练动作要领后再快速完成跨步练习。

② 易犯错误：重心偏高，身体失去平衡，降低了跨步的速度与身体的稳定性。

纠正方法一：学生练习跨步之前，先要求屈膝降重心，双手触及同侧脚踝，做好跨步准备动作，教师发出口令后，迅速完成跨步动作并保持动作姿势，双手触摸地面，保持较低重心，重复多次练习。

纠正方法二：加强腿部的肌肉力量以及提高腿部、髋关节等部位的柔韧性。

3. 并步

（1）教学步骤。

① 明确并步的使用方法和使用时机。一般在准备击球或击球后回位距离较短的情况下，多数球员都会采用并步。并步是指面对球网，将外侧腿向所要移动的方向滑动，内侧腿跟随滑动的步法，然后进入预备击球状态。当球处于比较靠近练习者的位置时可使用这种步法；如果球相距很远，可以使用跑动范围较大的交叉步。

② 讲解并步的完整动作概念。并步步法在距离较近的正反手击球中较常用。

③ 教师进行完整动作示范与分解动作演示。

④ 学生进行分解动作与完整动作练习。

（2）练习方法。

① 底线平行并步练习。学生站于底线一端，面对球网，双脚与肩同宽，屈膝立腰，挺胸抬头。并步移动时，外侧脚先向目标方向滑动，内侧脚紧跟同侧方向迈进，如此重复，移动至底线另一端结束。

② 训练绳梯平行并步练习。学生利用训练绳梯进行练习，双脚站于训练绳梯一端相隔的第一和第三梯格内，屈膝立腰，挺胸抬头，并步时，外侧脚先向目标方向移动迈步进入第二梯格，内脚紧跟向同侧方向迈入第四梯格，如此重复，移动至底线另一端结束。相反方向移动练习时，动作相同，方向相反，重复练习3～5组。

③ 训练绳梯并步正反拍多球练习。将训练绳梯(8～10 节)放置于底线,教师位于对面半场发球线附近持拍送球,学生从训练绳梯右端完成一次正拍击球,迅速并步移动经过训练绳梯另一端,完成一次反拍击球,再并步移动至起点并完成正拍第二次击球。重复练习,6～10 个回合为一组,每次完成 3～5 组,教师应把握送球的节奏与速率,并及时提醒和指正学生在练习中的不足等。

④ 负重并步练习。把小重量沙袋捆缚于脚踝,进行短距离平行并步练习,以增大并步练习负荷强度,加强脚踝和腿部力量,以提高并步速度等。

(3) 易犯错误及纠正方法

① 易犯错误:并步练习时,重心起伏较大,降低移动速度。

纠正方法一:要求学生双脚与肩同宽,屈膝站立,双手前上举。并步时,眼睛与双手齐平,保持重心平稳,重复练习。

纠正方法二:在墙壁上与学生肩部同高处画一条标志线,学生面向墙壁屈膝站立,双手前平举。并步练习时,双手与标志线齐平,避免重心起伏较大,重复练习。

② 易犯错误:将并步练习做成跨步练习。

纠正方法:可让学生进行慢动作并步练习,按照并拢异侧脚再迈同侧脚的顺序分解单个动作练习,然后进行慢动作的连续动作练习,最后进行完整、快速的滑步练习。

4. 交叉步

交叉步是指左右脚交替向前、向侧或向后移动的步法。

(1) 教学步骤。

① 明确交叉步的特点与使用时机。交叉步通常用于短距离的移动击球与击球后的回位调整步法中,是网球运动使用较多的步法之一,分为前交叉步与后交叉步。

② 讲解交叉步的完整动作概念。当向着场地中央移动时,尽可能保持两肩垂直于球网,重心保持在两腿间,两腿呈交叉状向侧面跨步。如果向右侧移动,左腿应先跨向右腿前方。

③ 教师进行完整动作示范与分解动作演示。

④ 学生进行分解动作与完整动作练习。

(2) 练习方法。

① 前交叉步训练绳梯练习。学生利用训练绳梯进行练习,双脚站于训练绳梯一端相邻的两个梯格内,向右方移动时,左脚从前方迈向右脚右侧梯格内,顺势重心转向左脚,右脚迅速从左脚后方移动至左脚右侧相邻的梯格内,依次迅速完成重复动作,至训练绳梯另一端结束。相反方向移动练习时,变换左右脚移动顺序,动作相同,左右方向相反,重复练。

② 后交叉步训练绳梯练习。学生利用训练绳梯进行练习,双脚站于训练绳梯一端相邻的两个梯格内,向右方移动时,左脚从后方迈向右脚右侧梯格内,顺势重心转向左脚,右脚迅速从左脚前方移动至左脚右侧相邻的梯格内,依次迅速完成重复动作,至训练绳梯另一端结束。相反方向移动练习时,左右脚移动顺序相反,动作相同,左右方向相反,重复练习。

③ 前后交叉步交替练习。学生做前后交叉步练习时,先完成一次前交叉步再完成一次后交叉步练习,依次相互交替快速移动一段距离,提高移动速度与步法动作频率。

④ 交叉步正反拍多球练习。将训练绳梯(8～10 节)放置于底线,教师位于对面半场发球线附近持拍送球,学生从训练绳梯右端完成一次正拍击球,迅速前交叉或后交叉步移动经

过训练绳梯另一端，完成一次反拍击球，交叉步移动至起点并完成正拍第二次击球。重复练习，6～10个回合为组，每次完成3～5组，教师应把握送球的节奏与速率，并配合语言提示，提醒与指正学生在练习中的不足等。

⑤ 原地跳跃转体练习，提高关节的柔韧性与交叉步移动步幅等。

（3）易犯错误及纠正方法。

① 易犯错误：交叉步移动时，先迈腿再转髋，致使交叉步步幅太小，

纠正方法一：学生重复完成低速度的交叉步练习，先降低身体重心，转动髋部，再向异侧迈腿，重点体会转的要领，当学生掌握后再提高动作速度与幅度。

纠正方法二：连续原地转髋跳练习，提高髋部转动速度。

纠正方法三：加强髋关节的柔性与核心力量，提高动作幅度与速度。

② 易犯错误：移动腿抬脚过高，使身体重心上下起伏较大，影响移动速度。

纠正方法：让学生头顶放置一本书，在书不掉落的情况下，重复完成平行交叉步练习。

5. 冲刺步

（1）教学步骤。

① 明确冲刺步的使用方法与使用时机。冲刺步一般用于对方放小球或大角度防守救球时，需以更大的步幅与更高步频快速移动后完成击球常用的网球步法。

② 讲解冲刺步的完整动作概念。

③ 教师进行完整动作示范与演示。

④ 学生进行完整动作练习。

（2）练习方法。

① 10米短距离加速跑练习。

② 原地高抬腿练习。

③ 冲刺接球练习。学生站立于底线附近屈膝准备，教师站于球网附近持拍送球。在教师送球的同时，学生快速移动至第一落点附近并徒手接球，接球后置球于规定区域慢跑回到起点，准备下一次练习，教师送球方向、距离、高度等可有序或无序。

④ 底线大角度正反拍多球练习。学生持拍站于底线做好击球移动准备，教师位于球网附近持拍送球至单打边线附近，先送至右侧或左侧，当学生移动击球并回位至中点时，再送球至另一侧，交替进行，重复练习，使学生快速移动完成击球，4～8球为一组，每次完成24组，以提高学生快速冲刺与防守能力。

要求降低身体重心，步频快，步幅小，最后一步要大，以抑制惯性控制重心，确保击球后回到合理位置。

（3）易犯错误与纠正方法。

易犯错误：冲刺跑后段的调整步法不精确，影响击球点的控制。

纠正方法一：在冲刺终点处放置标志盘，学生听到教师的口令后迅速冲刺跑向标志盘，并力求停止前的最后一步准确踩到标志盘上，重复练习，或设置不同距离的冲刺，提高练习难度。

纠正方法二：冲跑接球练习，在球场内设置不同的距离间隔，要求学生听到教师口令后迅速冲刺，并力求快速单手接到教师抛的网球（1次落地），重复练习，加强冲刺跑的速度能力与距离感。

（二）正拍技术教学方法

1. 教学步骤

（1）明确正拍技术是网球最基本、最主要的技术之一。

（2）建立网球正拍击球的完整动作概念。

（3）教师进行完整动作示范与分解动作演示。

（4）学生进行分解动作与完整动作练习。

2. 练习方法

（1）分解练习法。根据正手击球的完整动作将准备姿势、引拍、挥拍、随挥动作分解开来，分为4个步骤，一个口令代表一个动作技术环节，由慢到快循序渐进地练习。练习时，注意拍面角度、击球点位置准确，身体重心降低。

（2）完整练习法。完整练习法要确保动作的连续性，一般与分解法结合起来使用。

（3）减难法、加难法。

① 减难法。使用相比于平时更加轻盈的球拍或者握在拍把中间进行练习，可以较容易地体会挥拍轨迹与拍头速度感，较准确、连贯地模仿击球动作。

② 加难法。用加拍套的球拍或在拍头上套塑料袋练习动作，增加球拍重量与阻力，充分体会正确使用腿部、腰部发力，带动大臂向前挥拍的感觉，并且感受手腕控制球拍的力度与角度。

（4）多种有球练习方法。

练习一：球性练习。

练习目的：所有的球类项目都讲究球感，因此对于初学者而言，应以熟悉球拍与培养球感为主，提高对球拍的操控力和对网线弹力的适应性，提高对网球反弹高度、旋转、落点以及弧线等的预判把握。

① 球性练习。用球拍将球向上颠起，并借助拍弦弹性和自己的力量控制，让球在球拍正、反两面不断弹起，注意体会球落在拍面上不同部位时的不同感觉，重点体会拍子甜点区域触球的弹性和触感。

② 原地拍球。用球拍在身体前方连续拍球，力量应适中、柔和，强调拍球的连续性。

③ 拍球跑。用球拍一边拍球一边绕场地慢跑，注意力量的控制，体会手腕控制拍面的感觉。

④ 两人近距离颠球。两人面对面站立，距离2～4米，一人将球颠给另一人，另一人接球后将球颠回。重复练习，尽量不使球落地，注意击球时尽量放慢球速，移动脚步调整身体位置，提高颠球回合。

⑤ 两人近距离颠落地球。两人距离4～6米，一人将球颠给对方，另一人等球落地反弹至下降期时再将球颠回，重复练习。达到一定成功率和连续回合后，由无网练习变为隔网练习，注意控制好球拍面角度，动作要慢，球拍向前上方送出，使球的轨迹有一定弧度。

练习二：原地定点多球练习。

练习目的：球的高度与位置相对固定，降低了学生击球的难度，有助于其将更多的注意力集中于击球动作上，巩固正确动作，纠正错误动作，提高技术动作的熟练性与稳定性。

① 原地侧身站立击落地球练习。学生侧身对着击球方向站立，非持拍手指球，持拍手拉拍于身体侧后方，做好拉拍上步姿势，教师在学生右侧前方送球，当球落地弹起再下落时

将球击出，击球结束后回到起始动作，重复练习。注意击球时蹬地、转腰肩挥拍的连贯性，控制好动作的准确性与节奏，挥拍不要太快，力量不要过大。

② 原地准备姿势站立击落地球练习。学生面对击球方向以准备姿势站立，教师在学生右前方送球，当球自然下落弹起再下落时击球，注意引拍时机与动作节奏，随挥要充分完整，击球结束后回到起始姿势准备下一次击球，重复练习。

③ 原地自抛自打练习。学生非持拍手拿球，拉拍上步时原地抛球，迅速完成正拍击球，重复练习。

④ 原地侧身站立击不落地球练习。学生侧身对着击球方向站立，非持拍手指球，持拍手拉拍于身体侧后方，做好拉拍上步姿势，教师在学生右侧前方送球，在球落地前将球击出，击球结束后回到起始动作，重复练习。注意准备时重心要低，身体放松，眼睛紧盯球，当教师松手放球的瞬间应迅速做动作，击球时快速完成蹬地、转腰肩和挥拍击球的动作。

⑤ 侧向移动击定点落地球练习。学生做好预备姿势，面对球网在底线站立，教师在学生右侧底线 2 米处原地放球，学生并步或跑步至击球区完成正手击球，击球后返回起点。重复练习，可设置击球标志物，提高练习难度。

练习三：短距离/长距离抛球练习。

练习目的：短距离/长距离抛球练习主要是为了加强手上技术动作与脚下步法移动的协调配合，在原地定点击球练习的基础上增加了练习难度，学生不仅要准确判断来球落点、高度和角度等，同时还要完成拉拍上步、转腰击球以及随挥的完整动作。

① 原地侧身站立击手抛球练习。学生侧对击球方站立，非持拍手指球，做好拉拍上步势。教师在学生右侧前方 4 米处手抛球，当球落地弹起再下落时学生将球击出，击球结束后回到起始动作，重复练习。注意击球动作的连贯性和节奏感，根据球的高度调整重心和球拍高度，挥拍不要太快，力量不要过大，体会身体重心由后向前的转移。

② 原地准备姿势站立击手抛球练习。学生面对击球方向以准备姿势站立，教师在学生右前方 4 米处手抛球，学生在球下降前期击球，注意早转体拉拍，动作放松自如，随挥充分完整，击球结后回到起始姿势准备下一次击球，重复练习。

③ 侧向移动击手抛球练习。学生做好备姿势面对球网在底线站立，教师在学生右侧前方 3 米处手抛球，学生在教师抛球瞬间并步移动至击球区并完成正手击球，击后返回起点，可设置击球标志物，提高练习难度。

练习四：隔网多球练习。

练习目的：在隔网多球练习中，教师通过改变送球的力量、速度、落点及节奏等方式，增加学生的击球难度，有利于提高正手技术动作的熟练性与稳定性，有利于加强正手进攻与防守的能力，提升体能水平等。

① 中场原地正拍击球练习。

练习目的：缩短来球距离，降低练习难度，控制击球弧线与高度，巩固正拍击球动作。

练习方法：教师在对面半场持拍送球，学生站在中场发球线附近进行连续正拍击球练习，每次击球都须保证动作完整。教师及时纠正错误动作，控制好送球节奏，保证练习质量。

练习要点：降低重心，体会击球弧度，使球产生更多上旋。

② 中场跑动中正拍击球练习。

练习目的：提高练习难度，巩固正拍击球动作，加强移动中正拍击球的能力。

练习方法:教师在对面半场持拍送球,学生从左侧发球线与单打边线交界处附近开始移动并击球,每侧向移动两步,完成一次正拍击球,移动至右侧单打线后结束,回到起点重复练习。教师及时纠正错误动作,控制好送球节奏与落点,保证练习质量及连续性。

练习要点:注重移动和击球的配合,移动快速,正拍动作协调。

③ 中场正拍抢高点击球练习。

练习目的:加强正拍击打高球的能力,体会不同击球点的发力感觉。

练习方法:教师在对面半场持拍送球,学生站在中场发球线附近进行正拍击高点球练习,每次击球都须完成完整动作。教师及时纠正错误,控制好送球节奏,保证练习质量。

练习要点:引拍要高,多向前发力,挥拍轨迹略平。

④ 底线原地正拍击球练习。

练习目的:提高练习难度,巩固正拍击球动作,体会主动发力,加强回球深度与力度。

练习方法:教师在对面半场持拍送球,学生站在底线附近进行连续正拍击球练习,每次击球需要完成完整动作。教师及时纠正错误,控制好送球节奏,保证练习质量,可变换击球路线,直线或斜线等。

练习要点:主动发力,体会协调用力,加快拍头挥动速度,提高击球深度与落点的控制能力。

⑤ 底线跑动中正拍击球练习。

练习目的:提高练习难度,巩固正拍击球动作,加强底线正拍击球能力。

练习方法:教师在对面后场持拍送球,学生站在左侧底线和单打边线交界处附近开始移动并击球,每侧向移动 4 步,完成一次正拍击球,移动至右侧单打线后结束,回到起点重复练习。教师及时纠正错误,控制好送球节奏与落点,保证练习质量及连续性,可设置标志物,提高练习质量和难度。

练习要点:注重移动与击球的配合。击球点精确,移动快速,击球动作协调。

⑥ 小场地落地球对打练习。

练习目的:建立包括移动在内的完整技术动作概念,提高球能力。

练习方法:双方分别站在各自发球线后,运用击落地球技术动作,将球打到对方发球区内,控制好引拍幅度与力量,可进行直线或斜线击球练习。

练习要点:近距离击球时要提早引拍移动,侧身要快,力量要柔和,体会送的感觉,强调控制球,以建立良好的球感。

⑦ 小场地正拍对打练习。

练习目的:提高脚步移动能力,提高正拍击球能力。

练习方法:站在发球线后,无论球落在身体附近的哪个位置,双方都必须采用正拍的击球动作方法击球,每次击球前保证脚步移动到位,顺利完成击球动作。

练习要点:做好移动的准备,对方击球后,利用脚步移动积极调整击球位置,及时转体引拍,控制好转腰力量,手臂与身体协调用力,可进行底线直线和斜线球练习。

练习目的:提高正拍控球能力,建立基本的击球线路意识。

练习方法:两人面对面站于底线附近进行正拍对打练习,保证击球的连续性与稳定性,脚步调整迅速,教师在场边指正。

练习要点:每一次击球都应该注意动作质量,明确直线与斜线击球点的不同,斜线击球点相对靠前。

（5）易犯错误与纠正方法。

① 易犯错误：击球不准，打不到球拍甜区。

纠正方法一：要求学生从击球开始到击球结束，眼睛紧盯击球点。

纠正方法二：学生手握球拍颈部进行击球练习，体会触感，熟悉手感与甜区的距离感，提高对击球区的判断。

纠正方法三：要求学生在进行击球练习时，避免击球瞬间的手腕动作，保持手腕固定。

② 易犯错误：握拍不能固定，经常转动。

纠正方法：要求学生选择合适的正手握拍方式，掌握正确的握拍要领，击球瞬间紧握球拍，眼睛紧盯来球，并保持手腕固定，以球拍甜区击球，避免球拍转动。

③ 易犯错误：击球时手腕动作太多、击球不准、无力。

纠正方法：学生进行正拍击球练习时，要求每次引拍结束后手腕保持固定，拍柄指向来球，屈膝弯腿，蹬地转腰，完成击球。

④ 易犯错误：击球点靠后。

纠正方法一：原地固定击球练习，教师站在侧前方，手抛送球，学生在底线原地击球，送球落点比正常落点前移 10 厘米左右，学生在不移动双脚的前提下完成正手击球，重复练习。

纠正方法二：对拉练习时，练习上升期击球，体会迎前击球的感觉。

⑤ 易犯错误：击球后重心落在后脚。

纠正方法一：多球练习时，要求学生每次击球后，完成身体前倾，重心前移，非持拍手可向前伸扶着拍柄，使身体保持稳定。

纠正方法二：要求学生每次击球后将后脚向前迈出一步。

⑥ 易犯错误：击球点离身体太远。

纠正方法：学生进行原地固定击球练习时，持拍手腋下夹一个网球，每次击球瞬间不能使球掉下，在随挥后，球掉至击球点位置附近，再恢复至正常击球练习。

⑦ 易犯错误：击球时拍面向下或前倾过多，致使击球下网。

纠正方法一：学生在拍面上套一只塑料袋，进行挥拍练习，通过感受挥动拍面的阻力，体会击球瞬间球拍与地面的垂直角度。

纠正方法二：要求学生每次击球时，多体会击球瞬间掌心面向球网的感觉，从而感受拍面的击球角度控制。

### （三）反拍技术教学方法

#### 1. 教学步骤

（1）明确反拍技术是网球最基本、最主要的技术之一。

（2）建立反拍击球的完整动作概念。

（3）教师进行完整动作示范与分解动作演示。

（4）学生进行分解动作与完整动作练习。

#### 2. 练习方法

（1）分解练习法。根据反手击球的完整动作将准备姿势、引拍、挥拍、随挥动作分解开来，分为 4 个步骤，一个口令代表一个动作技术环节，由慢到快循序渐进地练习。练习时注意拍面垂直、击球点位置准确、身体重心降低。

(2) 完整练习法。完整教学法要确保动作的连续性，完整与分解教学法结合起来使用。

(3) 减难法、加难法。反拍击球同正拍击球的减难法、加难法。

(4) 多球练习方法。一般由教师抛球，学生于底线击球。教师稳定地抛球，可以使学生较容易地掌握击球方法，对来球做出相应判断，掌握正确的击球点与击球节奏。

练习一：原地定点多球练习。

练习目的：原地定点练习，使球的高度和位置相对固定，降低了学生的击球难度，有利于巩固反拍技术，及时纠正错误，提高反拍技术动作的熟练性与稳定性。

① 原地侧身站立击落地球练习。学生侧对击球方向站立，做好拉拍上步姿势，教师在学生左前方抛球，当球落地弹起再下落时将球击出，收拍于肩上，击球结束后身体面向球网，还原到起始动作，重复练习。注意击球时蹬地、转腰、收臂的连贯性以及动作的准确性与节奏感，挥拍要慢，力量要轻。

② 原地准备姿势站立击落地球练习。学生面对击球方向以准备姿势站立，教师在学生左前方抛球，当球自然下落弹起再下落时击球，注意引拍时机与动作节奏，随挥要充分完整，击球结束后回到初始姿势，准备下次击球，重复练习。

③ 原地侧身站立击不落地球练习。学生侧身对着击球方向站立，做好拉拍上步准备动作，教师在学生左侧前方送球，当球在落地前将球击出，反拍击球结后回到起始动作，重复练习。注意保持身体放松、低重心、紧盯球，当教师松手放球的一瞬间应迅速做动作，击球时快速完成蹬地、转腰肩及收臂等动作，体会腰部转动带动球拍向前击球以及主导手的发力与前送动作。

④ 侧向移动击定点落地球练习。学生做好预备姿势面对球网在底线站立，教师在学生左侧底线 2 米处原地放球，学生滑步或跑步至击球区并完成反拍击球，击球后返回起点，重复练习。可设置击球标志物，提高练习难度。

练习二：短距离/长距离抛球练习。

练习目的：短距离长距离抛球练习有助于手上技术动作与脚下步法移动的协调配合。由于在原地定点击球练习的基础上增加了练习难度，学生不仅要准确判断来球的落点、高度和角度等，同时需完成拉拍上步、转腰击球以及随挥的完整动作。

① 原地侧身反拍击手抛球练习。学生侧身面对击球方向站立，拍头与肩部同高，做好转体拉拍上步姿势，教师在学生左前方 4 米处手抛球，当球落地弹起再下落时将球击出，反拍击球结束后回到起始动作，重复练习。注意击球动作的连贯性与节奏感，根据球的高度调整重心和球拍高度，挥拍不宜太快，力量不宜过大，体会身体重心由后向前的转移以及主导手的用力等。

② 原地准备姿势反手击手抛球练习。学生面对击球方向以站立姿势准备，教师在学生左侧前方 4 米处手抛球，在球下降前期击球，注意尽早转体拉拍，动作放松自如，随挥充分完整，击球结束后恢复到准备姿势准备下一次击球，重复练习。

③ 反拍侧向移动手抛击球练习。学生做好预备姿势面对球网在底线站立，教师在学生左前方 3 米处手抛球，学生在教师抛球一瞬间并步或跑步至击球区并完成反拍击球，击球后返回起点，重复练习。可设置击球标志物，提高练习难度。

练习三：隔网多球练习。

练习目的：在进行反拍击球训练时，隔网多球练习在教师送球力量速度、落点、节奏等的多样组合下,提高了学生反拍击球的难度,有利于提高其反拍技术动作的熟练性与稳定性,有利于加强反拍的进攻与防守能力。

① 中场原地反拍击球练习。

练习目的:降低练习难度,控制击球弧线与高度,巩固反拍击球动作。

练习方法:教师在对面半场持拍送球,学生站在中场发球线附近进行连续反拍击球练习,每次击球都须完成完整动作,教师及时纠正错误,控制好送球节奏,保证练习质量。

练习要点:降低重心,体会击球弧度,使球产生更多上旋。

② 中场跑动中反拍击球练习。

练习目的:提高练习难度,巩固反拍击球动作,加强移动中的反拍击球能力。

练习方法:教师在对面半场持拍送球,学生从右侧发球线和单打边线交界处附近开始移动并击球,每侧向移动两步,完成一次反拍击球,移动至左侧单打线后结,回到起点重复练习,教师及时纠正错误,控制好送球节奏和落点,保证练习质量和连续性。

练习要点:注重移动和击球的配合,移动快速,动作协调。

③ 中场反拍高点击球练习。

练习目的:加强反拍击打高球的能力,体会不同击球点的发力感觉。

练习方法:教师在对面半场持拍送球,学生站在中场发球线附近进行反拍高点击球练习,每次击球都须完成完整动作,教师及时纠正错误,控制好送球节奏,保证练习质量。

练习要点:引拍要高,多向前发力,挥拍轨迹略平。

④ 底线原地反拍击球练习。

练习目的:巩固反拍击球动作,体会主动发力,提高击球质量和落点的控制能力。

练习方法:教师在对面半场持拍送球,学生站在底线附近进行连续反拍击球练习,每次击球都须完成完整动作,教师及时纠正错误动作,控制好送球节奏,保证练习质量,可变换击球路线,如直线或斜线等。

练习要点:主导手尽量多向前推出,击球点靠前,加快拍头挥动速度。

⑤ 底线跑动中反拍击球练习。

练习目的:提高练习难度,巩固反拍击球动作,加强底线反拍击球能力。

练习方法:教师在对面后场持拍送球,学生站在右侧底线和单打边线交界处附近开始移动并击球,每侧向移动 4 步,完成一次反拍击球,移动至左侧单打线后结束,回到起点重复练习。教师及时纠正错误动作,控制好送球节奏和落点,保证练习质量和连续性。可设置标志物,提高练习质量和难度。

练习要点:注重移动与击球的配合,击球点精确,移动迅速,动作协调。

⑥ 小场地反拍对打练习。

练习目的:提高脚步移动能力,提高反拍击球能力。

练习方法:两人站在发球线后,无论球落在靠近身体的哪个位置,双方都必须采用反拍动作击球,每次击球前保证脚步移动到位,顺利完成击球动作。

练习要点:做好移动的准备,对方击球后,充分利用脚步的积极移动,调整击球位置,及时转体及引拍,控制好转腰的力量,手臂和身体协调用力。

⑦ 底线反拍直线与斜线球对打练习。

练习目的:提高反拍击球质量与控球能力,建立基本的击球线路意识。

练习方法：将半片场地以中线为准，分成两个区域，分别为正手区与反手区。在反手区击出的球称为反手直线球和反手斜线球。此练习可巩固底线基本技术动作，提高击球能力。

练习要点：每一次击球都应该注意动作质量，明确直线与斜线击球点的不同，斜线击球点相对靠前。

⑧ 借助其他器械的练习。

a. 抛健身球练习。

练习目的：模拟双手反拍击球动作，增加练习负重，提高反拍击球动作收缩肌肉的力量和速度，从而增强反拍击球力量等。

练习方法：双脚开立与肩同宽，双手抱健身球，呈反拍准备动作，蹬地、转腰用力将球尽量向前方抛出，体会反手挥拍时蹬地转腰的协调发力状态，深刻领会击球点位置，切勿只用上肢发力。

b. 单手甩毛巾练习。

练习目的：模拟单手反拍击球动作，体会力量由下肢传导至手臂末端的流畅发力以及发力后胸部的展开与手臂的放松等。

练习方法：甩毛巾的方法主要适用于单手反拍练习。准备一块普通毛巾，学生按照反手挥拍姿势站立，右手（或左手）持毛巾一端，另一端请其他同学拉好，单手挥出单反挥拍姿势，体会单反瞬间发力的感觉和速度。

（5）易犯错误与纠正方法。

① 易犯错误：双手反拍击球时，异侧持拍手发力较多，主导手臂发力不足。

纠正方法：以右手持拍为例，让学生进行小场地的左手正拍练习，体会双手反拍主导手的发力，提高其用力的协调性与触球感。

② 易犯错误：双手反拍击球时拍头太高。

纠正方法：学生从转体引拍姿势开始，进行双手反拍原地固定击球练习，一边击球，一边数“1、2”的口令，数“1”时迅速下蹲重心并降低拍头，保证主导手低于非主导手，数“2”时蹬地转腰，完成反拍击球，重复练习。

③ 易犯错误：转腰不充分，击球无力。

纠正方法一：学生两人一组，学生反手拉拍后保持固定，同伴站于其后方并单手抓住拍头，练习者蹬地转腰，通过同伴的抓拍阻力体会腰部转动的感觉，熟练后进行原地挥拍练习。

纠正方法二：要求学生每次击球前与击球后保持双腿弯曲，重点体会蹬腿转腰发力。

纠正方法三：要求学生每次完成双手反拍击球动作后，保持髋部略成微弓形，使腰部向前顶出。

④ 易犯错误：击球点靠后，发力不流畅。

纠正方法一：原地固定击球练习，教师站侧前方，手抛送球，学生在底线原地击球，送球落点比正常落点前移 10 厘米左右，学生在不移动双脚的前提下完成反手击球，重复练习。

纠正方法二：学生对拉练习时，尝试上升期击球，体会迎前击球的感觉。

⑤ 易犯错误：击球时拍面向下或前倾较多，致使击球下网。

纠正方法一：学生在拍面上套一只塑料袋进行挥拍练习，体会挥拍阻力及击球瞬间球拍与地面的垂直角度。

纠正方法二：多体会击球瞬间掌心面向球网的感觉，从而感受拍面的击球角度控制。

（四）发球技术教学方法

1. 教学步骤

（1）明确发球技术是网球技术中较少受对手控制、可以完全发挥个人特长、争取主动的重要技术。

（2）了解平击发球、切削发球与上旋发球的特征。

（3）建立发球的完整动作概念。

（4）教师进行完整动作示范与分解动作演示。

（5）学生进行分解动作与完整动作练习。

2. 练习方法

（1）分解法。

发球的准备姿势：发球时站在底线后，两脚自然开立与肩同宽，身体重心在两腿之间，用大陆式或东方单反握拍法，非持拍手持球，持拍手轻握拍柄，全身充分放松，两肩下沉，前脚与底线一区约呈 45°角、二区约呈 30°角，后脚与底线基本平行，肩部侧对球网。

抛球的练习方法：

① 将拍柄底部放于左脚脚尖处，拍面平放指向发球区，抛起球，让球落下，检查球是否能垂直落到拍面上。

② 抛起球后，用抛球手接球，体会抛球的稳定性。

③ 体会蹬腿发力，手臂向上稳定送球动作的协调性与连贯性。比较形象的握球练习方法如“端红酒杯”式握球抛球。“端红酒杯”握球抛球是一种较为简便的练习方法，训练者不需要球拍也不需要场地，只需要想像手中有一个盛满酒的红酒杯，抛球手以拇指、食指、中指拖住红酒杯，做出向上抛球姿势至眼睛高度，体会抛球时手的稳定性与抛送的感觉。

（2）完整法。

树立动作的连贯性概念，使动作更标准。

（3）器械减难法、加难法。

减难法：用较轻的球拍或手握在拍颈处练习动作，体会挥拍时的速度感与连贯性。

加难法：用加拍套或套塑料袋的球拍练习动作，体会正确的拍形要求。

（4）多种有球练习方法。

① 抛球练习。在抛球的合适高度上挂一个标志物，学生对准标志物抛球，要求高度适中。

② 短场地发球练习。学生站在发球线附近发球，在动作基本正确的前提下能连续发进区 5 球后就往后退 1 米，直至退到底线。

③ 发球线路和落点控制练习。在发球达到一定的成功率后，在发球区放三个标志物，分别代表内角、中路和外角，学生在底线发球，争取击中标志物。

④ 端线后 2～3 米发球练习或跪发球练习，体会向上发力的感觉。

（5）易犯错误与纠正方法。

① 易犯错误：抛球不稳。

纠正方法一：侧向墙壁站立，前脚距离墙壁 1.5～2 米，以墙面的垂直面为基准进行抛球练习。

纠正方法二：站于篮球架的篮圈垂直投影点下，以篮圈为参照目标进行抛球练习，每次试图将球抛于篮圈中心。重复练习，提高抛球稳定性。

② 易犯错误：击球下网较多。

纠正方法一：抛球略向后，保持微前倾或垂直于地面。

纠正方法二：端线后 2～3 米发球练习或跪发球练习，体会向上、向前的发力。

③ 易犯错误：击球出界较多。

纠正方法：抛球略向前，击球时拍面保持垂直或微前倾于地面。

④ 易犯错误：抛球太低，影响发力与发球动作的完整性。

纠正方法：在练习墙壁画一根标志线，每次保持直臂上抛至标志线处，反复练习，形成高度空间感。

⑤ 易犯错误：击球动作不固定、不流畅。

纠正方法：把一个网球穿线悬置在合适高度，进行挥拍击固定球练习。

⑥ 易犯错误：击球时拍面角度不稳定，无法准确击打球的部位。

纠正方法：让学生面向围网，进行发球挥拍击围网上的球练习，体会击球或围网时的拍形。

（五）接发球的教学内容

1. 教学步骤

（1）明确接发球技术是网球技术中较为被动态势的技术。

（2）了解接一发与接二发的动作特征及要求。

（3）建立接发球的完整动作概念。

（4）教师进行完整动作示范与分解动作演示。

（5）学生进行分解动作与完整动作练习。

2. 练习方法

（1）分解法。

接发球时握拍方法应根据各人的习惯选择自己最合适的握拍法，接发球的准备站位一般是站在有效发球最大角度的角平分线上或者略偏于反手位置，接近于单打边线处，前后的位置要根据对手发球方式和力量大小来确定，一般在底线前后。当对方发球后，向预测击球点迅速启动，同时转体小幅度引拍，向侧前方迎击球，尽可能加长拍触球时间，并做好充分随挥。

（2）完整法。

树立动作的连贯性概念，使动作更标准。

（3）减难法、加难法。

减难法：发定点慢球体会完整动作。

加难法：发不定点快球，或在底线前 2～3 米发球，让接发球员体会接发的反应与完成动作。

3. 多种有球练习

（1）提高接发球准确性的练习。

多人轮流发球，要求接发球者把球回击到指定的区域内。

（2）提高接发球实战能力的练习。

有目的地安排单打或双打战术练习，互相对抗，可以提高接发球在实战中的心理素质。

(3) 多球式的接发球练习。

为了尽快地掌握发球技术,教师用多球发球,组织学生进行专门的接发球练习。为了增加送球的准确性和力量,教师可站在发球区域附近位置发球,应注意发球的落点、速度、旋转,可随接发球者水平的提高而增加。

4. 常见错误及纠正方法

(1) 接发时过度紧张。

纠正方法:要树立攻守平衡的思想;用抖动手臂、大腿或转动球拍等方法来消除紧张情绪。

(2) 判断不出对方发球意图。

纠正方法一:注意观察对方抛球时的位置,以及拍面触球的位置与触球瞬间用力方向。

纠正方法:原地快速小步跑,体会重心的正确位置;对方抛球时作变换左右支撑的小垫步,对方击球的瞬间,两脚前掌同时落地,双膝微屈,脚后跟稍抬起,保持重心在前。

(3) 回击的球打不准甜区。

纠正方法:全神贯注,时刻谨慎,早判断,按照预定线路回击。

(4) 回击球多下网。

纠正方法:小臂下压不要过早,找准合适击球位置。

(5) 接球时膝盖僵直或击球时跳起。

纠正方法:强调膝关节的弯曲可加快身体的移动速度,更好地维持身体的平衡,强调两脚的支撑可使接发球更加稳定,提高接发球的成功率,多练原地与移动中的接发球。

(6) 回击不及时,时常打不到球。

纠正方法:尽可能快地完成后摆动作。

(7) 击出的球不稳定。

纠正方法:握拍要紧,手腕要绷紧,特别是在接大力球的情况下要把握好拍面角度、球接触拍的时间、随挥动作。

(六) 截击技术教学方法

截击技术是在中场和网前得分的重要技术。在单打比赛中,截击技术主要在主动进攻随球上网情况下使用。在双打比赛中,截击技术是更为重要与常用的一项技术。

1. 教学步骤

(1) 明确截击技术特点。

(2) 建立截击球的完整动作概念。

(3) 教师进行完整动作示范与分解动作演示。

(4) 学生进行分解动作与完整动作练习。

2. 练习方法

(1) 分解法。

形象的练习方法如墙角或后档网站位,体会小幅度转体的控制与小引拍感觉。

(2) 完整法。

树立动作的连贯性概念及良好的身体稳定性,每一次都完整地进行动作练习。

(3) 减难法、加难法。

减难法:用较轻的球拍或握在拍颈处挥拍练习,体会身体的控制力与稳定性。

加难法:用加拍套或拍头套上塑料袋的网球拍练习动作,体会手腕的稳定性。

(4) 形象的"手铐"式练习方法。

让学生想象自己带了手铐,或用绳子将两手系起,进行截击挥拍动作,体会动作的控制性与规范性。

(5) 多种练习方法。

① 挥拍练习。

练习目的:熟练和巩固正反手截击技术,纠正错误动作等。

练习方法:练习时可背对墙或挡网,以避免引拍过大,注意动作的规范性。

② 对墙练习。

练习目的:纠正截击拉拍过大的问题,加快截击练习频率,提高练习质量。

练习方法:对墙距离 3 米左右,连续对墙 1.5 米高处击凌空球。反弹回来的球较低时,要降低重心击球。先练习正手截击,熟悉后再练习反手截击,然后正、反手交替练习。此外,也可进行双人对墙练习等。

③ 一抛一击练习(以正手截击为例)。

练习目的:重点体会手脚协调配合的动作,体会上步迎球,在身体前方击球的发力感觉。

练习方法:在网前跨步上前,用右手分别挡、接同伴扔向右侧或左侧的球,接着用右手握住拍颈,上前挡同伴的来球,最后握住拍底部进行常规的截击练习。

④ 两人对截练习。

练习目的:对击球落点和脚步移动有很高的要求,提高截击的连续性和准确性,模拟实战练习,有助于截击技术的快速提高。

练习方法:两人在网前相距 3 米左右,进行直线的连续正手截击练习,然后再进行反手截击练习,距离可适当拉长。两人在网前相距 4 米左右,沿斜线隔网站立,交替进行正反拍的连续截击练习,距离可适当拉长,加大难度。

⑤ 一送一截练习。

练习目的:模拟比赛实战,提高练习对抗水平,加大练习难度,提高截击技术的控制和进攻能力。

练习方法:教师在发球线后送多球,让学生分别进行定点的网前正手、反手截击球练习,要求学生的回球分别落在左、右、前、后定点位置。教练在底线击球送球,学生在网前截击直线、斜线球,教练将球回击到网前,学生再将球截击过网,如此连续做多回合的截击球练习。

⑥ 二对一截击练习。

练习目的:模拟实战,加快截击频率,进行有针对性的练习,针对截击薄弱环节,全面加强截击技术水平。

练习方法:网前做二对一的连续截击练习。在练习中,双方队员看准时机上网截击,直至熟练掌握,以提高网前截击技术。

(6) 易犯错误与纠正方法。

① 易犯错误:击球不准,经常打到拍框上。

纠正方法:要求学生在击球瞬间保持手腕固定。正手截击掌心指向来球;反手截击,手背面向来球。

纠正方法:教师在网前手抛送多球,学生手握球拍颈部进行截击多球练习。

② 易犯错误:手腕外翻,击球不准。

纠正方法:要求学生每次击球结束后,自查拍面是否指向击球落点方向,并保持此动作两秒,加深动作记忆,避免翻腕等错误动作。

③ 易犯错误:引拍太大,击球点靠后。

纠正方法一:学生背向紧贴墙壁或后挡网进行正反手截击挥拍练习。

纠正方法二:教师手抛或持拍送多球,学生双手手腕用绳固定,进行正反手"手铐"式截击练习。

④ 易犯错误:截击动作不熟练,击球点不准确。

纠正方法:徒手接球练习,教师先手抛送球,学生模拟截击动作并徒手接球,重复练习;然后,教师隔网持拍送球,学生模拟截击动作并徒手接球,重复练习。

(七) 高压球技术教学方法

1. 教学步骤

高压球技术是主动进攻压制对手后,当对手防守挑中后场高球时,在头部上方用扣杀动作还击的一项技术手段。当对方挑高球时,应立即侧身转体后撤步,持拍手上举至头部位置向后引拍,随时准备扣杀。

(1) 明确高压球技术的特点与使用时机。

(2) 建立高压球的完整动作概念。

(3) 教师进行完整动作示范与分解动作演示。

(4) 学生进行分解动作与完整动作练习。

2. 练习方法

(1) 分解法。

要明白选位的重要性以及跑动的步法要领,使用大陆式或东方单反握拍方法,注意空间位置的选择,身体朝向侧方后撤,以扩大击球点在头顶上方由前至后的空间区域。这其中,若变换拍面的触球角度与发力方向,可以向各个方向打出各种旋转的球。

(2) 完整法。

树立动作的连贯性概念及良好的身体稳定性。

(3) 多种有球练习方法。

① 手臂"鞭打"动作。

练习目的:体会打高压球手臂发力的感觉。

练习方法:抬高肘关节,向前、向上、向远处扔球,或手持毛巾等软状物体,连续做向前、向上"鞭打"动作。

练习要点:动作放松,大关节带动小关节,大肌肉带动小肌肉,动作协调。

② 移动接球练习。

练习目的:提高移动判断击球点的能力。

练习方法:教师在中场送高球,学生站在对面场地中间,通过脚步移动,在身体前面最高点伸直右手接球。

练习要点:脚步不停移动,体会击球点的不同位置。

③ 对墙高压球练习。

练习目的:提高移动判断能力,体会击球动作过程。

练习方法：在距离练习墙6～7米处自行抛球，对准墙上标志（应高于球网）进行高压球练习，可连续击打高压球后的反弹球。

练习要点：脚步积极移动，注意侧身对球，控制击球力量，保持动作的连贯性。

④ 击打手抛高压球。

练习方法：练习者站在网前2～3米处，同伴站在其侧面将球抛向练习者身体右侧前上方，练习者采用高压击球动作将球凌空击过网。

练习要点：调整脚步，控制力量，体会完整高压击球技术。

⑤ 后退高压球练习。

练习目的：加强后退击打高压球的能力。

练习方法：练习者站在球网后面，同伴站在对面场地。练习者用球拍触碰球网的同时，快速后退，并用球拍击打同伴所抛的高球。

练习要点：后退时，采用交叉步移动，开始时步子要大，送球者要控制好送球节奏，待练习者球拍触网后再送球。

⑥ 全场高压球练习。

练习目的：提高在场地不同区域处理高压球的能力。

练习方法：练习者站在发球线与发球中线的交界处，同伴在中场用球拍依次或随机送近网、中场、后场的定位高球，练习者调整步法，做高压球击球练习。

练习要点：注意脚步快速移动，击球时要保持身体重心平稳并侧身。

（4）易犯错误与纠正方法。

① 易犯错误：击球位置不准，不能准确判断击球点与击球时机。

纠正方法：学生练习时教师在场边语言提示，或学生两人一组练习，一人在旁口令提示："前进、后退、击球"，进行高压球练习。

② 易犯错误：手腕"鞭打"动作不明显，击球无力。

纠正方法一：要求学生击球时，球拍触球角度要正确，使球飞出的路线与拍面垂直，并注重体会协调运用腰腹与手臂力量扣球。

纠正方法二：甩毛巾练习，体会并加强"鞭打"动作。

③ 易犯错误：非持拍手指球不准。

纠正方法：教师隔网送多球，要求学生击球前保持侧身对网，非持拍手上臂紧贴耳朵，且肘部指向来球，保持球在头部的前上方，做好击球准备后完成挥拍击球，重复练习。

④ 易犯错误：击球下网失误较多。

纠正方法：教师隔网送多球练习，在底线1米处设置标志物，要求学生每次击打高压球时，站于球的正下方做好击球准备，尽力将球打向标志物，提高击球落点深度。

### （八）挑高球技术教学方法

挑高球技术通常被用在防守中，在被动的情况下不能充分完成具有威胁的击球，则采用挑高球的方法过渡，为自己赢取复位时间，为下一拍球做好准备。但有时选手也会出于某种战术目的而在对攻中挑高球，通常把前一种称为防御性挑高球，后一种称为进攻性挑高球。挑高球具有落点深、弧线大和反弹高等特点，是应对上网战术常用的策略。

#### 1. 教学步骤

（1）明确挑高球技术的特点与使用时机。

(2) 建立挑高球的完整动作概念。

(3) 教师进行完整动作示范与分解动作演示。

(4) 学生进行分解动作与完整动作练习。

2. 练习方法

(1) 分解法。

① 挑高球动作要尽可能和底线正、反拍上旋抽击球动作一样。完成引拍动作时，要使手腕保持后屈。

② 在挥拍击球时，拍面垂直，拍头低于手腕的位置，采用手腕与前臂的滚翻动作，由后下向前上挥拍，做弧线形鞭击动作，使球拍在击球瞬间进行擦击，以产生强力上旋，击球点在身体侧前方，重心落在后脚。

③ 击球后，球拍必须朝着出球方向充分跟进，随挥动作要放松并在身体侧方结束。

(2) 完整法。

树立动作的连贯性概念及良好的身体稳定性。

(3) 多种有球练习方法。

① 原地挑高球练习。

练习目的：巩固挑高球技术动作，加强落点控制能力。

练习方法：教师在网前喂球，学生站在底线附近挑高球过顶，要求落点在底线附近。

② 左右移动挑高球练习。

练习目的：加强侧向移动能力，提高防守移动中的挑高球质量。

练习方法：教师向学生的两侧喂球，学生在跑动中用正、反手挑高球到底线附近。

③ 前后移动挑高球练习。

练习目的：提升前后移动能力，把握前进和后退移动中挑高球的控制水平。

练习方法：教师依次送出浅球与深球，学生在向前和向后跑动中挑高球到底线附近。

(4) 易犯错误与纠正方法。

① 易犯错误：动作不隐蔽，使对方有所准备。

纠正方法一：教师站于中场发球线处持拍送球，学生在底线原地或移动挑高球，击球前大幅度降低重心与拍头，击球时用力蹬地向上刷球，使球产生强烈的上旋，要求每次击球须越过教师头顶并落在球场内，重复练习。

纠正方法二：教师隔网持拍送球，学生站于底线连续完成一次抽球后再挑高球，重复练习，提高挑高球动作的隐蔽性。

② 易犯错误：挑球高度、深度不够。

纠正方法：教师站于中场发球线处持拍送球，学生在底线原地或移动挑高球，要求每次击球须越过教师头顶并落在球场内，重复练习。

(九) 放小球技术教学方法

高质量地放小球一般具有隐蔽性且有下旋，落地后前跳少。当对手被拉出场外或站在底线后，或体能下降，移动较慢，使用放小球技术主动把对手调动到网前。

1. 教学步骤

(1) 明确放小球技术的特点与使用时机。

(2) 建立放小球的完整动作概念。

(3) 教师进行完整动作示范与分解动作演示。

(4) 学生进行分解动作与完整动作练习。

2. 练习方法

(1) 分解法。

① 做好准备姿势，双膝弯曲，持拍于身体前方，眼睛注视前方或来球，身体放松。

② 转体拉拍，拍头高于手腕，持拍手臂微弯曲，略侧身转体带动球拍向侧上方引拍，拍面指向来球方向，身体重心压在来球同侧腿上，做好击球准备。

③ 击球动作，持拍手向前下方挥出，击球后中部向底部切出，使球产生下旋，动作隐蔽，且简练、短小。

④ 击球结束后，面向球网，还原成准备姿势。

(2) 完整法。

树立动作的连贯性概念及良好的协调性。

(3) 多种球练习方法。

① 颠切球练习。

练习目的：体会切球、摩擦球体侧面使其产生旋转的感觉。

练习方法：学生站在原地，将球抛起，用正、反拍切球方式，让拍面沿半圆的轨迹凌空切球，注意不要让球落地，连续进行。

② 自抛自切球练习。

练习目的：体会当球反弹后下落时，切下旋球的用力感觉，提高动作熟练性。

练习方法：学生自己抛球待落地反弹后，用切下旋球的方式进行练习，开始不强调落点，而强调落地后的回弹效果，有一定切球控制感后，提高练习难度，加大切球距离，力求落点在离球网 2 米附近。

③ 凌空放小球练习。

练习目的：提高对球的判断与控球能力。

练习方法：学生站在底线将球抛起，高于头顶约 0.5 米，用正手或反手切削球方式，凌空放小球。

④ 多球练习。

练习目的：结合多项技术，进行放小球组合练习，加大练习难度，提高实战能力与放小球质量。

练习方法：教师在网对面持拍送球，学生站在底线或半场练习放小球，可以结合正拍、反拍以及高压球等技术，形成多拍放小球组合练习。

(4) 易犯错误与纠正方法。

① 易犯错误：短球放得过高、过长。

纠正方法一：要求学生掌握动作要领，后摆动作不可过大，接触球瞬间用力击打球的后下部或向底部摩擦，使球产生急剧的下旋，随球动作简短、放松。

纠正方法二：在球网附近 1 米处放置标志物，教师持拍送球，学生在中场或底线练习放小球，要求每次击球瞄准标志物，提高落点精确性与动作的控制能力。

② 易犯错误：放小球时，持拍手抬肘过高。

纠正方法：多球练习时，要求学生降低重心，尽量手与肘同高，肘部靠近身体，完成放小球动作。

（十）反弹球技术教学方法

反弹球是一种对于对方击打到自己脚下的球，在无法完成正常挥拍的情况下，借助对方回球的力量，将球快速回过去的过渡手段。虽然无法完成较大力量的回击，但是快速的回击也能给对方带来一定威胁。

1．教学步骤

（1）明确反弹球技术的特点与使用时机。

（2）建立反弹球的完整动作概念。

（3）教师进行完整动作示范与分解动作演示。

（4）学生进行分解动作与完整动作练习。

2．练习方法

（1）分解法。

① 反弹球一般比较突然，准备时间较短，因此，动作应该迅速简短。

② 当球刚弹起时击球，击球点很低，击球前必须屈膝降低重心在身体的侧前方击球，球拍垂直于地面，击球时，手腕紧绷并控制拍面角度，借力前推击球。

③ 为了获得一定的深度，击球后随挥动作要充分向前，动作结束后还原到准备姿势。

（2）完整法。

要树立动作的连贯性概念，使动作更标准。

（3）多种有球练习方法。

① 基本击球动作练习。

练习目的：体会动作过程，巩固击球动作。

练习方法：自己用手向上抛球，随后转体引拍，待球落地后用正拍或反拍击球动作将球击打过网。

练习要点：用完整的动作过程体会击球动作方法，根据落点的不同调整击球力量、方向和拍面。

② 击定点球练习。

练习目的：掌握反弹向前击球动作及固定击球点。

练习方法：练习者站在底线右区或左区，首先做好引拍动作，同伴站在侧方并将球放在练习者击球点上方，然后让球自由落下，待球落地反弹后，练习者运用正拍或反拍击球过网。

练习要点：眼睛盯住同伴手中的球，同时双脚做分腿垫步，保持重心稳定，判断球落地后的反弹时机，看准球向前完成击球动作。

③ 底线击中距离送球练习。

练习目的：加强正、反拍击落地球的稳定性。

练习方法：练习者面向球网站在底线中间，同伴站在靠近球网与单打边线交界处用球拍送球，进行正、反拍定点击球练习。定点击球动作熟练后可进行一正一反击落地球练习。如需加大难度，可由定点过渡至移动击球，区域也逐步扩大，击完球后快速回到中点。

练习要点：当同伴球拍接触到球时，就应及时转体引拍，击球前脚步定要做出小碎步调整，使击球点更加准确，并保证击球动作完整。

④ 底线击远距离送球练习。

练习目的：提高移动能力，加强对来球的判断，进一步完善击球的稳定性与完整性。

练习方法：练习方法与练习要点与“底线击中距离送球练习”基本一致，不同的是送球者位置是在对面场区T点附近。

(4) 易犯错误与纠正方法。

① 易犯错误：引拍幅度过大，造成来不及击球或击球点偏后。

纠正方法：教师隔网持拍送球，学生进行反弹球练习，要求在学生身旁放一固定物挡住引拍，减小引拍幅度。

② 易犯错误：屈膝弯腿不充分，击球时重心太高。

纠正方法：教师隔网持拍送球，学生进行反弹球多球练习，准备时注意屈膝弯腿而不是弯腰，击球时身体不要上下起伏太大，击球后仍保持屈膝弯腿。

③ 易犯错误：击球瞬间，眼睛不盯球，造成漏击或击球不准。

纠正方法：教师隔网持拍送球，学生进行反弹球多球练习，要求学生击球时眼睛始终盯着球，拍子对准来球，击球时眼睛紧盯击球点，然后还原准备下一次击球，重复练习。

④ 易犯错误：击球时手腕太松，击球无力。

纠正方法：教师持拍进行快球与慢球的交替送多球，学生练习反弹球时，注重体会击球时手腕紧固和放松的不同感觉，提高手腕用力的灵活性。

## 第三节　网球运动教学文件的制定

为了使网球教学工作顺利进行，就必须制定出相应的教学文件，按照教学文件的要求采取各种教学组织策略，从而完成教学任务。网球教学文件主要包括教学标准、教学进度与课时计划、教学工作总结等。

### 一、教学标准

#### (一) 教学标准的作用

网球教学标准是依据教学计划而制定的课程教学纲领性文件，它反映出网球课程在教学计划中的地位，是网球课程组织和教师个人组织网球课程教学工作的基本依据。在教学标准中规定了课程教学的基本任务，体现了课程教学工作的主导思想，限定了教学的知识范围，确定了课程的考核标准，是衡量教学任务完成情况的基本依据。科学合理的教学标准能够使课程教学更好地为学校网球的培养目标服务。

#### (二) 教学标准的内容

1. 教学目的及要求

教学目的及要求主要阐述本门课程在教育、教学及素养方面的具体任务。一般包括网球课程专业知识技能方面的要求，发展学生身体素质方面的要求以及思想品德教育等方面的要求。

2. 教学内容与学时分配

阐述课程中理论、技术、战术、基本规则、裁判法及相关的基本能力培养等不同教学内容的时数划分比例、理论教学与实践教学的比例等，通常以表格的形式来表述。

3. 教学内容纲要

教学内容纲要是教学标准的主体部分。它通过知识点的形式把教材中各章节的内容包括政治素质教育、体能素质教育、实践能力培养的内容详细罗列出来，并根据教学的要求，选定不同的教材。

4. 考核方法

依据教学目的确定课程考核方法与标准。

5. 教材及主要参书

列出本门课程使用的教材和主要教学参考书。

（三）制定教学标准的基本要求

（1）从实际出发，体现教学计划中规定的培养目标与要求，准确地提出网球教学的总任务。

（2）根据教学任务合理地精选教材，把主要的、基础的和先进的知识内容列入教学标准，主次分明，注意科学性、系统性及实用性。

（3）合理地分配教学的时数，注意理论教学与实践教学的适当比例，以确保教学任务的完成。

（4）重视考核的内容与方法，合理地确定理论知识与技术实践考核成绩在总成绩中所占比例，使考核结果能够有效地衡量学生学习的水平。

## 二、教学进度

教学进度是根据教学标准所规定的任务、内容和时数分配，把教材内容具体落实到每次课中的教学文件。

（一）教学进度的作用

网球教学进度是依据网球知识技能与认知学习基本规律而确定的教学内容的逻辑序列，是根据教学标准所规定的任务、内容及学时数分配，把教材内容具体落实到每次课中的教学文件。合理的教学进度对提高教学质量与效果具有重要作用。

（二）教学进度的格式

网球教学实践中，通常采用的教学进度有顺序名称式、表格符号式两种格式。

1. 顺序名称式

顺序名称式是指按课次的顺序将各类教材的名称填入表格的教学内容栏内，在课程类型内填写采用的组织方式，如理论讲授、实践教学和研讨等，其他事项填入备注栏（见表 6-1）。

**表 6-1 顺序名称式**

| 课次 | 教学内容 | 课程类型 | 备注 |
| --- | --- | --- | --- |
| 1 | | | |
| 2 | | | |
| 3 | | | |

2. 表格符号式

表格符号式是指将教材的内容按编号顺序逐个列入教学内容栏内，然后按出现的先后顺序在相应的课次栏内分别做出标记，科学地排列组合，从而反映出每次课的教材安排和整个教材排列的顺序及数量(见表 6-2)。

**表 6-2　表格符号式**

| 编号 | 教学内容 | 时数 | 出现次数 | 课次 | | | | | | | | | | | | |
|---|---|---|---|---|---|---|---|---|---|---|---|---|---|---|---|---|
| | | | | | | | | | | | | | | | | |
| | | | | | | | | | | | | | | | | |
| | | | | | | | | | | | | | | | | |

(三) 教学进度的基本要求

1. 突出重点，兼顾全局

教学进度要根据教学标准的要求和运动技能形成的规律，把教材内容安排到适当的位置。要在全面考虑的基础上，增加重点教材内容出现的次数，使整个教学过程科学、合理地进行。

2. 遵循逻辑关系，合理利用迁移理论

教学进度要体现网球运动和网球教学的自身逻辑特点，知识单元和技术的排列要体现合理的逻辑关系。

3. 循序渐进

教学进度要遵循循序渐进原则，合理分配每次课的不同教材分量，各类教材合理搭配。

4. 理论结合实践

教学进度应体现出理论课与实践课的相互配合。要本着理论指导实践的精神，有针对性地安排好理论课教学。实践课的教学要采用多种形式，从而有利于学生发展多种技能。

## 三、课时计划

课时计划即教案，是教师为完成教学任务而制定的文件之一，是教师经过备课、以课的组织形式编制的教学实施方案，是教师上课的具体依据。课时计划的基本形式主要包括表格式与条文式。表格式课时计划的特点是结构固定、简单，教学内容与组织教法一 一对应；而条文式则一般用于理论课教学，供教师讲授提纲与组织教法的方式配合理论课讲稿共同使用。

1. 提出教学任务

编写教案时要依据培养目标的要求、教学进度的安排、教材内容的性质与学生的实际情况提出具体的教学任务。网球教学任务要全面体现网球教学在教育、教学与教养方面的任务。教学任务要提得准确，便于检验教学的效果。不同的教材内容可提出不同的任务。如“初步掌握”“基本掌握”“改进提高”和“初步运用”等。

2. 明确教学组织模式

针对课的任务合理确定教学的组织模式。实践课的教学可采取常规教学或现代教学的模式，理论课可采用以讲授为主、讨论为辅的模式。通常在组织严密的情况下，也可采取问题式与讲演式的教学模式。

3. 合理安排教学方法

依据教学内容、学生的实际情况和场地设备条件来选择教学方法。讲解、示范、练习、纠正错误和反馈与强化等手段在不同课中运用要有所侧重，教法要灵活多样，相互配合，防止简单枯燥。

4. 确定运动负荷

在课时计划中要对运动负荷做出合理的估计，通过练习的安排使运动量与强度反映出课的重难点，有利于学生掌握网球技能和提高身体素质。

5. 注意课程之间的衔接

在课时计划中要体现出前后课次的衔接，学习新内容时要安排复习前面学过的内容，做到温故知新。

### 四、教学工作总结

课程结束时，教师要向教研室和上级主管部门提交教学工作的总结性文件，它是教师自身评价教学任务完成情况、总结经验和找出差距的文字材料。在提交教学工作总结时要实事求是地反映教学过程，要注意总结教学规律，发现影响教学质量的新问题，为在下一轮教学中进行深入研究提出课题，使教学质量不断提高。教学工作总结一般包括：

1. 基本情况介绍

基本情况包括课程性质与任务，教学的时数、学生的人数及所在的院系和班级、教学的条件等情况。

2. 学生状态总体评价

分析教学中学生主体作用的发挥情况，同时要对学生的学习成绩做出客观的分析，必要时可进行比较，以数据和事实根据对教学过程做出准确的评价。

3. 教学改革情况

列出教学过程中采取的教学改革方案或措施，并实事求是地对执行情况做出自我评估分析，找出不足，总结经验。

4. 设想和建议

根据本阶段或学期教学任务的完成情况和分析，对下一轮教学工作提出改革的设想和建议，必要时可建议教研室和教学主管部门组织专题进行研究。

## 第四节　网球运动教学效果评价

网球运动教学效果评价能够使教师根据学生反馈的信息对原有的教学设计做出必要的、及时的、适当的调整，从而有效地控制信息的变换过程，使得网球这个教学系统保持着基本的动态平衡，从而取得最佳的教学效果。通过网球教学效果评价，教师可以了解学生在某一教学阶段掌握基本知识、技能、技术的状况和存在的问题，以及教学目标制定得是否合理，教学形式、方法以及手段运用是否得当，教学的重点、难点是否突出，从而分析原因，确定对策和具体措施。网球教学评价能够帮助教师了解其教学质量和水平，调动教师教学工作的积极性，使教师明确网球教学的方向。同时还可以考查和鉴别学生进行网球学习的状况和发展水平，评定学生体育成绩，从而对学生学习网球起到导向与激励性的作用。

## 一、网球教学评价原则

### （一）客观性原则

评价者要以真实的资料为基础，对网球教学活动的过程和成果做出客观的价值判断。客观性原则追求的主要是评价结论与客观事实的一致性，要贯彻好客观性原则，就要在网球教学活动中做到以下几点：第一，制定明确的、具体的评价标准，并且严格执行；第二，在搜集评价对象的信息时要做到准确全面；第三，规定严密合理的评价程序，并在评价过程中遵循公平、公正的原则；第四，提高评价者的职业道德素养。

### （二）全面性原则

网球教学评价的全面性原则是指在进行网球教学活动评价时，应对网球教学的各个方面做多角度、全方位的考察，不能以点带面、以偏概全。在具体实施时，一要使评价标准全面，保证其整体性；二要根据教学对象与教材的特点有所侧重，抓主要矛盾，解决主要问题；三要将定性评价与定量评价结合起来，全面准确地评价实际教学效果。全面性原则指的是网球教学要对评价对象的各个方面进行全面的评价，不应特别突出某一方面。

### （三）科学性原则

网球教学评价的科学性原则指的是在网球教学评价过程中，应用科学的方法和技术去评价客观事实。需要做到三点：一是要有科学的态度，做到客观公正，实事求是；二是要建立一个合理的评价指标体系，提高网球教学评价理论与技术的科学性；三是要采用科学的评价方法，使评价结果准确、可靠。

### （四）激励性原则

网球教学评价的激励性原则指的是教学评价应促使评价对象继续努力或在以后的工作中改善不足之处，从而提高活动效果的动机或期望。贯彻激励性原则，首先要做到教学评价的过程和结果客观、公正、合理、准确；其次要从评价对象的实际出发，充分考虑客观条件，为评价对象提供活动的可能性空间，使评价对象乐于接受评价的结果。

## 二、网球教学效果评价内容

### （一）对普通学生的评价

对普通学生的评价，应从教学的基本目标出发，对学生的现状及到达目标的程度进行全面的考查。对学生的评价一般包括以下三个方面。

#### 1. 对学习成绩的评价

（1）体育基础知识。学生对体育与健康知识能很好地理解与运用。

（2）基本运动技能。学生掌握网球运动的基本方法和技能，积极地进行体育锻炼，提高运动能力，掌握常见运动创伤的处置方法等。

（3）身体素质及体育意识行为。学生积极参加体育活动并形成体育锻炼的习惯，养成终身体育的意识，制定一定的体育锻炼计划，具有一定的体育文化欣赏能力等。

#### 2. 对学习能力的评价

学习能力是一个人在学习过程中所能表现出来的各种智力和心理能力。学习能力评价的目的是为了调查了解学生的学习能力状况以及个体差异，为完成既定的教育、教学目标提供有用的信息资料，从而培养学生各方面的能力。

3. 对学生品德和个性的评价

对学生品德的评价包括热爱中国共产党、热爱社会主义祖国、遵守纪律、尊重他人、团结友爱等集体意识和良好作风。个性评价包括勇敢、顽强和强烈的进取心，注重能力的培养，启迪思维，培养学生的主动性和创造性。

（二）对网球专业学生的评价

对网球专业学生的评价主要包括专项素质、基本技术和比赛三个部分。

1. 专项素质(10 分)

专项素质测试一般可以选择一种与专项能力较为匹配的身体素质进行测试，比如 5 点扇形折返跑。

(1) 测试方法。将一支球拍放在底线中点后面，拍头指向球网，5 个球的位置如图 6-1 所示。从底线中点开始，沿着逆时针方向依次取回 5 个球，将每次取回的球放在球拍拍面上。测试员喊“预备—开始”之后，秒表计时开始，记录完成的时间。

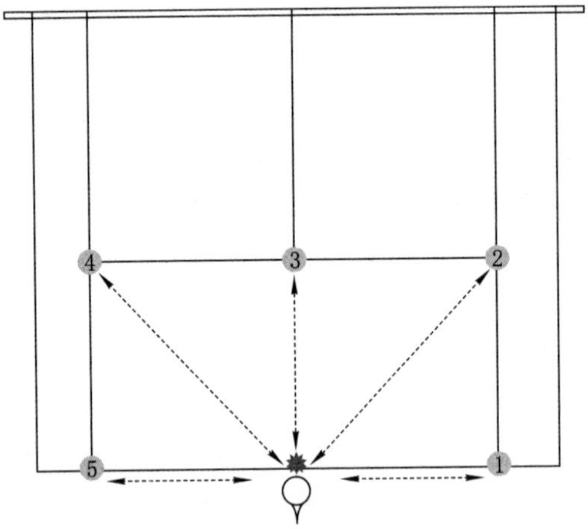


图 6-1 扇形折返跑

(2) 评分标准。网球扇形跑评分标准如表 6-3 所列。

**表 6-3 网球扇形跑评分标准表**

| 分值 | 成绩(秒) | |
|---|---|---|
| | 男 | 女 |
| 10.0 | 15.0 | 16.0 |
| 9.5 | 15.5 | 16.5 |
| 9.0 | 16.0 | 17.0 |
| 8.5 | 16.5 | 17.5 |
| 8.0 | 17.0 | 18.0 |
| 7.5 | 17.5 | 18.5 |

表 6-3(续)

| 分 值 | 成绩(秒) | |
|---|---|---|
| | 男 | 女 |
| 7.0 | 18.0 | 19.0 |
| 6.5 | 18.5 | 19.5 |
| 6.0 | 19.0 | 20.0 |
| 5.5 | 19.5 | 20.5 |
| 5.0 | 20.0 | 21.0 |
| 4.5 | 20.5 | 21.5 |
| 4.0 | 21.0 | 22.0 |
| 3.5 | 21.5 | 22.5 |
| 3.0 | 22.0 | 23.0 |
| 2.5 | 22.5 | 23.5 |
| 2.0 | 23.0 | 24.0 |
| 1.5 | 23.5 | 24.5 |
| 1.0 | 24.0 | 25.0 |

2. 基本技术(50 分)

(1) 底线正、反手击球(技术评定 20 分)。

考生抽签分组底线正、反手击球,考官根据考生水平可适当调整。评分标准及要求:

A. 动作协调规范,移动迅速,击球有力,稳定性高,运用技术合理,能控制速度与旋转,16≤得分≤20。

B. 动作基本协调规范,移动迅速,击球力量一般,稳定性较好,运用技术较合理,较能控制速度与旋转。13≤得分<16。

C. 动作基本协调规范,移动迅速,击球力量好,稳定性一般,合理运用技术一般,控制速度与旋转一般。10≤得分<13。

D. 动作不规范,协调性较差,移动较慢,只求稳定击球不敢发力,运用技术不合理,不能控制速度与旋转,7≤得分<10。

E. 动作不规范,协调性较差,移动较慢,击球无力,稳定性差,0≤得分<7。

(2) 网前正、反手截击(10 分)。

由技术评定和达标两部分组成(每部分 5 分)。

技术评定要求:考生在离球网 2 米处准备,每位考生连续 10 次截击球(正、反手各 5 次)。

A. 握拍正确,上、下肢配合协调,击球点好,击球速度快,稳定性高,4≤得分≤5。

B. 握拍正确,上、下肢配合基本协调,击球力量一般,稳定性一般,2≤得分<4。

C. 动作不规范,上、下肢配合不协调,击球不敢发力,稳定性差,0≤得分<2。

(3) 中场高压球(10 分)。

由技术评定和达标两部分组成(每部分 5 分)。

技术评定要求:考生在中场准备,每位考生连续击 5 次高压球。

A. 握拍正确,步伐调整好,身体用力协调,击球速度快,稳定性高,4≤得分≤5。

B. 握拍正确,步伐调整较好,身体用力基本协调,击球速度一般,稳定性较差,2≤得分<4。

C. 动作不规范,上、下肢配合不协调,击球不敢发力,稳定性差,0≤得分<2。

(4) 发球(10 分)。

由技术评定和达标两部分组成(每部分 5 分)。

技术评定要求:考生按比赛发球规则发球,一区、二区分别发 5 个球。

A. 握拍正确,上、下肢配合协调,击球点好,击球速度快,稳定性高,二发旋转好,4≤得分≤5。

B. 握拍正确,上、下肢配合基本协调,击球力量较小,稳定性一般,二发旋转一般,3≤得分<4。

C. 动作不规范,上、下肢配合不协调,击球不敢发力,稳定性差,二发没有旋转,0≤得分<2。

具体评分可参见表 6-4 所列。

**表 6-4　网球基本技术达标评分表**

| 有效击球个数(个) | 10 | 9 | 8 | 7 | 6 | 5 | 4 | 3 | 2 | 1 |
|---|---|---|---|---|---|---|---|---|---|---|
| 截击(得分) | 5 | 4.5 | 4 | 3.5 | 3 | 2.5 | 2 | 1.5 | 1 | 0.5 |
| 高压(得分) | | | | | | 5 | 4 | 3 | 2 | 1 |
| 发球(得分) | 5 | 4.5 | 4 | 3.5 | 3 | 2.5 | 2 | 1.5 | 1 | 0.5 |

3. 比赛(40 分)

要求:单打比赛,采用十一分制,先胜十一分且净胜两分者为比赛胜者。根据考生实际人数进行赛制安排,第一阶段抽签分组循环,第二阶段淘汰赛。

(1) 技术评定(20 分)。

A. 技术全面,能根据场上对手的情况合理地运用技术和战术,动作协调,步法好,移动快,心理素质好,应变能力强。16≤得分≤20。

B. 技术较全面,能根据场上对手的情况较为合理地运用技术和战术,动作较协调,步法较好,移动较快,有较好的应变能力。12≤得分<16。

C. 技术较全面,能根据场上对手的情况较为合理地运用技术和战术,动作较协调,步法较好,移动较快,应变能力一般。8≤得分<12。

D. 技术不全面,不能根据场上对手的情况较为合理地运用技术和战术,动作不协调,步法一般,移动一般,应变能力差。0≤得分<8。

(2) 比赛成绩(20 分)。

比赛成绩$=(N-R+1)/N\times20$,其中 $N$ 为考生人数,$R$ 为比赛名次。

**【课后讨论】**

(1) 网球教学的基本原则。

(2) 网球教学方法。

(3) 举例说明完整与分解法教学法。

(4) 网球正手击球的基本教学步骤、易犯错误与纠正方法。

(5) 网球发球技术的基本教学步骤、易犯错误与纠正方法。

(6) 网球教学效果评价的基本原则。

# 第七章　网球运动训练

**本章概要**

本章介绍了网球运动训练特点、训练原则与方法、训练计划，同时对网球运动体能、心理素质及网球运动技能训练进行了详细阐述。

**学习目标**

(1) 熟知网球运动的特点。

(2) 掌握网球运动训练的原则与方法。

(3) 掌握网球训练计划制定的内容与方法。

(4) 掌握网球运动体能、心理及技能的训练方法。

## 第一节　网球运动训练特点

网球运动训练是在教练员的指导下，为不断提高网球运动成绩而专门组织的一种教育过程。网球运动训练的主要任务就是提高技战术水平和网球理论知识水平，发展网球训练比赛所需要的心理品质与运动智力水平，全面加强与提高网球运动员各器官系统的生理机能，以及发展与提高网球专项身体素质与体能水平，培养运动员高尚的优良品质，促进运动员全面、和谐与健康发展。

### 一、重视科学选材与基础训练

现代网球运动竞争激烈、对抗性强，网球技术复杂，战术变化多。近年来优秀网球选手成熟较早，选材的年龄也随之提前。选拔条件优越的少年，提高成材率，是网球运动科学选材的工作重点。青少年运动员早期良好的基础训练对于网球运动员的日后成长奠定了坚实的基础，决定了青少年运动员日后提高的水平，因此，启蒙与基础训练阶段具有重要的作用。

### 二、重视系统性的科学训练

在多年训练过程中，各个阶段目标的序列演进常常是不可逆的，每个阶段训练都有各自的任务和特点，并相互衔接，才能形成多年完整的训练过程。违反这个规律不但不能提高运动水平反而会导致运动员伤病或早衰。

### 三、重视运动素养和心理品质的训练

高水平的网球竞赛竞争激烈，势均力敌的比赛不仅需要耗费很大的体能，而且需要具备坚实的技战术基础以及顽强的品质。因此，没有良好的运动素养和顽强的品质，根本无法掌

握高难度的技术动作和应对用复杂多变的战局。因此，重视运动素养和心理素质的训练是网球训练的重中之重。

### 四、重视训练和比赛需求相结合

比赛是训练成果的检验，也是一种重要的训练手段。比赛与训练合理地安排，相辅相成，是优秀网球运动员成长的重要手段。

### 五、重视训练方法的改革和创新

网球训练方法随着科技的进步也在不断改革与创新，大数据、电脑、录像与高速摄影等先进技术应用于训练和比赛，大大推动了网球训练的科学化进程。

### 六、女子训练“男子化”

男子网球的开展早于女子网球，现代网球运动训练实践中，女子训练经常借鉴男子的经验，很重视运动素质的训练，在体能与专项素质等方面有了很大的提高。选择男子陪练，以提高练习的强度和难度，许多男子的训练方法被女子采用，男子的高难技术也被女子学习和掌握，这些都促进了女子网球水平的提高。灵活的步法，充沛的体能，使新一代重视力量训练的女子网球运动员成为网球运动的佼佼者。

## 第二节　网球运动训练原则与方法

### 一、网球运动训练原则

网球运动训练原则是网球训练客观规律的反映和内在本质的体现，是网球运动训练长期积累的具有普遍意义的经验总结与概括，决定着网球训练的基本方法和效果。

（一）系统性原则

网球运动的系统性原则指从最初的训练阶段开始，一直到出现优秀成绩以及保持并不断提高技术水平的整个训练过程，前后连贯而不中断。实践证明，优秀的运动成绩来源于多年的系统训练。这是因为学习与掌握运动技能的本质，就是建立运动条件反射，间断训练会使已建立起的条件反射消退。在网球运动训练实践中贯彻系统性原则应注意以下几个方面。

（1）课与课、周与周、周期与周期、训练阶段与阶段过程之间，在训练内容、重点、方法、运动负荷的安排上要有机地结合起来，使上一次训练成为下一次训练的准备，使下一次训练成为上一次训练的继续和提高，使每一次训练都取得良好的训练效果。

（2）科学地安排好训练与休息时间是进行持续不间断训练的根本保证。

（3）要做好训练的周期性安排，要使身体训练与技能训练相互结合。

（4）在比赛期，要制定调整运动量的措施，以此在比赛前进入最佳竞技状态。

（二）周期性原则

网球运动的周期性原则是指根据训练阶段的不同，将整个训练过程划分为几个运动周期循环地进行。周期性原则的依据是竞技状态的提升，是在前一周期基础上累计，以不断创造优异运动成绩的客观规律。每一个周期或不同训练阶段，都有着各自的训练任务、训练内容与负荷量、训练手段与方法，它们彼此之间既相互独立又相互衔接。

网球运动训练实践中，贯彻周期性原则要做到以下几点。

(1) 根据训练对象的特点和任务，对训练周期进行科学安排。

(2) 合理安排周期之间的衔接，使训练水平都能在前一周期的基础上有所提高。

(3) 不断调整每个小周期的训练内容、负荷等，以合理控制每个训练周期。

(三) 循序渐进原则

循序渐进原则符合人体动作形成的客观规律。在运动训练中，人体结构的改变、运动能力的提高、内脏循环功能的改善，都是由于机体的神经系统通过对运动系统及其他内脏循环系统反复多次调节而形成的适应性反应。这种适应性结果的形成是一个相当复杂的协调过程，仅仅靠几次训练是无法实现的，因此，只有长期坚持身体素质与技战术的训练，才会由量变到质变。在训练实践中，运动技能的完善提升及身体素质的突破，都是对原有生理机能平衡和神经系统的再塑造，因此必须坚持循序渐进的原则。

具体来说，网球运动训练实践中遵循循序渐进的原则需要注意以下几个方面。

(1) 在训练内容、方法、步骤、运动负荷、练习难度的安排上，须遵循循序渐进原则。

(2) 在学习和掌握新技术与新战术时，需要逐步提高质量要求。

(3) 训练要本着学习、巩固、提高、再学习、再巩固、再提高的发展规律来进行。任何一项训练内容，都要求达到一定效果。

(四) 科学负荷原则

科学负荷原则是指在网球训练中应合理安排运动负荷，主要是依据疲劳与恢复过程的关系、超量恢复理论及负荷不变身体机能活动更加“节省化”等理论而提出的。网球运动训练遵循科学负荷的原则应注意以下几点。

(1) 运动负荷的大小是相对的，主要是由球员的训练水平而定的。运动员机体所能承担的运动负荷的最大限度，是随着训练过程的发展而变化的。教练员要通过实践与科学研究、资料积累，逐步确定球员负荷的限度。

(2) 明确训练中大运动负荷本身不是目的，只是提高运动员训练水平的一个手段。

(3) 运动训练实践中要注意不同运动量的相互组合，应该按照“加大—适应—再加大—再适应”的过程发展。

(4) 处理好负荷量与负荷强度的关系。负荷强度比负荷量对机体产生的影响要大，但负荷强度必须在量积累的基础上逐渐加大。强度加大了以后，量就不应再保持很高的水平，如果量和强度一直同时增加，很容易产生过度训练。

(5) 运动员了解有关运动负荷方面的理论知识，以利于其进行自我调整与控制运动负荷，并积极地与教练配合。

(五) 全面训练与特长训练相结合的原则

在网球训练实践中，教练员需要有计划、有步骤地使运动员掌握较为全面的技术，同时，根据其打法与特点，逐步建立其技术特长，使运动员在比赛中灵活地运用战术，并以自己的特长去力争主动优势与最后的胜利。

(1) 要坚持体能的全面训练。对于身体处于生长发育阶段的球员，教练员必须要对他们进行全面的身体素质训练，如果长期从事专门训练，会对他们身体的全面发展产生不利的影响。

(2) 要进行技术的全面训练，在技术上无明显缺陷，能适应不同类型的打法与不同性能的场地。

(3) 要重视运动员的特长技术训练。特长技术训练要与运动员个人的技术风格相一致。如以“凶狠”为个人技术风格的运动员，应从击球力量上去突出技术特长；以“快变”为个人技术风格的运动员，应从击球速度与落点变化上去突出个人技术特长。根据运动员个人打法特点，从发球技术、底线技术、上网技术等方面去确定和培养个人的特长技术；根据运动员的身体素质特点去确定和培养特长技术，如培养力量型选手的发球和上网的技术特长。特长技术训练要渗透到各项技术的击球技术中去。

(六) 身体训练与专项训练相结合的原则

在网球运动训练过程中，坚持和贯彻身体训练与专项训练相结合应从以下几方面入手。

(1) 身体训练必须紧密结合专项的特点，根据专项对身体素质的要求，在发展各项身体素质时，应有轻重缓急之分。

(2) 身体训练必须紧密结合专项的特点，根据不同时期技、战术训练的要求，身体素质训练应有不同的侧重。

(3) 在身体训练中，应考虑各素质之间的关系，合理安排各素质之间的先后顺序。如速度与反应的练习应安排在力量和耐力练习之前；在进行挥拍练习、步法移动与肢体力量性练习时可以编组循环练习，使身体各部位都能得到积极性的休息。

(4) 在身体训练中，还应从球员的性别、年龄、打法类型、素质基础及发展状况等实际情况出发，因人而异，区别对待。

(七) 赛训结合原则

训练是为了满足在比赛中获得优异成绩的需要，因此，正确地处理好训练与比赛的关系，对不断提高球员的技术水平具有重要意义。在网球训练中，以训练为目的，为训练服务的比赛可分为技术比赛、单个战术比赛和综合练习比赛等不同种类。

在安排上述各种比赛进行训练时，应注意比赛目的必须明确、具体；比赛必须在运动员已经掌握一定技、战术的基础上才能安排，以免破坏运动员形成的正确技术动作的动力定型；比赛的时间和次数一般不宜安排过多、过长，以免造成运动员的过度紧张和疲劳；比赛计分方法和比赛要求，既要考虑效果又要兼顾运动员的兴趣；青少年儿童比赛次数不宜过多，应结合他们掌握的技战术水平进行安排，逐步提高比心理素质与技战术运用能力。

## 二、网球运动训练方法

(一) 重复训练法

重复训练法是将网球运动某一技术或战术的训练相对集中，多次重复的练习，以使运动员形成条件反射，牢固掌握技战术的方法。如网球运动的发球技术训练，高压球技术训练等。在网球训练实践中，重复训练法主要是通过同一动作或同组动作的多次重复，强化运动条件反射。一般而言，在选择重复训练法进行训练时，应注重对练习者的意志品质培养，要求练习者必须严格按照动作的规格和要领进行训练，并结合训练情况在技战术细节上不断提出新的要求；训练过程中，根据训练效果安排适宜的重复次数。

(二) 变换训练法

变换训练法是指针对同样的一个训练内容或训练任务，在一次训练课中或在若干训练课中采用不同的训练手段以提高球员技战的方法。变换训练法主要目的是运用不同的训练方法解决同样的问题，提高训练的积极性。变换训练法的形式应与网球比赛的要求相适应，在训练课上随时注意运动员的训练兴趣。

（三）完整训练法

完整训练法是指训练的过程从开始到结束完整进行训练的方法。完整训练法适用的范围很广。首先，在运动训练中，对于较为简单的动作多使用完整训练法，不至于破坏单一动作技术环节之间的关联，逐步提高运动负荷，以促进动作技术的掌握与提升。其次，完整训练法应用于组合动作训练时，需要在单个动作熟练的基础上进行。

（四）分解训练法

分解训练法是指在网球训练实践中，将较为复杂的技术动作或战术配合分解成几个具有独立性、完整的环节，使运动员逐一完成并掌握，以提高单个技术动作或战术的方法。分解训练法对运动员加强主要技术动作的训练及战术配合的掌握等具有较好的训练效果，有助于运动员在训练过程中集中精力完成专门训练任务。

（五）多球训练法

多球训练法是指利用较多的球来提高球员训练的密度、强度、难度及节奏，从而提升其技、战术与体能等的方法。网球多球训练法是从实践中总结出来的一种有效的训练方法，可以结合球员的具体情况，通过连续送出不同方向与力量、不同落点与角度以及不同旋转类型的球进行训练。

（六）比赛训练法

比赛训练法是指在网球训练实践中，通过比赛的手段提高球员技战术等能力的方法。比赛训练法能调动球员训练积极性，提高运动员技战术、身体训练水平及心理素质，使其技战术水平及心理状态等更接近实战要求，有利于在正式的网球比赛中，克服临赛紧张的情绪，发挥较高的技战术水平。

## 第三节　网球运动训练计划

训练计划是根据训练原则对训练内容、训练负荷、训练时间、训练方法等预先做出的理论设计。训练计划可以把训练过程的目标具体化为若干独立而又彼此联系的训练任务，有系统、有目的、有要求、有检查和有控制地进行训练，可减少训练的主观性和盲目性，使训练少受挫折，少走弯路，使训练更具科学性，从而顺利实现训练目标。运动训练计划可以为教练员提供科学的训练计划目标和实现这一目标的方法，提高教练员训练能力，有利于对教练员训练工作做出科学、客观的评价，有利于训练科研人员积累训练过程的资料，从而对训练过程进行系统的研究。

任何一个有时间跨度的训练计划，通常包括运动员的初始状态诊断，训练目标的建立，训练阶段的划分，各阶段训练任务的确定和训练内容的选择，比赛的安排，运动负荷的动态变化，训练方法与手段的选择，完成计划的措施，检查评定的时间、内容及要求等方面。

### 一、训练计划的种类

在运动实践中，通常按运动训练时间的跨度大小来划分训练计划。每个时间跨度大的计划都是由若干个时间跨度小一级的计划组合而成，每一个训练计划的功能结构都具有相对独立性，但又与其他训练计划之间存在着密切的功能结构联系。

（一）多年训练计划

多年训练计划是训练的长远规划，应根据网球运动员参加训练的具体情况来确定训练年限并以此为依据确定训练目标，提出训练任务，制定出预定目标所要达到的技术、战术、身体素质及心理素质等方面的要求和指标。多年训练计划不要求很详细、很具体，但目标必须明确，任务切合实际，以保证训练的系统性。

（二）年度训练计划

年度训练计划是多年训练计划的基础。年度训练计划的任务能否完成，直接影响多年训练计划目标的实现。年度训练计划任务的确定、所制定的指标和要求、所采取的训练方法和施等都应以多年训练计划为依据。

（三）周期训练计划（阶段计划）

它是完成年度训练计划的基础。它所制定的任务、指标和要求等均以年度训练计划为依据。周期一般可按季、月或根据比赛任务来划分。

（四）周训练计划

周训练计划是根据周期训练计划确定的任务与要求制定的一周训练计划。

（五）课时训练计划

课时训练计划是依据周训练计划制定的一次课时的训练安排。

以上计划中，多年训练计划和年度训练计划属于具有全局意义的战略性规划，训练计划内容是框架式的，不要求过于详尽，它在实施过程中较为稳定；而周期训练计划、周训练计划、课时训练计划则是训练实施的具体计划，在训练过程中根据具体情况有较多的变化。

## 二、训练计划的基本内容

尽管不同的训练计划在其内容上各自有所侧重，并有其特定的要求，但基于不同时间跨度的运动训练过程的基本结构都是一样的。

（一）运动队构成基本情况

正确分析队伍的构成情况是制定计划时提出任务和指标的重要依据，其内容应包括全队人数、队员年龄、训练水平（运动员的技术等级、历次比赛成绩、技术、素质水平等）、打法类型及心理状况。

（二）确定训练任务及指标

依据比赛任务，预测可能达到的成绩与所要达到的身体素质指标。提出任务和指标时，要依据实际情况科学地做出预测。

（三）训练的主要内容

为完成计划指标，应提出在技战术训练方面需要重点解决的问题。安排训练内容时要注意处理好新技术的学习、已有技术的改进以及战术训练的结合，方能实现技术、战术训练的目标。

（四）训练内容的时间比例

在总的训练任务之下有许多具体的训练任务与训练内容，必须合理地安排训练时间，在不同的训练阶段，抓住重点，逐一去完成。关于训练内容的时间比例，一般根据不同训练时期的不同任务与运动员的不同训练水平来确定。训练时间的分配包括技术训练与身体训练的时间比例、技术训练与战术训练的时间比例、身体训练与专项身体训练的时间比例等。

（五）训练进度安排

根据不同训练周期所规定的训练任务，将所要训练的内容区别重难点，按由浅入深、由分解到组合的顺序进行安排。

（六）运动负荷动态变化

全年训练应逐步加大运动负荷，但运动负荷的增加应有节奏。在训练中，要特别注意处理好量与强度的关系。在不同的训练阶段，量的安排一般由小渐大，到竞赛期逐步减少，而后再稍增大，直至调整期最小；而强度在训练期开始由小逐渐增大，到竞赛期增至最大，调整期逐渐减小。掌握好量与强度在不同训练阶段的变化规律，有利于合理安排运动负荷。此外，在安排运动负荷时，还应根据运动员的年龄与训练水平加以区别对待。

（七）措施和方法

措施和方法一般包括培养运动员的责任心和荣誉感，使他们积极投入训练和比赛，制定检查和考核运动员的制度，确保队内的公平竞争；加强专业理论知识的学习，写好训练日记；做好医务监督工作等。

（八）确定检查内容、时间及标准

根据训练任务确定所检查的技术内容指标，以及所达到的比赛成绩指标和身体素质指标，对检查项目需要严格按照规定时间进行考核。

## 三、训练计划的制订

训练计划的制订一般要依据训练的长期目标和短期目标，考虑运动员的个人特点与现实状态，综合教练员的事业心和业务水平、医务监督、场地器材条件及家庭各方面的社会保证等条件，以及竞技状态的形成与周期性发展规律、训练适应性的产生与变化规律、人体承受负荷后的超量恢复规律、网球运动专项的特殊规律、技能形成过程的迁移规律等科学原理与客观条件。

（一）多年训练计划的制订

多年训练计划是对运动员多年训练过程较为宏观的总体规划，对于年度、周期等训练计划具有指导意义，是运动员体能、技战术及心理等竞技能力转移长期性与阶段性发展的要求。

在制定多年训练计划时需要注意：第一，训练阶段的划分与运动员在全部训练过程中进入各训练阶段的最佳年龄。其基本依据是运动专项的特点及本专项最优秀运动员进入各训练阶段和取得优秀成绩的年龄特征。第二，确定身体训练和技术训练的时间比例、技术训练与战术训练的时间比例及运动负荷的变化趋势。其中，对不同情况运动负荷的变化趋势需特别注意，以使训练符合竞技能力形成和发展的客观规律。

（二）年度训练计划的制订

年度训练是组成多年系统训练的基本单位，年度训练计划需确定周期的划分与各时期各阶段的训练目标、球员起始状态、训练的客观条件、主要内容安排等内容。周期可分为单周期、双周期和多周期。单周期以一年为一个周期；双周期以半年为一个大周期，全年有两个大周期。确定大周期的主要根据是大型比赛的安排。多周期以参赛的次数多少确定周期，目前专业队和职业网球选手的训练大都采用多周期的训练。一个大周期可分为准备期、比赛期和休整期三个部分。其中准备期和比赛期又可分为若干个阶段。在制订训练计划时，要特别注意各个时期、阶段的衔接，以保持训练的连续性。

年度训练内容、手段和方法必须根据训练任务、专项特点、个人具体情况来选择。训练内容根据专项需求来确定，主要包括技术训练、战术训练、身体训练、心理训练、理论学习等。训练方法主要有重复法、循环法、间歇法、测验比赛法等。

年度训练计划可用文字叙述，亦可用图表表述。年度训练总体规划如表 7-1 所列。

**表 7-1　年度训练总体规划表**

<table>
<tr><td>项目：</td><td>运动员：</td><td colspan="2">性别：</td><td colspan="2">年龄：</td><td>训练年限：</td></tr>
<tr><td colspan="7">主要任务：</td></tr>
<tr><td>类别</td><td colspan="3">运动员现实状态</td><td colspan="3">年度训练的目标</td></tr>
<tr><td>运动成绩</td><td colspan="3"></td><td colspan="3"></td></tr>
<tr><td>技能</td><td colspan="3"></td><td colspan="3"></td></tr>
<tr><td>素质</td><td colspan="3"></td><td colspan="3"></td></tr>
<tr><td>技术</td><td colspan="3"></td><td colspan="3"></td></tr>
<tr><td>战术</td><td colspan="3"></td><td colspan="3"></td></tr>
<tr><td>心理</td><td colspan="3"></td><td colspan="3"></td></tr>
<tr><td>智能</td><td colspan="3"></td><td colspan="3"></td></tr>
<tr><td>负荷</td><td colspan="3"></td><td colspan="3"></td></tr>
<tr><td>时期</td><td colspan="2">准备期</td><td colspan="2">比赛期</td><td colspan="2">过渡期</td></tr>
<tr><td>时间</td><td colspan="2"></td><td colspan="2"></td><td colspan="2"></td></tr>
<tr><td>主要任务</td><td colspan="2"></td><td colspan="2"></td><td colspan="2"></td></tr>
<tr><td>比赛安排</td><td colspan="2"></td><td colspan="2"></td><td colspan="2"></td></tr>
<tr><td>负荷变化总趋势</td><td colspan="2"></td><td colspan="2"></td><td colspan="2"></td></tr>
<tr><td rowspan="2">主要手段及<br>负荷要求</td><td colspan="2"></td><td colspan="2"></td><td colspan="2"></td></tr>
<tr><td colspan="2"></td><td colspan="2"></td><td colspan="2"></td></tr>
<tr><td>恢复措施</td><td colspan="2"></td><td colspan="2"></td><td colspan="2"></td></tr>
<tr><td>检查评定的内容、时间</td><td colspan="2"></td><td colspan="2"></td><td colspan="2"></td></tr>
</table>

（三）周期训练计划的制订

一个周期的训练过程，可以看作是若干个周训练过程的组合。周训练计划的制订主要依据是年度训练计划中的训练时期和训练阶段所规定的任务、负荷等的要求，以及实现训练目标的需要和不同负荷后机体的反应和恢复状况。在训练实践中，当为完成一个特定的训练任务而制定连续几周的专门阶段训练计划时，每个周期训练计划都由一组独立任务的周训练计划构成。

（四）周训练计划的制订

根据训练任务、训练内容的不同，可把周训练分成基本训练周、赛前训练周、比赛周及恢复周四种，每一种的负荷特点都不一样。在不同的训练课中，训练内容要交替安排，以充分利用运动员有限的竞技能力，避免通过过度训练来迅速提高运动员竞技水平。在安排身体素质、技术和战术等训练时，要考虑运动员的机体状态。制订计划结构时，须将不同负荷训练后所必需的恢复时间和手段考虑进去，否则其他周的训练将会受到影响。制订周计划的同时要安排好各种训练的时间比例。

1. 基本训练周训练内容与负荷安排

这一时期较多地采用发展一般身体素质与专项身体素质的训练手段，全面提高运动员竞技能力。在技术训练中，应该采用分解与完整技术练习相结合的方法，使运动员更好地掌握和改进运动技术。训练内容可以广泛多样，并合理交替保持系统的持续训练。训练量和训练强度交替上升使训练负荷会逐渐加大，以引起机体更深刻的变化，产生新的生物适应。

2. 赛前训练周内容与负荷安排

这时期主要内容与基本训练周训练差不多，一般身体素质训练时间会有所减少，专项身体素质训练的比例增加，练习内容更专项化，训练课的组织形式接近专项的比赛特点，同时赛前训练周应提高训练强度，适当减少训练量。

3. 比赛周训练内容与负荷安排

比赛周训练应把专项训练安排在赛前 3～5 天，而把恢复性训练和中低强度的一般性练习安排在赛前 1～3 天进行，以使运动员竞技能力在比赛中得到充分的发挥。比赛周训练负荷要围绕使机体在比赛日处于最佳状态来进行，负荷的组合方式依据专项特点和运动员赛前的状态而定。一般来说，总的负荷水平不高。在比赛日之前，通常是降低或保持一定的训练强度，训练量也应减少或保持。

4. 恢复周训练内容与负荷安排

此时期的训练内容多为一般性身体练习，常采用带有游戏性的各种练习，以消除运动员生理和心理上的疲劳。恢复周训练会在很大程度上降低训练强度，而训练量适当保持一定的水平，或者有所减少。周训练计划安排如表 7-2 所列。

**表 7-2　周训练计划安排**

| 时间：　年　月　日——　　年　月　日 | | | | 周次： |
|---|---|---|---|---|
| 训练阶段： | | 训练类型： | | |
| 主要任务： | | | | |
| 星期 | 任务 | 内容手段 | 负荷 | 恢复措施 |
| 周一 | | | | |
| 周二 | | | | |
| 周三 | | | | |
| 周四 | | | | |
| 周五 | | | | |
| 小结： | | | | |

（五）课时训练计划

课时训练是球员训练活动最基本的组织形式，教练员制订的任何计划都需要通过训练课组织实施，而运动员的竞技能力也要通过训练课来一步步提高。因此，课时训练计划极为重要，其直接关系到训练质量和运动水平。

根据课时训练的任务和内容不同，可以把课时训练分为体能训练课、技战术训练课、综合训练课以及测验比赛课。课时训练通常由准备部分、基本部分和结束部分组成。

一般来说，一次网球运动训练课负荷量的确定主要依据训练手段负荷决定，通常大负荷训练量的 50%～80%为中等负荷，50%以下为小负荷；还要依训练课后恢复的状态确定，即网球运动员机体在训练负荷刺激下产生疲劳，负荷越大，疲劳越深，需要恢复的时间也就越长。恢复时间短，则说明负荷较小；恢复时间越长，则负荷越大。一般来说，较大负荷课恢复时间为 1～1.5 天，中等负荷课恢复时间通常在 10～12 小时以内，小负荷课则几十分钟或几个小时就可完成恢复。

课时训练计划的内容包括课时训练任务、训练内容和训练时间、各个运动员训练的手段和方法，动作数量和质量的具体要求，课后要有小结。课时训练计划不能与周训练计划相脱离，有时也可根据具体情况来进行必要的调整。课时训练计划安排如表 7-3 所列。

**表 7-3　课时训练计划安排**

| 时间： | | | 地点： | |
|---|---|---|---|---|
| 课的任务： | | | | |
| 组成 | 时间 | 内容手段 | 组织形式 | 负荷要求 |
| 准备部分 | | | | |
| 基本部分 | | | | |
| 结束部分 | | | | |
| 小结： | | | | |

# 第四节　网球运动体能训练

网球运动体能训练是指在网球运动训练中根据网球专项运动的特点，采用与专项紧密相关的专门性身体练习手段与方法，包括力量、速度、耐力、灵敏及柔韧等素质训练，以保证运动员在训练中更好地掌握专项技战术，在比赛中取得优异成绩。

## 一、力量素质训练

力量素质是网球练习者身体素质的重要组成部分，也是其他身体素质的基础，发球、高压球、快速击球以及单反击球等都需要良好的身体力量，因此协调发展全身各部分的力量是非常必要的。其核心要素是快速力量、核心力量、力量耐力，基础力量与功能性力量是力量素质练习中不可或缺的主要组成部分。科学的基础力量训练在考虑球员基本素质与运动表现的同时，也要考虑专门的力量练习。力量训练必须与网球的技战术、体能以及心理训练相结合，才会产生更好的效果。

### （一）力量素质的分类

根据不同项目对力量素质的要求及力量的表现形式，力量分为绝对力量与相对力量；根据运动项目对力量的要求及力量特征，力量可以分为最大力量、相对力量、速度力量和力量耐力。

最大力量是指排除体重因素，身体或身体某一部位克服最大阻力的能力。相对力量是指每千克体重所有具有的最大力量。速度力量是速度与力量有机结合的一种特殊力量素质，是快速克服阻力的能力，即短时间内发挥出尽可能大的力量，也称为“爆发力”。力量耐力是指长时间克服阻力的能力。

在网球运动中，许多技术动作的完成需要爆发力来完成，比如发球、冲刺救球等，同时又需要坚持较长的时间，比如一个回合有时需要 20 个回合甚至更多，一盘比赛需要持续 1 小时左右，一场男子比赛需要持续 3 小时左右，所以网球运动更加注重速度力量与力量耐力。

（二）力量素质训练方法

1. 功能性力量训练

功能性力量训练是用来提高专项运动表现、加强机体神经系统与肌肉系统之间的协调关系的力量训练方式，即进行各种技术动作的部分或全部的负重、加阻、减阻、快频等运动训练，为专项成绩的提高提供直接有效的力量储备。

在网球运动实践中，往往是基础力量与功能性力量的结合性练习，能够使基础力量更好地向专项力量转化，强化肌肉收缩速度，锻炼以臀部和大腿前侧肌群为主的下肢力量和背阔肌、肱三头肌、中下背部肌群力量，同时稳定对膝、踝、髋、肩关节以及躯干的控制能力。练习方式如下：

（1）卧推＋仰卧上抛实心球。

传统杠铃卧推 6～8 次，70％～80％负荷强度；仰卧上抛实心球，仰卧于垫上，双手胸前上抛实心球 6～8 次，间歇 1～2 分钟，3～4 组。

（2）负重台阶＋原地侧抛实心球。

双手持重于身体两侧，单腿屈膝依次上下台阶，膝关节正对前方，保持躯干直立，控制身体平衡，每侧腿 6～8 次；原地侧抛实心球，每侧 6～8 次，间歇 1～2 分钟，3～4 组。

（3）俯身划船＋胸前抛实心球。

站姿，屈膝半蹲，双手直臂反握杠铃置于膝下位置，上体前倾，背挺直，臀部充分紧张，头正对前方略低，上体保持不动，双手屈肘向上方提拉，重复 6～8 次；接胸前抛实心球 6～8 次，间歇 1～2 分钟，3～4 组。

（4）颈后臂屈伸＋仰卧瑞士球颈后上抛实心球。

双手持哑铃于颈后，吸气向上伸肘举起哑铃，重复练习 6～8 次；接仰卧瑞士球颈后上抛实心球，即肩背仰卧瑞士球上，双手持实心球于头后，屈肘，连续上抛接实心球 6～8 次，间歇 1～2分钟，3～4 组。

2. 功能性力量与专项力量的结合性练习

练习目的是利用痕迹效应将抛实心球或其他小重物后获得的肌肉力量记忆迅速转换为击球的专项力量。练习方式如下：

（1）原地侧抛实心球＋挥拍击球。

关闭式步法正手抛实心球 4 次，接正手挥拍击球 4 次；关闭式步法反手侧抛实心球 4 次，接反手挥拍击球 4 次；开放式步法正手抛实心球 4 次，接正手挥拍击球 4 次；开放式步法反手侧抛实心球 4 次，接反手挥拍击球 4 次。

（2）坐瑞士球转体侧抛实心球＋正反手击球。

坐于瑞球上，双肩左右转动侧抛实心球，每侧 6～8 次，接正反手击球，每侧 4～6 次。

（3）模仿发球动作双手抛实心球＋发球。

双手持实心球模仿发球动作抛球 4 次，然后进行发球练习 4 次。

（4）持轻重量木棒作正反手击球动作＋正反手击球。

手持木棒作正反手击球动作每侧 6 次，然后进行正反手击球练习每侧 4 次。

3. 徒手练习

（1）手掌撑地俯卧撑：手指可向前向内，发展上肢力量与手腕。

（2）靠墙倒立：发展肩、臂力量，有助于发球时臂上伸的用力。

（3）屈膝仰卧起坐转体：仰卧，双手于头侧，上体迅速前屈，右肘触左大腿，左肘触右大腿，发展腹肌和腹外斜肌力量，有助于发球时收腹转体用力及其他击球动作的转体用力。

（4）仰卧两头起：两手尽量触两脚背，发展腹肌和腹外斜肌力量。

（5）俯卧两头起：俯卧垫上，两臂前伸，两腿并拢伸直，两臂和两腿同时向上抬起，腹部着垫成背弓，发展腰背力量。

（6）俯卧起上身：俯卧垫上，两脚固定，腰背迅速发力，抬头挺胸，幅度尽可能大。

（7）沙地单足跳、立定跳、蛙跳、纵跳、弓箭步换腿跳等，发展腿部力量。

4. 杠铃练习

（1）抓举、挺举：可以较全面地发展全身各部分力量，提高爆发力。注意练习时由轻到重，腰腹核心须收紧。

（2）推举：发展肩、臂力量。

（3）卧推：与俯卧撑发展的肌肉相同，负荷可以比俯卧撑大。

（4）负重转体：身体直立，颈后负杠铃，两腿微屈固定，先向左转体再向右转体至极限，主要增强腹内斜肌及骶棘肌力量。

（5）负重深蹲：颈后负杠铃，挺胸收腹，慢蹲快起，保持挺胸抬头，核心收紧，发展大腿及臀部肌群力量。

（6）负重分腿跳：身体直立，颈后负杠铃，连续快速地前后分腿跳，发展下肢尤其是小腿及屈足肌群力量。

（7）负重提踵：身体直立，颈后负杠铃，脚前掌站于低台阶上，脚后跟尽量下压后快速向上提踵，主要增强屈足肌群力量。

5. 哑铃练习

（1）颈后臂屈伸：身体直立，两手握铃，上臂固定在头侧，然后做肘屈伸动作，发展肱三头肌、旋前圆肌。

（2）仰卧头后拉：仰卧在凳子上，两足固定，两臂伸直，然后将哑铃从后向上拉起，有助于发球和高压球时的挥拍用力。

（3）臂环绕：两臂同时向内或向外做屈伸环绕，发展前臂肌肉。

（4）直臂上举：两臂伸直前上举或侧上举，发展肩带力量。

（5）仰卧侧上举：仰卧长凳上，两臂于两侧同时上举，上举时肘可微屈，发展胸部肌肉，有助于正手击球、发球和高压球的挥拍用力。

（6）体前屈侧上举：两腿开立，上体前俯，两臂同时上举，发展肩后肌肉和肱三头肌，有助于反手击球的挥拍用力。

(7) 直臂单腿蹲起:单腿站立,挺胸收腹,做蹲起动作,发展腿、肩肌肉,锻炼身体平衡。

(三) 力量素质训练注意事项

(1) 力量素质训练前要充分做好准备活动,避免肌肉拉伤;训练后要做好放松肌肉,注意培养肌肉放松的能力,提高肌肉弹性,利于疲劳恢复。

(2) 功能性力量训练应以肌肉用力形式、小负荷快速练习为主。

(3) 力量素质训练时需遵照循序渐进原则,逐步加大负荷,同时根据球员年龄、性别、力量素质水平等在练习方法及符合安排上区别对待。

(4) 发展力量素质要先大肌肉群,后小肌肉群,身体不同部位与不同性质的动作交替进行。

(5) 完成力量练习要注意呼吸。憋气能增加肌肉用力,但对心血管系统会产生不良影响,只在短时间最大用力时才允许憋气。练习时,以中度吸气为宜,用力过程可慢呼吸,以达到憋气的效果。

## 二、速度素质训练

速度素质是人体对各种信号刺激的快速反应能力,以及人体快速完成动作或快速通过一定距离的能力。速度素质在网球运动中的表现多是短距离的快速移动,且多是在无准备或准备不足的动态运动中的快速移动,表现为分腿垫步、跨步、交叉步、冲刺步等移动形式。此外,网球运动员在球场上还表现为快速的反应与判断速度、挥拍速度等。网球运动实践中球员主要是通过自己的击球效果、视觉及对方的站位与击球来瞬间做出反应与判断并迅速采取行动,且动作多具有非周期性特点,显然需要球员更快的反应速度与动作速度。

(一) 速度素质分类

速度素质主要可以分为三种类型,即反应速度、动作速度与移动速度。

1. 反应速度

反应速度是指人体对声、光、触觉等刺激快速应答的能力。由于运动员对不同类型信号的反应是不同的,训练中往往根据不同项目的特点测定运动员对特定信号的反应时间。

2. 动作速度

动作速度是指人体或人体某一部分快速完成动作的能力。动作速度在网球运动实践中表现为球员完成某一技术动作时的挥拍速度、击打速度等。

3. 移动速度

移动速度是指人体在特定方向上单位时间内的位移距离。在体育运动中,常以人体通过固定距离所用的时间来表示,或单位时间内通过的距离来表示。

(二) 速度素质训练方法

影响速度素质的因素主要包括反应时、中枢神经系统的灵活性与兴奋性、条件反射的巩固程度(动作的熟练度)、肌纤维类型、肌肉力量以及工作时间长短等因素。进行速度素质训练的方式如下:

1. 反应速度练习

(1) 信号反应练习:根据同伴发出的口令、哨音或手势,向前、后、左、右不同方向做快速移动,以提高反应速度。

(2) 球场任意方向跑动练习:教练在球场用拍子送任意方向的球,球员从 T 点出发在球第二次落地前把球抓住。

(3) 球员面对墙壁 2 米，教练在身后把球由下向前抛掷在墙上，球员把球在落地前把球抓住。

(4) 球员在双打变线与单打变线之间，两腿交替踩踏两条变线，教练两手持球两手臂侧平举面对球员 2～3 米站立，球员集中注意力，把教练某一手臂抛出一侧的球击出。

(5) 球员背对球场，教练两手持球在球员背后 2～3 米，当球员提到教练抛出的球落地后，迅速转身把球击出。

2. 动作速度练习

(1) 负重挥拍＋空挥拍后效应练习：手持轻杠铃片正反手挥拍动作或拍头套上塑料袋挥拍 4 次，接着空挥拍动作，提升挥拍速度。

(2) 快速挥拍练习：在限定时间内要求运动员采用最快速度或频率完成挥拍次数。

(3) 快速击球练习：教练连续快速手抛球，运动员快速把抛出的球击过网。

(4) 教练面对运动员两手同时高抛球，运动员快速把一个球凌空击出，然后通过移动，在另外一个球第二次落地前，快速击出。

(5) 快频率练习：跟随教练击掌(或击拍器)的节奏，做快频率的原地跳脚练习和高抬腿练习。跟随节奏进行由慢至快或快慢交替进行。

3. 移动速度练习

(1) 短距离冲刺跑：以 10～50 米不等距离的冲刺跑、上坡跑与下坡跑以提高短距离快速跑动能力。

(2) 绳梯跑＋加速跑：以高抬腿、小步跑、后退跑、小碎步、交叉步、后踢腿、滑步等形式的绳梯跑接快速 10 米跑。

(3) 前冲与后退跑：站在网球场端线向网前冲跑，到网前后立即向后后退跑。

(4) 交叉步跑：在一侧球场的中间，面对球网，前后、左右交叉步跑。

(5) 并步跑：在一侧球场的中间，面对球网前后、左右并步跑。

(6) 四角回心跑：在一侧球场的中间，面对球网，依次或看教练员手势向场地四角跑，手或球拍接触角线后立即返回中心。

(7) 球场“米”字跑、“Z”字跑、扇形跑提高球员在球场上快速变向能力，如图 7-1、图 7-2、图 7-3所示。“米”字跑从中间 T 点开始，按照一定的顺序把球放到 T 点的拍子上或框里；“Z”字跑时，可以手持拍子或空手用连续并步移动；扇形跑从底线中点开始，按照一定的顺序把球放到底线中点的拍子上或框里。

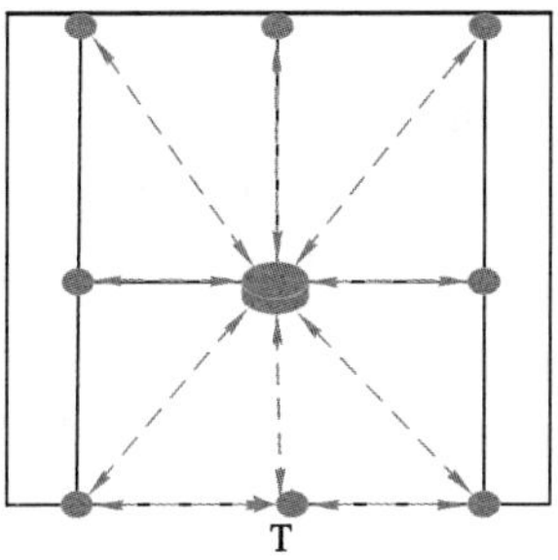


图 7-1　“米”字跑

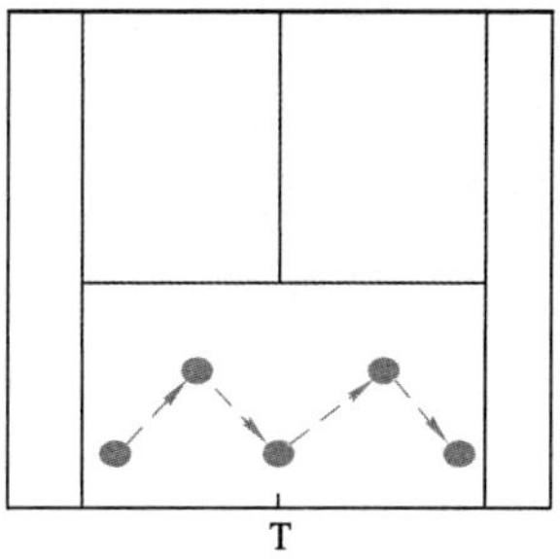


图 7-2　“Z”字跑

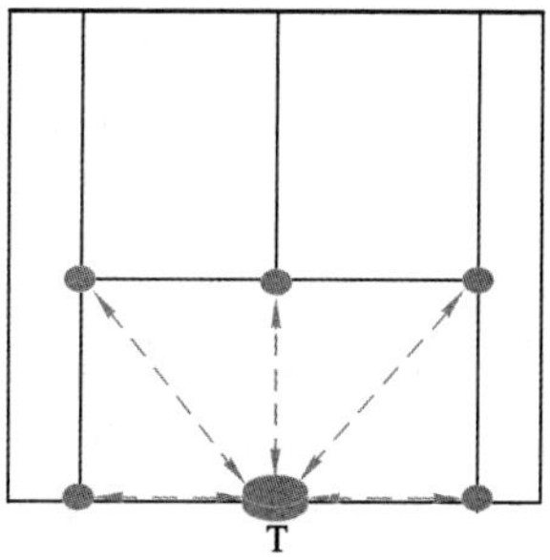


图 7-3　扇形跑

（三）速度素质训练注意事项

（1）速度素质训练对中枢神经系统兴奋性要求较高，应安排在训练的前半部分，在精神饱满、体力充沛时进行。

（2）速度素质训练要注意训练的多样性。

（3）速度素质训练要循序渐进，侧重于质量和强度，练习次数不宜过多。

（4）速度素质训练要根据年龄、训练水平等具体情况区别对待。

## 三、耐力素质训练

耐力素质是指人体长时间进行工作或运动中克服疲劳的能力。据统计，网球运动一般红土场地得失一分大约在 10 秒以内，在硬地和草地得失一分大约 5 秒左右，每分之间间歇 25 秒，换边休息为 90 秒，盘间休息为 120 秒。根据上述网球运动项目特点，网球比赛基本上是 5～10 秒左右的爆发性运动，中间有 25～120 秒的间歇，综合来看，网球是一项间歇性无氧运动。通常网球比赛又会持续 2～4 小时不等的时间，运动员大脑皮层长期处于紧张状态，这对于神经系统有着很高的要求，所以它需要运动员具备较好的有氧耐力基础。

（一）耐力素质分类

按照人体的生理系统分类，耐力素质可分为肌肉耐力与心血管耐力。肌肉耐力也称为力量耐力，心血管耐力又可分为有氧耐力与无氧耐力。有氧耐力是指机体在氧气供应较为充足的情况下，坚持长时间工作的能力。无氧耐力是指机体在无氧代谢为主要功能形式下坚持长时间工作的能力。

依据耐力素质对专项的影响，耐力素质又可分为一般耐力与专项耐力。一般耐力是指对提高专项运动成绩起间接作用的基础性耐力；专项耐力是指与提高专项运动成绩有直接关系的耐力，具体地讲是指持续完成专项动作或接近比赛动作的耐力。网球运动员的专项耐力是指速度耐力与力量耐力。速度耐力是指人体能够在较长时间内保持快速运动的能力；力量耐力则是指人体在较长时间内保持高度用力的能力。网球运动员的专项耐力需要的是连续击球或持续挥臂的力量耐力以及步法移动的速度耐力，比赛中主要体现在长时间的位性移动和连续挥拍击球、相持等方面。网球的专项耐力素质还要始终与速度相结合、相适应，由于网球比赛时间通常较长，这是网球专项耐力中另一个突出的特点。

（二）耐力素质训练方法

1. 一般耐力

（1）跨步跳：沙地上或跑道上跨步跳，每组 30 次。

（2）1 500 米变速跑：直道时全速跑，弯道时慢跑。

（3）2～3 分钟跳绳：每分钟 80～100 次，以发展网球运动员的耐力素质。

（4）组合练习：30 米疾跑，30 米侧步交叉跑，30 米小步跑，30 米高抬腿跑组合练习；跳起摸高 10 次、变向跑 30 米、蛙跳 15 米组合练习。组合练习一般进行 30 分钟训练，每周进行 1～2 次发展耐力素质。

（5）连续跳高台：有楼梯或看台上做双脚连续跳上高台的练习。跳楼梯时每组次数可达到 40 次，跳看台每组次数 20 次左右。

（6）原地间歇高抬腿：原地或前支撑做高抬腿跑练习。每组 60～80 次，6～8 组，每组间歇 2～4 分钟，强度为 55%～60%，要求动作规范，不要求时间，但动作要不间断地完成，也可负重做练习，但每组练习次数及组数可适当减少。

（7）原地间歇车轮跑。原地做车轮跑，每组 50～70 次，6～8 组，组间 24 分钟，强度为 50%～60%也可扶墙借助支撑物完成。

2. 专项耐力

（1）教练隔网底线两角送球练习，球员在场上两边快速移动，回击球至指定位置，然后快速跳绳 30 秒，之后间歇 1 分钟，4～6 组。

（2）多球练习：采用规定的球数在规定的时间内完成，或判断来球方向再快速移，要重点突出即时速度。

（3）非常规实战练习：增加比赛局数或规定较长时间的比赛。

（4）球场的快速移动练习。

练习者在底线附近，当听到教练的开始口令时从底线冲到网前，再从网前快速后退到底线的练习。

（5）球场“米”字跑或扇形跑 4～6 组，每组间歇时间为 1 分钟。

## 四、灵敏素质训练

灵敏素质是人体迅速改变体位、转换动作要求与随机应变的能力。它是运动员多种运动技能及其他各种身体素质在运动中的综合表现，是在大量训练的基础上大脑皮质的灵活性与可塑性提高的结果。网球运动需要运动员具备快速爆发力与高度的灵敏性，要求运动员在极短时间内做出合理判断，准确处理、协调好人球关系。良好的灵敏素质能够协调肌肉运动，使肌肉可以在合适的时间内以适当的速度与强度进行合理的运动，且能在短时间内发挥运动的最佳效果。网球运动员所需要的灵敏性就是在比赛中随机应变的能力，灵敏性需要有力量、速度和柔韧的保证。

（一）灵敏素质训练方法

灵敏素质表现的特点是反应快、动作准确、应变能力强等。发展灵敏素质的主要方式如下。

（1）对墙接球：2 人一组，一人面对墙站立，距墙 2～3 米，身后一人手持网球，由下向前对墙抛球，前面人垫步准备接球，接住球后转体 180°传给同伴。

（2）跳起空中抱腿：原地双脚跳起，腾空收腹屈膝，双手抱膝，下落时还原。

（3）急跑急停后退：从网球场底线后 1 米开始摆放网球，每隔 1 米摆放一个。运动员从底线后第一个球开始，快速起跑至前面第二个球，然后快速后退至第一个球，再向前跑第二个球，再回至第一个球，依次往复，直至最后一个球。

（4）十字交换跳：直立，双脚起跳，在地面上做前后左右十字交换跳，交换频率越快越好。

（5）绕球移动：将一个球放在场地，球员围绕网球小碎步转圈转动，先顺时针练习，然后逆时针练习，练习时脚不能触球。

（6）模仿跑：在球场放置锥形桶 5 个，摆放成标志物之间相距 3 米的五角形，二人一组，前后站立，距 3 米。前者在运用交叉步或并步或碎步跑动，并在前进中做出变向、急停、转身等不同动作，后者及时模仿前者在跑动中做出的各种动作。15 秒后两人交换进行，30 秒为一组。

(7) 单腿跳跃摆腿练习:一腿支撑跳,另一腿前后摆,两腿交换进行。要求双臂上举前后摆,向前摆时触脚面。

(8)"米"字形跑动挥拍练习。

球员从T点快速移动到放置的球处进行快速挥拍,然后回到T点,按照一定的方向依次完成8个点的挥拍练习。

(9) 各种方向的跳跃练习:向前单、双足跳,向后单、双足跳,旋转180°、360°跳,向侧左(或右)单、双足跳。

(10) 前跑+交叉后退跑:向前快速跑8米,然后快速交叉后退跑5米。

(11) 弓箭步转体:两腿成弓箭步,两臂弯曲在体侧,身体迅速向右转体成弓箭步,要求转体幅度要大且快。

(12) 跳起转动:起跳90°、180°、360°转动,两脚左右开立,起跳后髋部转动带动身体做90°、180°、360°转动。

(13) 迈步转髋:髋部向左转动,右腿高抬向左前方迈出,右脚落地时髋部立即向右转,抬起左腿向右前方迈出,反复进行。

(二) 灵敏素质训练注意事项

(1) 合理安排训练时间和强度。灵敏素质训练有利于提高运动员大脑皮质神经过程的灵活性和兴奋性,只有大脑皮质的灵活性和兴奋性高,运动器官对外界刺激的应答反应才迅速。灵敏素质练习应安排在课前部分进行,不能在身体疲劳的时候进行,每组练习持续时间已持续在20～30秒,组数不宜过多,组间充分休息。

(2) 灵敏练习与力量、速度等素质相结合。灵敏素质作为一种综合素质的体现,与力量、速度等有着重要联系,因此灵敏性练习应结合所练项目的运动特点针对性设计多种练习手段与内容。

(3) 灵敏素质应与多球练习结合,加强动作动力定性。正确动作动力定性的建立,能在一定程度上提高身体灵敏性。

## 五、柔韧素质训练

柔韧素质是指机体关节活动的幅度大小,以及跨过关节的肌肉、韧带及其他组织的弹性与伸展能力,其中跨过关节的肌腱、肌肉、韧带、皮肤及其他组织的弹性和伸展能力主要通过训练来获得,但肌肉和韧带力量的增长必须与所控制的关节活动范围相适应,不能因肌肉过分增大而影响关节活动幅度,也不能因为肌肉韧带过分伸张而造成关节松弛无力。

柔韧性包括四肢和躯干各关节的柔韧,主要是肩、肘、腕、髋、膝、踝及脊柱等关节,柔韧性的训练主要是针对上述关节的灵活性进行练习。不同的体育项目对各关节活动幅度要求的程度不同,但对任何一个体育项目来说,全身各关节的柔韧在每一个动作中都有具体作用,哪一个部位差都会影响动作的掌握和技术的发挥,因此各关节的柔韧是相互交替促进发展的。

(一) 柔韧素质种类

1. *动力性柔韧与静力性柔韧*

柔韧的特点是既柔又坚韧,在动作中既有幅度又有力量和速度。柔韧素质从专项来看,可分为一般柔韧性与专项柔韧性。柔韧素质从其外部运动状态的表现可分为动力性柔韧与静力性柔韧。动力性柔是指肌肉、肌腱和韧带根据动力性动作需要，拉伸到解剖学允许的最大限度的能力，随即利用强有力的弹性回缩力来完成所需要完成的动作，这种冲击性的训练可引起肌肉紧张，引起牵张反射。静力性柔韧是肌肉、肌腱和韧带根据静力性动作需要，拉伸到动作所需要的位置角度，并控制一定时间所表现出来的能力。动力性柔韧建立在静力性柔韧的基础上，但需要力量素质来表现。静力性柔韧好，但动力性柔韧不一定好。

2. 主动性柔韧与被动性柔韧

柔韧素质从完成练习的表现上看，可分为主动性柔韧和被动性柔韧。主动柔韧素质是指依靠相应关节周围肌群的积极工作，完成大幅度动作的能力。主动性柔韧训练培养的柔韧能力可以起到发展力量素质的作用。被动性柔韧是指在外力协助下(作用下)完成或表现出来的柔韧水平。主动性柔韧不仅反映对抗肌的可伸展程度，而且也反映主动肌的收缩力量。一般来说，主动性柔韧比被动性柔要差，这种差距越小则柔韧素质的发展水平越均衡。柔韧素质从不同的身体部位，可以分为上肢、肩、躯干、髋和下肢等部位的柔韧。

影响柔韧素质的因素多方面的，主要有骨关节结构，跨过关节的肌肉、肌肉、韧带等性，关节周围组织的大小、年龄及性别，以及活动水平、温度、疲劳程度等。了解这些因素，能掌握提高柔韧素质的规律，正确练习，提高训练的效果，防止运动损伤，同时良好的柔韧性可以使动作完成得舒展与协调。因此，柔韧素质在网球运动实践中意义重要。

(二) 柔韧素质训练方式

(1) 跪姿压肩：并脚跪立，两臂向前伸直，手扶地做下振动作，数次下振后压肩至极限后静止 15～20 秒，应逐渐加大幅度。

(2) 分腿半蹲转肩：两脚并立宽于肩，屈膝外展成半蹲，两手扶膝盖，向左转肩 90°，还原后再向右转肩 90°，左右反复练习，要求两腿静止不动，转肩要充分。

(3) 双人压肩：二人面对分腿站立成体前屈，两臂各自搭在对方的肩上，一起做上提下振动作，也可做左右侧压肩动作，要求腿不能弯曲。

(4) 扩胸振臂：两脚开立，两臂胸前平屈，手心朝下用力后振，然后两臂前伸，手心向上翻转，用力向两侧后振，反复练习，逐渐加大振幅。

(5) 上下振臂：两脚开立，一臂上举，另一臂下摆用力做后振动作，两臂交换练习，反复做，逐渐加大振幅。

(6) 并腿体前屈：两脚开立，两手抱住踝关节，上体下振，一定程度时，上体贴住两腿停留 15 秒，要求两腿伸直，逐渐加大振幅。

(7) 体前屈：运动员站在条凳上，双手向下尽量下移，腿不能弯曲，脚尖的延长线为水平线，低于脚尖水平位置为正分，高于脚尖水平为负分，当双手各下伸够到最大限度时，要保持 5 秒钟。

(8) 体后屈：两脚开立，上体后屈，脚跟提起，双手触及后跟后还原成直立，反复练习，后曲时挺腹，注意保持身体平衡。

(9) 体侧屈：两脚开立，两手腹前五指交叉翻掌上举，同时重心侧移，一腿站立，另一腿脚尖侧点地，上体侧屈做侧振动作，振到最大幅度时静止 15～20 秒，左右侧交换练习，侧振时直体不得屈身。

(10) 前弓步压腿：两腿成前弓步姿势，两手扶膝，身体下振，数次后换腿再做，两腿交替进行，要求后腿充分蹬直，脚后跟不离地，上体保持正直，逐渐加大振幅。

(11) 侧压腿:左腿伸直,右腿全蹲,两脚掌全着地,左手按左脚背,在手位于两脚间,做下振动作,然后两腿交换练习,侧伸腿要直,逐渐加大振幅。

(三) 柔韧素质训练注意事项

(1) 柔韧素质训练应安排在课前的准备活动和课后的整理活动中进行,预防肌肉拉伤,易于疲劳恢复。

(2) 柔韧素质训练时,注意拉伸按照从上肢到下肢、从大肌肉群到某一特定关节、从中心到四肢的顺序进行。

(3) 柔韧素质训练应遵循动作幅度由小到大、循序渐进、动静结合的原则,每周保持3~6次拉伸练习。

## 第五节　网球运动心理素质训练

心理素质训练是现代网球运动训练的重要组成部分。网球心理素质训练是有目的、有计划地对球员心理过程与个性心理特征施加影响的过程,也是采用特殊方法和手段使其学会调节、控制自己的心理状态和调节、控制自己的运动行为的过程。网球运动实践证明,在双方技术和战术水平、身体体能相当的情况下,优异的心理素质往往对胜负起着决定性的作用。网球运动员优秀心理品质包括动机行为、情绪控制、自信心以及注意力等,而良好心理素质的培养主要依靠长期有计划的心理训练,并在训练和比赛实践中逐步提高。对于网球教练员来说,如何运用心理学知识培养运动员良好的心理素质,是网球训练中相当重要的一环。

### 一、网球运动心理素质训练的作用

心理素质训练可以分为一般心理素质训练与准备比赛的心理素质训练两种。两者既有区别又密切联系。一般心理素质训练的主要任务在于培养运动员具有参加训练的良好动机,培养对待训练的良好态度,培养和发展运动员的心理品质及个性心理特征。一般心理素质训练贯穿在整个训练过程中,有时也被称为“长期心理训练”。准备具体比赛的心理素质训练的主要任务是使运动员对该次具体比赛形成最佳心理准备状态,在比赛中运动员能有效、可靠地控制和调节自己的行动和情绪。这种训练有时也被称为“短期心理训练”。其重要性表现在以下几个方面。

(一) 促进运动员心理过程的完善

人的心理过程包括认识过程、情感过程及意志过程三个方面。网球运动员要取得优异的成绩必须具备以下几个方面的条件:第一,精确的运动感知、清晰的运动表象能力、高度发展的思维敏捷性和灵活性;第二,快速的反应能力、分析能力与有效地做出行动决定的能力;第三,长时间集中注意力的能力;第四,具有坚强的意志品质,不断克服训练和比赛中可能遇到的困难的能力,并能较好地控制运动中千变万化的情感体验。这些能力都可在心理技能的培养中得到不断的增强和完善。

(二) 促使运动员适宜心理状态的形成

运动员心理状态是容易变化的心理结构,是运动训练必需的心理机能的综合体现。心理状态的特点和水平直接影响运动员训练的效果和比赛成绩。心理训练有助于培养网球运动员心理过程的稳定性以及在极度紧张的训练和比赛过程中控制自己心理状态的能力，促进运动员形成良好的心理状态以适应现代网球的训练与比赛。

（三）促进运动员个性心理特征的形成和发展

在网球运动训练、比赛等极度紧张的情况下，决定运动员行为特点的重要因素包括对比赛及训练的兴趣程度、参与动机、个体性格特征与气质等个性心理特征。网球运动心理技能的培养可以使运动员的个性心理特征更加适应网球运动。所以说，网球运动心理技能的培养能促进运动员个性心理特征的形成和发展。

## 二、网球运动一般心理素质训练方法

网球运动一般心理素质的训练主要包括动机训练、意志训练、目标设置训练、集中注意力训练、自信心训练、表象训练、情绪控制训练和应对逆境的训练等内容。

（一）动机训练

良好的动机能够使一个人形成积极的内部动力与心理动因。动机可以分为内部动机与外部动机。球员的训练则是在外部与内部动机影响下激励其投入网球训练的结果，所以如果球员保持良好的训练动机，则训练效果就会显著，并能出色地完成训练与比赛。

想要有效形成良好的动机，就需要进行多方面因素的综合考虑，个体因素是其中之一。个体因素主要包括以下几方面：

1. 能力需求的满足

在训练过程中，当网球运动员对某个技能有学习与改进的需求时，就能够对训练投入更多精力，且能发现已经学习的技能所存在的缺点，及时地加以改正，此时球员自我能力需求得到满足。这种自我能力需求会使运动员在训练过程中投入更多精力，最终积极的训练效果得以呈现，形成良性的投入与训练效果循环。

2. 关系需求的满足

所有参加网球训练的运动员都希望自己成为比赛中的重要角色，并且希望自己在训练中所取得的成绩能够得到同伴以及教练的认同，即满足基本心理需求的自我关系归属。这就要求教练在训练过程中做到公平公正，同时，多鼓励心理素质差的球员，让其融入集体，积极地参加训练，最终实现自己的目标。

3. 自主目标的确定

让球员参与目标的确定，以满足其自主性需求，能够更好地激励运动员积极地进行训练；如果无法明确自己的目标，其训练热情就会减少。所以教练员要与球员共同制定合理的目标，或者通过有效引导使球员明确奋斗目标，克服训练中的各种不利因素，不畏失败。

（二）意志训练

意志是自觉地确定目标、根据目标调节自我行为、克服困难，从而实现预定目标的心理过程。人的意志与认知、情感紧密相连。个体认知为意志确定目标，情感则激励其行动；意志又推动认知，并控制感情。相对于其他运动项目，网球比赛时间长、比赛潜在变化多，对运动员的意志力要求尤为突出，坚强的意志能够运动员的技术水平正常发挥。

从生理学观点来说，培养意志品质实质上就是改进大脑皮层的兴奋过程与抑制过程。网球运动员的意志训练应贯穿于整个训练过程中，意志训练的主要任务就是要不断提高运动员克服困难的能力。意志训练方法主要有如下几种。

1. 设置合理目标体系

提出与远期目标相联系的近期目标，激励球员为达到目标不断努力。意志行动与目标是分不开的，没有目标，就没有意志可言；目标愈明确，意志就愈坚定。

2. 构建合理环境

构建外在训练环境因素及实际环境条件下可能的障碍与困难，有意识、有目的地对球员的心理过程和个性心理施加影响，针对性地进行模拟训练，使其逐步储备心理和生理的能量，以适应运动训练或比赛的要求，有效消除心理障碍，保证他们能在训练或比赛中创造优异的成绩。

3. 注重榜样力量

教练在场内外的行为毫无疑问会对球员产生长期的影响，因此，教练需要在执教过程中树立榜样，通过克服不同类型的障碍，产生榜样效应。逐步培养球员主动和自信的态度，并依靠各种运动环境的反馈，不断成长，以符合比赛和训练的要求。同时，在训练中给予球员更多自主权，让其充分体验自我成长中的失败认知，以磨炼其意志。

（三）目标设置训练

目标设置一般要根据自身能力(技战术能力与水平)在一定时限内达到目标所采用的策略与步骤。在网球运动学习中，球员根据自己的网球运动能力和技能水平等实际情况设置在一定的时间内所要达到的可行目标，以及达到目标所采用的策略、步骤，可以明确网球运动的价值，帮助自己更好地掌握各种运动技能，体验参与网球运动的乐趣，激发潜能。

目标设置主要包括结果目标、操作目标与过程目标。通常，过程目标是训练指向，操作目标为训练与比赛指向，结果目标为比赛指向(但不是单一的指向)。结果目标就是比赛的结果，实现这一结果目标不仅需要能力与发挥，还要付出努力，同时还要看对手的能力和发挥，即部分依赖于他人的表现。操作目标不是战胜对手，而是超越自我，获得成功。所以操作目标只是与自己以往的成绩和表现进行比较，是独立于对手或他人的实现目标和操作标准。在网球比赛中，胜负不是关注的唯一焦点。操作目标的优点是可以在忽略对手的情况下，完全按照自己的操作目标去实现，可以表达为“我行我素”。过程目标就是将球员操作过程中必须从事的行为完成好或操作好。过程目标一般出现在训练课上，比如在训练中运动员不停地揣摩自己的发球情况，在比赛时自己的发球效果自然会提高。过程目标不仅可以提高运动员的操作表现，还可以帮助其减少焦虑，建立自信。目标设置训练的具体方法有以下步骤。

1. 长期目标与短期目标相结合

长期目标与短期目标比较理想的结合方法是采用“阶梯形”目标。具体步骤是确定所要完成任务的基础水平；确定自己经过努力奋斗所要达到的最终目标；确定若干逐步提高水平的短期小目标，从而达到最终目标。因为每一个目标的实现，都会使你获得成就感，从而产生挑战下一个目标的动机，增加实现长期目标的可能性。

2. 设置既有挑战性又有可实现性的目标

目标设置应该既有一定的难度，但又是可实现的，最好是需要经过不断努力才能够实现的。设置具有挑战性又有可实现性的目标，应将自己最近的成绩作为参考依据，并在必要时修正目标以适应变化的情况。

3. 设置具体、可测量和可记录的目标

设定的目标应该是具体的、可测量的、可记录的和可比较的。

4. 设置自我比较目标

在网球运动学习中，应该尽量制定能够自我赏识的目标，不要制定与他人比较的目标，即以击败他人为关注重点的目标。自我比较目标这种积极的体验有助于增强自信心。相反，若与水平远高于自己的人相比较来制定目标，不但难以实现，甚至会失去信心；如果与水平低于自己的同学比较来制定目标，则不利于发展自我、挑战自我。

（四）集中注意力训练

集中注意力是指在特定的环境下心理稳定的能力，就是将注意力集中在比赛或训练有关方面，并在比赛或训练中保持这种注意力。集中注意力是网球比赛所需要的一项重要的心理技能。比赛中，运动员往往会受到内部与外部的干扰，如果不能将注意力集中在比赛，往往会导致失误甚至比赛的失败。集中注意力是控制情绪的关键。有效的集中注意力就是将注意力集中在目标区，关注目标区越小，注意力越集中。

1. 训练时集中注意力的训练方法

（1）保持眼睛始终盯着球。

（2）按照教练要求回击球。

（3）预先设定好击球线路与落点进行多球练习，比如直线、斜线、浅球、深球。

（4）每次发球前说出发球的目标，外角、内角、追身。

2. 比赛时集中注意力的训练方法

（1）进行有效的赛前准备。

（2）保持比赛间歇时的常规行为。如习惯性地放松、擦汗动作，发球或接发球的准备动作等。

（3）每一分钟比赛开始前，都要有所计划，每一分钟间歇时间，要注意放松。

（4）通过眼睛的关注来集中注意力。观察有关的目标，如网球的纹路、拍弦等。

（5）利用小垫步、耸肩、深呼吸、活动手臂和手腕等动作以放松身体，避免焦虑。

（6）练习分散-集中的技能。如在一分钟结束后，让紧绷的注意力及时分散放松，当下一分钟开始时，让放松的精神集中准备比赛。

（五）自信心训练

自信是反映个体对自己是否有能力或能否成功地完成某项活动的信任程度的心理特性，即运动员对成功的预期。自信是在一定情况下表现出对自己能力的肯定和对成功的渴望。优秀的球员都具备坚定的自信，自信能激发运动员积极的情绪体验，有利于精力的集中，使运动员克服恐惧。自信会使个体目标的设定更具合理性，激发积极情绪，集中注意力，保持好的心情。一个人的自信心是在克服困难、体验成功中产生的。因此，在日常训练中，教练员要加强对球员自信心的培养，既要让运动员坚信自己的信念，又要防止运动员出现盲目自大的现象。

1. 在网球运动中展现和培养自信

（1）展现自我。网球运动形式多种多样，要有明确的锻炼目标，看到自己的长处，不断提高。在群体活动中，与同伴积极配合，努力展现自我，有信心让同伴接纳自己。

（2）自我激励。先要经常鼓励和肯定自己，通过回忆自己成功经历中感到荣耀和自豪的事情，并肯定自己所具有的能力，用语言鼓励自己。其次，当面对有难度的活动项目或受到挫折时，要勇敢面对困难，应运用积极、肯定的自我暗示为自己打气，以增强自信，克服困难。

（3）量力而行。首先列一张清单，将自己希望但还没有达到的网球运动目标写下来。然后按照每一目标的难度，依次从最容易实现到最难实现进行练习，通过不断的练习增长自信，实现第一个目标。有了成功的开始后，不断增强自信，直至实现最终目标。

（4）相互鼓励。同伴的相互鼓励有利于自信心的建立及不断提升。

2. 使用积极的自我谈话法

自我谈话又可以分为动机性和指令性两种形式，动机性自我谈话如“加油”“坚持住”“保持注意”等，指令性自我谈话如“屈膝”“抓紧球拍”“眼睛盯球”等。

3. 减少压力的思维范式

（1）承认自己正处于劣势，在改进提高中，有助于减少压力，建立自信。

（2）尽自己最大的努力去做，不管结果如何。

（3）每个人都会犯错，都不是完美的，提高需要过程。

（4）下一分我能打好。

4. 教练员对运动员多使用积极肯定的语言

（1）在日常的训练过程中，教练员要给予更多的正面反馈，多使用一些激励性的语言，比如“真棒”“有进步”等，减少批评，更不能惩罚。

（2）对运动员给予积极肯定的点头示意动作。

5. 其他方法

（1）运用表象记忆法回忆自己发挥出色的场景和动作。

（2）在球场上保持积极向上的形象。

（3）制定现实可行的目标。每次的目标不要定得太高，要制定通过努力可能达成的目标。

（4）与自己水平相差不大的选手进行比赛。

（5）从失败中寻找好的表现。

（6）当对手表现好时，要保持冷静与信心。

（7）提升身体素质训练，确保良好的体能水平。

（8）确定与完成赛前常规动作。

（六）情绪控制训练

情绪是人对客观事物的态度体验及相应的行为反应，由独特的主观体验、外部表现和生理唤醒构成。情绪通常与焦虑、唤醒、压力等联系在一起。良好的情绪会激励个体积极向上、生活愉快、学习进步；不良的情绪会减少快乐，干扰正常的学习与生活，甚至会损害身体健康。网球竞技运动中，球员只有合理地控制焦虑、唤醒与压力，比赛中方能达到理想的竞技状态。

焦虑是一种消极的情绪状态，是对危险或恐惧的担心而表现出的一种唤醒形式。适度焦虑有一定的积极作用，过度焦虑就会起到相反的作用。过度焦虑的生理反应表现为肌肉失调、身体灵活性降低、心率过速、呼吸加快、肌肉无力、易疲劳等，在心理上则表现为精力难以集中、思维不清晰、自信心降低、害怕、过度自责等。

唤醒是一种心理和生理的运动状态。低度兴奋或过度兴奋这两种状态都会影响运动员水平发挥。人体处于低唤醒水平时表现为浑身没力气，动作缓慢，注意力涣散，给人懒洋洋的感觉；人体处于高唤醒水平时表现为步伐轻盈、身体语言积极、注意力集中等。

情绪的控制关键在于兴奋度的提升、焦虑的控制及使身体处于高唤醒水平。

1. 提高兴奋度的方法

(1) 在两分之间的间歇时间里用脚尖上下跳动。

(2) 使用短促的快速呼吸，加快呼吸的频率。

(3) 使用积极的语言提示，如“加油”“有进步”等。

(4) 把当时的局势看作一种挑战，全力以赴应对。

(5) 赢下艰难的比分时，大声地吼叫等。

2. 控制焦虑的方法

(1) 做好充分的准备活动，提高身体的兴奋性。

(2) 保持镇定，深呼吸。

(3) 将注意力集中在能控制的事情上。如暗示自己“发外角球”“回斜线球”。每一次将注意力集中在一点上或你能做好的事情上。

(4) 保持动作放松，放慢节奏或用收缩与松弛肌肉的方法使肌肉放松，摇动双手、双肩和颈部，或使用语言调节情绪，如“松弛”“放松”。

(5) 了解身体的信号：不要将心跳加速误解为紧张的信号，这是准备就绪的信号。

(6) 感到紧张时，尽量保持平静微笑。

(7) 放慢速度，两分之间多歇一些时间。

(8) 认为自己开始紧张了，不要害怕，因为这是进入比赛和重视比赛的信号。记住，对手可能处于同一状态。

(9) 在两分之间的间隙时鼓励自己，给予积极自我暗示。

(10) 克制每一个消极想法。犹豫时，控制自己，让自己放松。失误了，让失误成为过去。

(11) 用幽默打破紧张的气氛，对待逆境要采取正面的积极的态度。

(12) 制定一个好的比赛方案并坚决执行。把每一分钟当作决胜分来打。

3. 提高唤醒水平的方法

(1) 在对方发球前做一些放松性的小跳，提高身体兴奋性。

(2) 加快呼气的频率，进行短促有力的呼吸。

(3) 使用积极的自我谈话。

(4) 感到压抑时，可以吼叫发泄情绪。

4. 缓解青少年紧张情绪的方法

(1) 不要进行超负荷的身体训练，训练期要短，强度要大。

(2) 训练与比赛之间要安排休息和恢复，不要连续打太多的比赛。

(3) 力求把比赛当作练习，而不是当作威胁来看待。

(4) 让学生记录自己的紧张程度，感到紧张时，不要回避，要积极调解。

(5) 老师应了解学生的身心承受能力。

（七）表象能力训练

表象训练法是指个体通过暗示语在头脑中主动想象某技术动作或运动情景，以促进运动技能提高和情绪控制的心理训练方法，它被运动心理学专家视为心理技能训练的核心方法，能够促进运动技能的形成和提高。运动领域广泛应用的表象训练包括一般的表象练习和针对专项的表象练习。表象训练要注意以下几点：

（1）要在放松状态下进行表象训练。尽可能进行现实的逼真表象，表象内容不但要确保图像清晰可控，还要确保涉及可能在比赛中体验到的心理状态，包括自信、集中注意控制、最佳唤醒体验以及其他有助于提高操作表现的心理状态。

（2）表象细节操作过程。表象过程应该模拟真实情境，例如，假设比赛从“发球站位准备—拍球—抛球、引拍—挥拍击球发出”共需 15 秒，就应在表象中模拟这个运动动作的所有细节程序，同样也用 15 秒完成，而不是更短或更长时间。

（3）表象正确结果。在表象过程中，不但要表象技能操作的过程，而且要表象技能操作的结果。例如，表象大范围移动正手击打直线球，就应确切地表象出击球后你所希望的回球落点；表象在二区发外角球，就应确切地表象出发球击中的那个接近边线的点。

（4）表象训练的时机因目的而异。训练前表象是提高技能的有效途径；比赛中进行表象有助于集中注意力，提高自信，演练战术，得分获胜；伤病期间的表象练习有助于保持运动技能水平，使之不至于下降过快；临睡前进行表象练习则有助于动作技能的巩固。

（5）表象技能操作与实际练习应适时结合。在动作技能练习过程中，表象动作练习和实际动作练习应相结合，在动作学习的不同阶段，两者占用学习时间比例和运用时机要有所不同，同时表象训练需要对练习场景适当控制，激发练习者个体主观能动性，以增加表现训练效果。

（八）应对逆境的训练

逆境是指不利的环境和因素，其表现形式多样。在运动比赛中，逆境可以从三个角度考虑：一是由于本方情况导致的不利，如赛前赛中的伤病，技战术弱点等；二是由于对方情况导致的不利，如对手实力过于强大，具有主场优势等；三是由于环境因素造成的不利，如观众不太友好，气候不能适应，裁判不够公正等。逆境应对能力是优秀运动员的重要心理特征。网球心理学家温伯格在对 500 多场网球职业比赛进行分析指出，世界排名前 20 强的球员中有 37％的球员能够在逆境中扭转赛局，这一比例远远高于排名较低的球员。逆境之所以会影响运动员的发挥，主要是因为逆境对运动员的心理状态造成巨大影响，这种影响体现在机体唤醒水平的升高、注意的分散或产生不良情绪如愤怒、悔恨、沮丧等。

教练员应该帮助运动员更好地认识在比赛中可能遇到的各种逆境，建立良好的应对机制，可参考以下措施。

（1）结合以往比赛经验，分析与预见各种典型逆境。这包括：① 与运动项目有关的逆境，如因天气原因暂停比赛等突发情况等；② 具体比赛中的逆境，如遇到多次输过的对手，比分被反超等；③ 与个人特点有关的逆境，如打丢了简单应得分的机会球等。

（2）制定具有针对性的应对策略。策略应针对情境中的具体问题，如制定在落后情况下的比赛战术；也可以针对具体的情绪，如当线审误判又没有挑战机会时利用自我暗示控制自己的情绪和注意；还应正视逆境，提高对于逆境的包容力，坦然接受已经发生的事实，专注于当前面比赛。

(3) 表现训练与实际操作遇到逆境的策略。在了解运动员个人情况的基础上，有针对性地采用不同方案对于逆境应对的策略进行训练，以强化应对意识，学习应对技能，最后形成应对习惯。在应对技能的选择时，仍应注意策略的合理性，可以选用包括唤醒水平调节、集中注意力控制、表现控制等方案。

(4) 对训练效果进行评价和反馈，并对训练计划进行必要的补充和修改。在训练方案实施后，效果的观测和评价是必要且重要的。运动员在比赛中策略运用的合理性和比赛成绩都应当作为训练效果的重要依据加以考查。

(5) 教练要经常对球员进行逆境教育。教练员应通过古今中外科学家、政治家、文学家、艺术家在逆境中拼搏、在挫折后奋起的榜样，结合优秀运动员逆境中崛起的实例，帮助球员深刻理解困境、逆境对成功的辩证意义。

## 三、网球比赛的心理素质训练方法

网球比赛赛前、赛中及赛后会产生不同的心理反应，对不同的心理反应可以做出相应的赛前与准备、赛中调控与适应、赛后调整与恢复。

### (一) 赛前心理定位与预案制定

#### 1. 赛前心理定位

运动员赛前心理定位是指运动员比赛前与比赛中对自己、队友、对手之间关系的认知，影响着运动员的自信心和比赛的应变能力。赛前摆正自己的位置，是球员赛前心理准备与赛中心理调节的重要内容。正确的赛前定位，能够激发运动员的潜能，使其机体保持在高唤醒与兴奋的水平上。赛前心理定位应做到以下几点：

(1) 无论比赛对手是谁，赛前都应重新对自己或全队的参赛角色进行定位。由于竞技状态发展的动态性及比赛结果影响因素的复杂性，对每一个竞争对手都应以概率观点来对待。在敌弱我强、敌强我弱及势均力敌三类情况对比中，运动员取胜的概率虽有所不同，但绝不会是百分之百的概率。所以，赛前角色定位均应以“夺、冲、追”为最佳。

(2) 随着比赛进行中双方比分的变化，运动员应本着必须“冲击”对手的原则及时调整比赛角色。

(3) 明确比赛过程的关键性指标。以关注比赛过程而非比赛结果为心理调节的原则。

(4) 无论比赛结果如何，赛后均应对自我和全队进行重新定位。此时，胜者的自我形象往往会被无意识地夸大，败者则会无意识地感到自我形象降低，运动员参赛的无关杂念迅速增多。实际参赛角色定位，可根据比赛胜负情况做出不同的要求。例如，胜者必须针对比赛找出几条缺点，负者则应针对比赛找出几条优点。总的目的在于纠正球员赛后自我形象的偏差，为今后的训练和比赛奠定良好基础。

#### 2. 比赛应对预案制定

通过心理表象等方式对即将开始的比赛进行预演，对可能出现的情况制定比赛心理应对预案。比赛应对预案根据是否为突发情况，分为赛前程序化心理应对预案(见表 7-4)和赛中突发情况心理应对预案(见表 7-5)；根据时间分为赛前心理应对预案与赛中心理应对预案；根据内容分为网球技术动作心理应对预案(见表 7-6)、不同时段与状态心理应对预案(见表 7-7)和网球运动常见心理问题应对预案(见表 7-8)。

**表 7-4　赛前程序化心理应对预案**

| 活动性质 | 应对预案 |
|---|---|
| 参赛前 | 放松思想，做好准备 |
| 到达赛地 | 积极接受这里的条件(比预想的要好)，相信自己会很快适应 |
|  | 了解场地器材特点，熟悉比赛环境与条件，确认和完善赛前训练计划和安排 |
| 比赛前一天晚上 | 检查比赛用具和物品，放松调节训练、温习对策预案 |
|  | 表象技战术成功的操作，加深流畅的技术感觉 |
|  | 做些调节心情的活动，积极休息，自然进入睡眠 |

**表 7-5　赛中突发情况心理应对预案**

| 突发事件 | 原因 | 应对预案 |
|---|---|---|
| 裁判不公 | 信任制比赛中对方耍赖 | 查询球点，冷静并坚决地告诉对方："这球在界内，你能看到。"接受比分并将注意力集中到下一发球或接发战术上。多次出现时，中断比赛并申请裁判长观赛 |
|  | 由于对手是主场作战或其他原因，裁判偏袒对方 | 牢记并提示自己必须接受已经报出的比赛结果，冷静地指出球点位置并向裁判求证，接受比分并将注意集中到下一发球或接发战术上 |
|  | 判罚对自己有利 | 不要观看或参与对方与裁判之间的争论，转身走到球场边，面对球网，将注意力集中思考到下一分的战术直到裁判宣布比赛开始 |
| 观众嘲笑 | 在对方主场比赛 | 当作是观众在为自己加油，积极思考技战术要点。如果嘲笑或喝彩声影响到发球环节，暂停动作，向裁判示意，直到安静后继续 |
| 对手受伤 | 在比赛中随时出现 | 休息，补充糖分和水分，脑中进行之前成功情境的表象，如暂停时间较长，起身练习发球直至比赛再度开始 |
| 莫名紧张 | 比赛开始时 | 大喝一声或狠拍大腿阻断消极思维。分间低声报出所思考的战术 |
|  | 自己领先时的关键分 | 在这分开始前选定某一战术，坚决执行(局点、盘点、赛点) |
| 连续失误或失常 | 比赛中随时出现 | 大喝一声或狠拍大腿阻断消极思维。降低对发球或回球的难度要求，提示自己"发到界内"或"回到界内"，成功后叫出" Come on" |
| 风 | 比赛中随时出现 | 语言提示"对手和我一样有风，控制好力量！" |
| 雨 | 比赛中随时出现 | 语言提示"脚下站稳！集中注意！" |
| 调整场地 | 因雨转入室内 | 语言提示"室内风小，有利于控球"，充分利用换场后的热身时间适应场地。拿下换场后的第一分握拳鼓励自己，营造积极心理氛围 |
| 意外受伤 | 比赛中随时出现 | 申请医务暂停，配合医生治疗，如治疗过程中时间较长，则在脑中进行积极的表象演练 |

**表 7-6　网球技术动作心理应对预案**

| 动作 | 常规 | 目的 |
|---|---|---|
| 发球 | 调整兴奋点 | 从上一分复位 |
| | 决定发球的落点 | 目的明确 |
| | 向发球线移位 | 准备发球 |
| | 做一次深呼吸 | 使紧张状态得以放松 |
| | 想象发球 | 回想、体会发球要点与动作 |
| | 拍球 | 防止消极思维，掌握节奏 |
| | 将注意力集中于发球落点 | 找寻发球通过网的位置，注意力集中 |
| | 将球发出 | 动力定型，自动化 |
| 接发球 | 决定接发球回球的落点 | 方向、深度、高度 |
| | 决定以何动作接发球 | 击球的方式、旋转 |
| | 做好接球准备姿势 | 利用全部时间与空间，发生问题时改变姿势 |
| | 注视对手发球动作 | 思考对策 |
| | 使用自我暗示 | 提醒自己做某事，即注意环节 |
| 比赛过程击球 | 调整兴奋点 | 从上一动作复位 |
| | 决定以何动作回击球 | 击球的方式、旋转、方向 |
| | 做好回击球准备姿势 | 利用全部时间和空间，发生问题时改变姿势 |
| | 注视对方击球动作 | 思考对策 |
| | 使用自我暗示 | 坚定，果断，自动化，不犹豫 |

**表 7-7　不同时段与状态心理应对预案**

| 比赛间隙时间 | 主动情况下 | 被动情况下 |
|---|---|---|
| 发球两分之间 | 坚定地进入准备状态，洞察对方表现 | 力求放松，注视拍弦，调整呼吸 |
| | 计划如何拿这一分，按常规发球 | 制定下一分打法，执行原定计划及发球方案 |
| 接发球两分之间 | 保持正常地接发球 | 利用规则，让自己镇静下来，调整呼吸 |
| | 努力自我调节，控制局势 | 集中注意力，自我暗示、增强信心，以习惯方式接发 |
| 两局之间 | 喝水，用毛巾擦汗 | 喝水，用毛巾擦汗 |
| | 再次肯定自己的比赛方案 | 使用保持镇静的心理技能 |
| | 做出下一局比赛的方案 | 确定下一局比赛目标，控制击球速度，放慢节奏 |
| 两场比赛之间 | 尽量休息，保存能量 | 分析比赛形势 |
| | 确保执行既定方案，保持常规活动 | 制定比赛方案，并坚决实施，将注意力集中于自己能够控制的东西 |
| 对手质问裁判 | 果断地应对形势，提醒自己有关的比赛方案 | 利用这一时机镇静下来并将注意返回到自己的比赛方案 |
| | 控制自己的情绪，做到不参与 | 按常规做好比赛准备 |

表 7-7(续)

| 比赛间隙时间 | 主动情况下 | 被动情况下 |
|---|---|---|
| 自己质问裁判 | 果断地应对形势 | 果断,明确 |
| | 利用这一时机镇静下来并将注意返回到自己的比赛方案 | 利用规则,在适当时候停止比赛,打乱对手节奏 |
| | 按自己习惯的方式做好准备 | 将注意返回到下面的比赛,按常规做好比赛准备 |
| 对手中断比赛 | 将思想集中到当前的比赛上 | 利用这一时机镇定下来 |
| | 设想下一分如何打 | 将注意返回到比赛方案 |
| | 不要与对手注视 | 按常规做好准备 |
| 下雨或类似原因 | 制定方案 | 利用这一时机评价自己的表现 |
| 推迟比赛 | 保存体力,积极休息 | 制定恢复比赛方案,保存体力 |

**表 7-8 网球运动常见心理问题应对预案**

| 问题 | 外在行为应对 | 心理应对 |
|---|---|---|
| 兴奋度不高 | 双脚在两分之间快速跳,保持双脚活动,避免“站死”。使用短促的快呼吸加快呼吸的频率。做动作时相比平时更用力,不做需要精细控制的技术动作 | 使用积极的自我谈话“加油”。配合双脚动作,避免无意识的双脚动作。调动自我积极情绪,把不利局面作为一种挑战。上场前听一些节奏快的音乐 |
| 过度紧张 | 用收缩与松弛肌肉紧张的方法使自己的手臂、颈部、手等部位肌肉放松 | 承认自己开始紧张了 |
| | 了解身体信号,不将“心跳加速”误解为紧张,这是正常情况,表明机体进入动员阶段 | 不害怕紧张,这是已经进入比赛和应重视比赛的正常生理反应 |
| | 处理问题时,多温和,少严厉 | 把一切当作真正重视比赛的正常反应 |
| | 使用呼吸调节法进行放松 | 运用放松的技巧渐进放松 |
| | 击球时呼气 | 用情绪调节的自我谈话“放松” |
| | 感觉紧张时微笑 | 在两分之间,用积极思维鼓励自己,遵循惯例 |
| | 摇动双手、双肩、颈部,向对手表明自己“强者”的姿态 | 将注意力集中在能控制的事情上,如“发外角球” |
| | 放慢速度,充分利用两分之间的时间间隙 | 记住对手也紧张,和你处于同一状态 |
| | 按照既定方案与习惯方式击球 | 忘掉失误,坚决执行既定方案 |
| | 要显示出自信,能够自控不要让对方看出紧张 | 对待逆境,采取正面不回避的态度 |

### (二)赛中心理调节

1. 上场前心理调节

网球的每场比赛都是对球员自信心的挑战。通过充分的赛前心理准备,特别是建立积极的赛前心理准备定势,可以帮助球员保持比赛的节奏,增加对比赛情境的预判,形成稳定的思维和情绪状态,便于集中注意力,加强控制感与自信心,减少不稳定因素。

上场前心理调节包括如下内容:

（1）形成个人风格的赛前程序，包括器材的准备与检查。

（2）准备好赛前预案，包括针对本场比赛对手的具体对策与战术。

（3）在安静处休息20～30分钟，阅读或回忆赛前预案并将注意力集中至比赛程序。

（4）完成必要的赛前热身，保持积极状态，与教练员和双打搭档沟通比赛计划要点等。

2. 局间与盘间休息心理调节

网球比赛单数局休息时有约90秒的休息时间，盘间约有120秒的休息时间。在短暂的休息期间所采用的心理调节策略可能导致比赛结果发生重大转折。建议休息期间的心理调节如下：

（1）坐下休息，用毛巾擦干汗水。

（2）适当补水与营养补剂，整理器材。

（3）根据情绪状态进行自我放松（腹式呼吸，抖动腿部，放松颈部，用毛巾盖住头闭目休息片刻）或者自我激励、积极动作表象等。

（4）制定下面几局的比赛战术，或回顾赛前制定的战术。

3. 领先时的心理调节

当处于领先时，一方面应通过积极的身体语言来提高自信心，同时向对手施加更大的心理压力；另一方面则要对场上时机的转变做好准备，针对可能的变化与发生的局面做好充分准备，继续保持领先局面。具体心理调节措施如下：

（1）大步幅行走或跑动、原地跳步，保持自信。得一分后，立刻做出握拳等的庆祝动作，保持积极面部表情和身体语言。教练在训练中可以通过拍摄训练比赛录像，帮助运动员培养积极的身体语言和面部表情习惯。

（2）近网或目光交接时直视对手，不先移开目光。

（3）保持比赛的快速节奏，不要过长时间地中断比赛，不给对手调整机会。

（4）局间或盘间休息时提示自己："对手可能会有放手一搏的变化或其他战术变化！"并尝试自己主导战术变化。

（5）保持比赛的连贯性。对于对手突发性战术变化带来的失误，迅速寻找解决方法，提示自己"我会找到压制他的新手段"。同时积极肯定自己成功的比赛方案，坚持实施其中的合理元素并进行适当调整。

（6）主导比赛，尽可能多地获取比分锁定胜局，杜绝"在领先时丢一两分无所谓"的想法，时刻保持警惕。

4. 落后时的心理调节

落后时，应及时调整心态与战术，将注意力集中到当前一分的完成，避免被对手乘胜追击或将微弱优势扩大，造成自己进一步被动的局面。具体心理应对方案如下：

（1）充分利用分间、局间、盘间的短暂休息时间，调整呼吸，让自己镇静下来，集中注意力，力求放松。

（2）两眼避免看对手，注视某种无关的东西，如拍弦，同时在脑中计划下一分的打法，选定战术后坚决实施，成功后做明显的积极身体语言。

（3）调整比赛战术和预定目标。例如发球连续失误，则降低对发球线路或角度的要求，首先保证发球成功率。

（4）在下一分开始前，做小跳步并用积极语言鼓励自己。如"加油！我能够拿下一局"。

(5) 如对手状态正好,可以通过适当拖长间隔时间,增加拍球次数,请求医疗暂停等方法,打破对手顺利的定势,寻找反击的机会。

5. 相持时的心理调节

相持阶段球员心理调节的关键是对场上信息进行积极认知,并从中获得控制力量,促使局面向对自己有利的方向转化。相持阶段中随时会出现比赛的潜在转折点(如自己或对手的一个双误,一次网前的失误或意料之外的高压失误球等),积极的心理调节会使其中对自己有利的那些线索成为真正的转折点。具体心理调节方式如下:

(1) 始终保持积极的身体语言。

(2) 使用积极的自我言语,如“come on!”“多坚持一拍”等。

(3) 局间休息多回顾成功的技战术。

6. 关键比分的心理调节

(1) “第一分球”的心理调节。

“第一分球”采取何种打法非常重要,因此应该在一开始就养成正确的比赛习惯,形成正确的第一分球打法习惯。要做好充分的准备,如果得了第一分,赢得这一局的可能性就很大。因此,应集中注意力努力破发,打好第一分球,以动摇对手的信心。

(2) “30 比 30”的心理调节。

比分为 30 比 30 时,比赛双方的心理都会有一点紧张。优秀的球员在比分为 30 比 30 时,会鼓励自己接发球不失误并力争获得一分打破比赛的均势,以在心理上占据较大的优势。如果 30 比 30,发球尽可能将一发入界,不要做出不同的发球动作,以免二发心理压力增加。

(3) “40 比 30”的心理调节。

“40 比 30”发球时,不要想急于拿下比赛而冲动。可以采取混合发球的打法,给对手施压;最重要的是,对比分不要想得太多,发球前要决定这一分如何打,学会控制比赛。

(4) “30 比 40”的心理调节。

“30 比 40”关键比分,优势方再得一分就会取得本局(本盘)的胜利。接发球方要努力破发,摆脱落后局面。很多球员会迫于心理压力,急于将比分扳平而采取不同于以往的技战术,因此常常会发生失误。正确的做法是坚持可以打破比分的相同接发球。击球一定要有目标,如果对手发球到正手以回击斜线为主,如果对手发球到反手以回击直线为主。30 比 40 比分,发球方要坚持擅长的技战术。

(三) 赛后心理调节

赛后心理调节的目的是对比赛前制定与执行的技战术有更为清楚的认知,找出不足以提升自己的技战术水平。具体方式如下:

(1) 回忆比赛的场景,整理总结各项技战术的运用情况,在心中强化比赛过程中成功的技战术运用情景,增强运用这些技术、战术的信心,形成心理强化比赛中成功的技战术的信心,形成心理优势。

(2) 弱化失败的心理阴影,消除消极心理影响,理清思路,吸取教训,树立自信,轻装上阵。

(3) 教练对每场比赛的相关数据进行记录,建立比赛档案,并对其进行分析和归纳,深入了解球员成长规律。

(4) 对肌肉理疗、按摩与放松,积极恢复体能与心理。

# 第六节　网球运动技能训练

网球运动技能是指网球技术与战术有机的组合，网球技术是网球战术的基础，战术运用是关键，基本技术的掌握直接影响网球战术的实施效果，战术能够促进技术的掌握。在网球运动实践中，技术与战术相辅相成。

## 一、发球与接发球技能训练

网球比赛中每一分都是从发球与接发球开始。发球是较少受对方制约、主动向对方发起进攻的技术，而接发球则是相对处于被动、受对方制约的技术。发球与接发球训练中要注意速度、落点及线路的变化控制。发球主动发起进攻，先发制人；接发球方则通过接发落点、旋转、线路等变化争取场上的主动。在实践中主要通过多球训练结合实战提升球员的发球与接发球落点、旋转及战术意识与心理稳定的控制能力。

（一）发球控制落点的训练（见图 7-4）

目的：训练控制发球落点与旋转的变化能力。

方法：在两个发球区同时发球，各发球区安置两个目标，击到目标为止；分别在每个发球区域练习；结合发球记数比赛，增加趣味性与压力；结合第三拍球实战练习。

（二）接发球训练（见图 7-5）

目的：提升接发球回击不同线路与落点的能力。

方法：两人站在发球线附近发球，接发球者回击不同线路与落点；每 20 次交换发球与接发球位置；分别在每个区域的回发球线路练习；在回发球目标区域记数比赛，增加趣味性与压力；结合第四拍球实战练习。

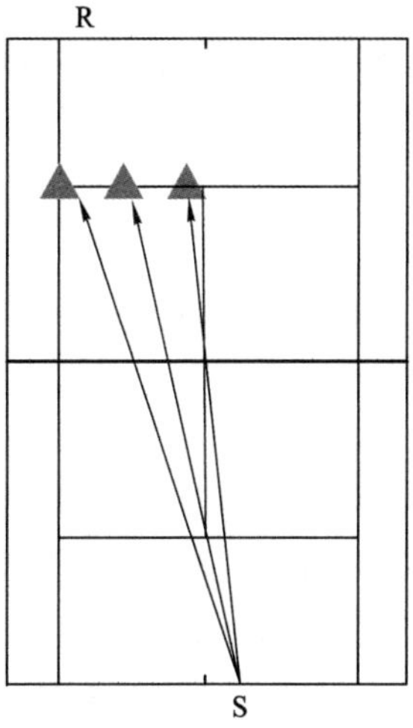


图 7-4　发球控制落点位置

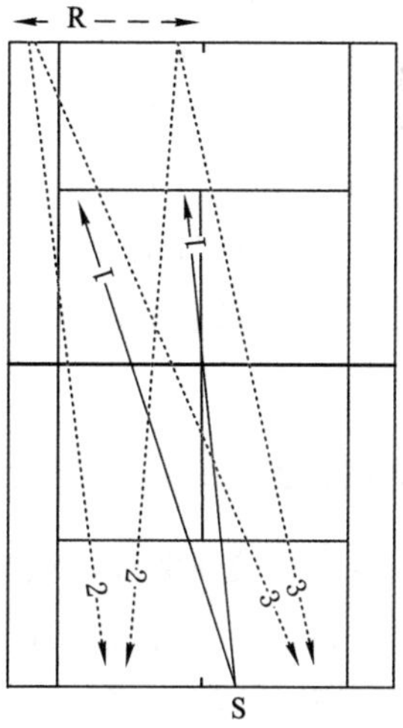


图 7-5　接发球不同线路

## 二、底线技术训练

底线技术是网球运动员在比赛中运用最多的一项技术，提高底线击球能力是赢取比赛的关键。训练中应强调加步法移动,提升在动态中迎点击球的能力,不断提高在到位的前提下回球的速度,以加大攻击性。在训练实践中,根据比赛实际结合个人特点,设计多种移动中战术线路组合,使训练更具针对性、攻击性,使底线技术的训练接近于实战,从而全面提高实战水平。

(一) 快速移动左右击打直斜线训练

目的:加强快速步法调整选位的能力。

方法一:连续送正手位或反手位球,要求击打斜线和直线。

方法二:教练员做两点送球,要求运动员快速调整步法击球。

(二) 连续压反手训练

目的:提高快速移动中的反手位击球能力。

方法:多球进行,教练员送反手位不同快慢、不同高低的球,运动员移动反手抽击斜线或直线。

(三) 底线反手位侧身攻训练

目的:提高快速移动中的反手位正手侧身攻击的能力。

方法一:教练在对面场地 T 点附近送反手位球,球员通过脚下移动侧身攻斜线,然后再练侧身攻直线。

方法二:教练在对面场地 T 点附近送正手位球,球员快速击打直线或斜线深球,然后再送一拍反手位相对慢的球,球员通过脚下积极移动正手侧身攻斜线或直线。

(四) 底线正反手一点打两点和两点打一点训练

目的:加强抽球变线的能力。

方法一:教练员在对面场地 T 点后 2 米送球,送正手位球时,球员正手打直线与斜线,送反手位球时,球员打直线与斜线。

方法二:两人与一人对拉。一人击打直线,一人击打斜线,场地对面的球员在某一区域回击给两人。对面两人都击打直线或斜线,场地对面球员跑动中击打直线或斜线。

(五) 正反手底线抽击半高球练习

目的:加强击打高球的能力。

方法:教练连续送半高球至一区或二区,球员通过脚下移动练习击打半高球,要求固定线路和落点。

### 三、网前技能训练

网前技能具有较强的攻击性,是运动员主动得分的武器。网前技能种类较多,有中前场与中后场截击、高位与低位截击以及凌空抽击等技术。因此平时训练中,需要加强单一截击技术提升的同时,还要与中场抽击球技术以及发球上网技术组合起来进行练习。

(一) 网前中前场截击训练

目的:增强网前正反手截击技术。

方法:教练员在对面场地 T 点附近位置送球,正反手各一球,球员练习移动中正反手截击,要求有落点与线路变化。教练送高球与低球,让球员体会高位与低位截击的拍形与用力方向。

（二）网前中后场截击训练

目的：增强网前中后场正反手截击能力。

方法一：教练员在对面场地 T 点附近位置送球，正反手各一球，球员练习移动中正反手截击，要求有落点与线路变化。教练送高球与低球，让球员体会高位与低位截击的拍形与用力方向。

方法二：球员在底线抽击后移动到中后场，教练送球至正反手，球员进行截击，让球员体会从底线移动至网前截击的空间感与截击的线路意识。

（三）网前凌空抽击能力训练

目的：提高网前高球的攻击性。

方法：教练在对面场地 T 点后 2 米位置送球至网前球员的正反手位置，球员凌空抽击至底线深区。

（四）半场反弹球接网前截击能力训练

目的：提高中场击反弹球与向前截击的意识。

方法：教练员在对面场地 T 点位置附近送底线球，球员击打底线球后上网至中场附近，教练再送球至球员脚下，球员用反弹球回击至底线深区，快速向前移动，教练再送网前，球员进行截击。

## 四、发球上网与接发球上网对抗训练

发球上网与接发球上网，是充分利用发球与接发球技术的攻击性，进一步发挥网前技术进攻性特点，争取迅速得分的有效手段。在发球上网与接发球上网这两项技术的训练中，时常会因为失误多而影响运动员对掌握这两项技术的信心。因此，在训练中必须将上网路线、主要的封网路线、回球路线等进行细致的分类训练，使训练方法更加具有针对性、实效性，加快运动员对这两种技术的掌握，提高运动员在实战中的主动应用能力。

（一）发球上网训练

目的：增强发球上网技能的攻击性。

方法：比如发一区外角对方回斜线，正手截击回直线（见图 7-6）；发内角，对方回直线，反手截击回对方空当。每个发球区分开练习，在一定程度掌握后可以结合实战比赛练习。

（二）发球上网连续截击训练

目的：增强发球上网的控球能力。

方法：球员发球上网，底线有两位接发球回击发上球员截击的球；或教练在底线附近连续送不同发球线位置前后、不同高低的球，提升发上球员不同位置球连续截击的能力（见图 7-7）。

（三）接发球上网截击能力训练

目的：增强接发球上网技能的攻击性。

方法：一区二发内角快速回击直线快速上网，发球方回击斜线，接发球员截击回对方底线空当位置（见图 7-8）。

（四）接发球上网连续截击能力训练

目的：增强发球上网的控球能力。

方法：教练一区二发内角，接发球员回击直线快速上网，教练再送球至接发球员正反手，接发球员截击到空当位置，要求截击落点精准（见图 7-9）。

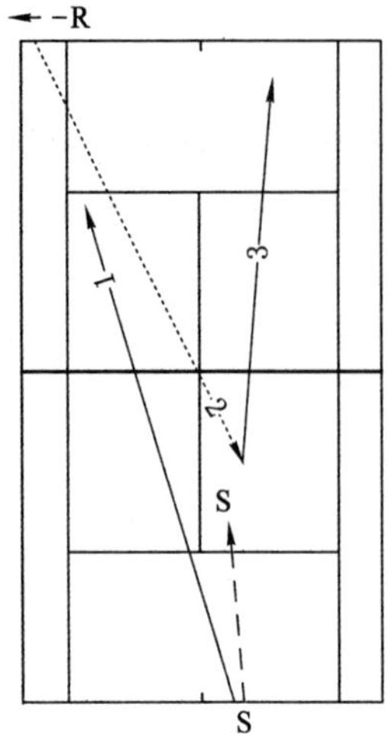


图 7-6　发球上网训练路线

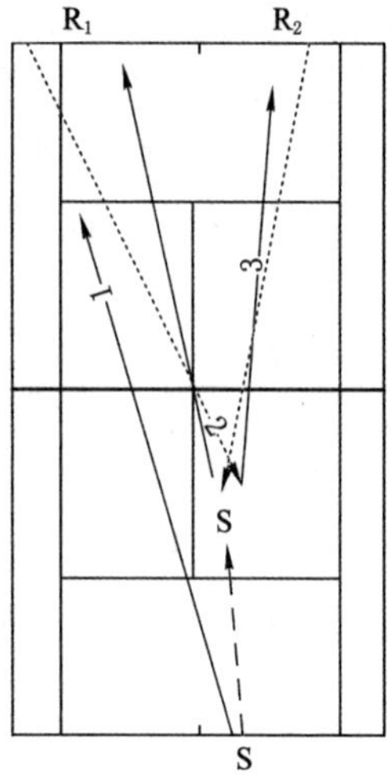


图 7-7　接发球上网连续截击训练路线

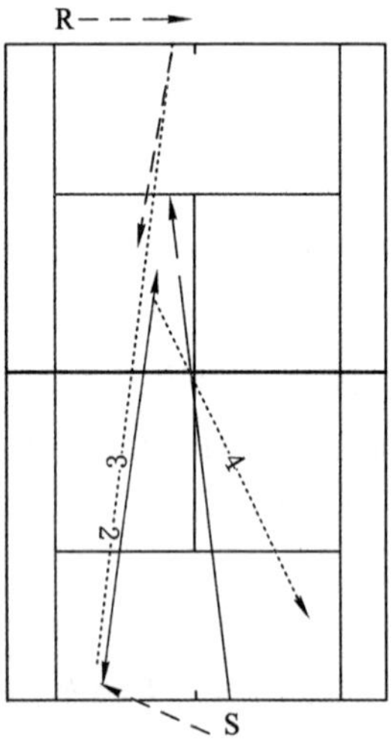


图 7-8　接发球上网截击能力训练路线

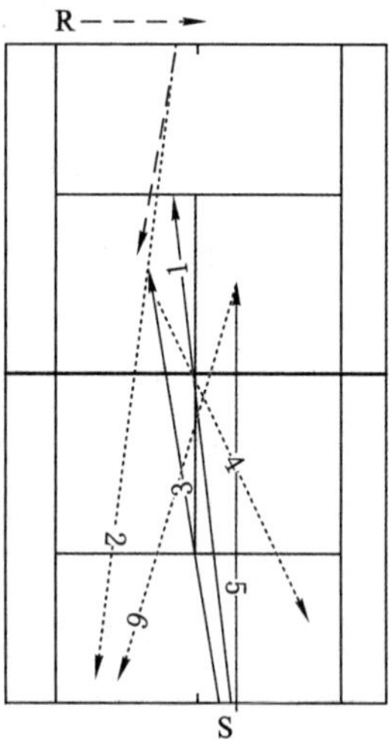


图 7-9　接发球上网连续截击能力训练路线

## 五、网前技术与底线技术结合训练

网前技术与底线技术结合练习，由于击球距离变短，能增加训练的对抗性。这种对抗中获得的球感与技能有利于提高训练的强度、难度与实效性。当然组合训练中，应以某一技能的提升为主，同时重视练习中的移动。

（一）二对一训练

目的：加强底线破网能力与网前截击能力。

方法：两底线一个网前，以提升网前截击能力为主；两网前一个底线，提升底线破网能力。要求 80%以上的力量，多回合循环进行。

（二）底线抽球上网截击组合

目的：加强底线与网前随机球的处理能力，提升截击角度与线路控制。

方法：两人在底线，一人在网前，底线一人抽球随上到网前，底线截击给对面两人线路。

**六、移动中高压球技能训练**

高压球的技术对网前技能有着重要的影响。高压技术影响比赛的信心及网前得分的效率，有利于截击技术的运用，能有效提高球员截击拦网的威胁性。在训练中需要强调与训练球员合理的步法，提高移动中高压球技术能力。

（一）手抛球高压训练

目的：提升与改进高压击球点。

方法：教练在球员持拍手一侧手抛球，球员找点高压，要求击球点准确。

（二）送球高压训练

目的：移动找点高压球。

方法：教练在发球线与边线结合处送球，球员移动找点高压，要求击球点准确。

（三）截击后退高压训练

目的：练习网前后退移动找点高压球。

方法：教练在底线附近送球，球员在发球线附近向前移动截击，然后后退找点高压，要求落点准确。

（四）两人底线一人网前高压训练

目的：提高网前高压实战能力。

方法：两球员在底线附近挑高球，球员在网前移动找点高压，要求落点准确。

**【课后讨论】**

(1) 网球运动训练的特点。

(2) 网球运动训练要遵循的基本原则与方法。

(3) 周训练计划结构及内容安排要求。

(4) 网球技能训练的方式与方法。

(5) 网球运动自信心提升训练的方法。

(6) 赛前心理定位与预案制定。

# 第八章　网球运动营养与损伤康复

**本章概要**

本章主要介绍了网球运动营养和网球运动损伤康复。

**学习目标**

(1) 掌握网球运动员赛前、赛中、赛后营养的补充。

(2) 熟悉网球运动中不同部位损伤的康复与预防。

## 第一节　网球运动营养

网球运动实践中，对运动者的力量、速度、耐力、灵敏性、柔韧性有较高的要求，网球运动是持拍间歇性运动，包括上下肢肌肉参与相对短时间的爆发性活动。比赛时长一般为 3 小时左右，运动者每争夺一分往返击球的平均持续时间为 5～12 秒，其运动强度为中大运动强度，心率为最大心率的 60%～90%，最大摄氧量为 50%～80%。在训练和比赛中，非乳酸性无氧代谢供能占主要地位，并有适当的乳酸有氧供能，能量代谢方式为无氧、有氧混合型供能，其肌肉供能方式多是由高能磷酸盐(ATP)分解提供必需能量，在长时间网球运动中，有氧代谢提供能量，也有着重要的作用。根据网球运动训练量大、能量消耗大的特点，运动者膳食应注重营养补充。

### 一、网球运动训练期营养

网球运动者的营养摄入对训练成效及比赛成绩有较大的影响，运动者在训练中消耗的营养，需要在运动后通过科学的膳食搭配来补充。如果缺乏合理的营养保证，消耗后没有得到及时补充，机体会处于一种亏损状态，对网球运动者的机体健康不利，会使运动者生理功能及运动能力下降，出现乏力、疲劳甚至疾病状态。所以保持并不断提高健康水平的两个必不可少的条件是科学全面的营养补充和适量的运动锻炼。

(一) 网球运动训练对糖、脂肪和蛋白质的利用

持续高强度网球运动训练，机体能耗多以糖的利用为主，会适当减少脂肪的消耗。因为糖类能以更快的速度提供肌肉收缩所需要的能量。但是，由于网球运动的间歇性特点，降低了特殊肌群在每个回合中间持续高能耗的需求，因此，即使在高强度的单打比赛中，脂肪氧化供能在整个比赛过程中仍占有相当大的比重。

由于利用脂肪提供能量的同时仍然需要不断地分解糖，所以，对于所有运动员而言，无论运动强度多大，如果运动时间足够长，人体最终会体验到体内储存的碳水化合物被消耗殆尽的感觉。在炎热的环境条件下，当体温升高时，糖类的利用率也会增大，因此，如果没有足

够的糖摄入与储备，疲劳可能会提早出现。

网球运动对耐力的要求较高。网球训练中，耐力练习会促使运动员的身体发生一些特殊变化，当经过几个月的常规耐力训练后，体内肌肉中用于糖类分解和酶的利用会增多，特别是与有氧代谢相关的酶（如琥珀酸脱氢酶）。这样，随着肌肉氧运输与利用能力的改变，可以更充分地利用碳水化合物产生能量。而且训练有素的运动员能在其肌肉中储存更多的糖（糖原），这有助于机体竞技状态的保持，延缓疲劳发生。

训练结束后，身体恢复倾向于利用更多的脂肪来提供能量，这对于经过专业训练的网球运动员来尤其重要，因为他们不可能像水平较低的运动员那样过分依赖血糖而消耗储存的肝糖原，即使是在高强度训练中还可以延迟疲劳感的出现，这些变化可能间接推迟蛋白质能量供应的增加。但是，当比赛继续时，糖的储备会进一步减少。

（二）均衡膳食

均衡膳食是指全面达到营养素供给的膳食，能够提供人体所必需的营养物质（碳水化合物、脂肪、蛋白质、维生素等），促进生长发育，调节代谢，保证运动员生理机能，并为训练和比赛提供充足的能量。

1. 碳水化合物（糖）

碳水化合物主要来源于面包、谷物、大米、面条、水果和蔬菜，对于高强度的网球运动员，补充标准应该是每日每千克体重不少于摄入 7 克碳水化合物。摄入体内的糖在进入血液循环之前，会被消化分解成单糖，包括葡萄糖、果糖和半乳糖。葡萄糖可以直接分解，是人体最基本的能量来源；果糖和半乳糖被用作能量之前，先在肝脏转化成葡萄糖，能够迅速提高体内血糖浓度水平的食物被归为高升糖指数的食物，这对于网球运动员来说非常重要。

2. 脂肪与蛋白质

在每日食谱中，脂肪的推荐摄入量一般为总热量的 20%～30%，其中，饱和脂肪酸的热量应该少于总热量的 10%。脂肪不仅是许多生物体功能活动所必需的，而且它还能为每日运动提供大量的能量。因此，网球运动员平时只需要阶段性地补充高脂肪就可以维持比赛时的能量需求，而在比赛中或比赛前则没必要摄取脂肪。

运动员饮食中是否需要摄入过量蛋白质仍存在很大争议。对日常摄取量的建议是每千克体重 0.81 克蛋白质（为每日热量的 10%～15%）。网球训练之后，蛋白质的分解会增加，为了满足身体恢复的需要，运动员需要摄入更多的蛋白质来维持身体状态或促进肌肉修复。目前，对耐力运动员的推荐量为每千克体重 1.2～1.8 克蛋白质，若超强负荷训练和比赛的单打选手，则需要更多的摄入量才能满足高效率的蛋白质分解和合成，补偿经汗液和尿液损失的蛋白质。

3. 维生素与矿物质

补充维生素不能增强体能水平，但维生素 C 和 E 有解毒功能以及有利于身体健康的功效。网球运动员需要更多的维生素 C 与足量的维生素 E，可以减少训练造成的肌肉组织损伤。

矿物质一般很容易通过营养均衡的食谱得到补充，某些矿物质需要特别考虑，如钙、铁、锌。大量反复地出汗可能造成钠、钙、铁的缺乏。运动员应该正常食用各种富含钙和铁的食物（如猪肉、鸡肉、鱼肉、牛奶、酸奶酪、黑咖啡、绿色蔬菜、全麦面包及精制谷物等），这样能够保证重要矿物质的正常摄入。随意地过多摄入某种矿物质会对身体产生毒害影响，并干预其他矿物质的吸收。女性运动员的含铁状况还会受到月经的影响。总之，网球运动员每天1次补给不超过其允许量1倍的多种维生素或矿物质是很安全的。维生素C和维生素E可以稍稍多补充一点，日常多吃些水果、蔬菜、豆类等就可以满足需要了。

## 二、网球运动赛期营养

网球运动比赛期间营养的补充对比赛成绩和训练效果的影响较大。科学全面的赛前、赛中、赛后营养补充有利于机体健康、良好运动状态的保持及优异运动成绩的创造。

### （一）赛前营养

在网球比赛之前，运动员应该备充足的肌糖原与肝糖原，每天至少需要每千克体重7克的糖，而且最迟要在比赛前一天的晚上之前摄入糖。连续几天加大糖的摄入量，同时赛前减小训练量，降低强度，也能够更好地优化运动员机体糖的储备。

(1) 由于在网球比赛开始前，身体已经储存的糖能够满足身体对葡萄糖的需求。因而，一开始就饮用糖-电解质饮料并不能对运动员的竞技状态产生什么影响。在比赛开始后的第1局补充糖，可以使体内的糖储备比较富余，有利于保证后面比赛的状态。

(2) 赛前用餐应保证营养均衡并强调高糖食物与饮料的比重。根据赛程安排，运动员应该摄入适量的食物，如在赛前3～4小时，可以食用各种营养丰富、易咀嚼、不会造成肠胃不适(如低纤维)的固体食物。以个人的体重为参考，赛前进食标准一般为每千克体重4～5克的糖，脂肪和蛋白质不宜摄取过多，否则会延长消化时间。在赛前也可以饮用各种饮品(如水、牛奶和运动饮料)，但是要避免酒精和过量的咖啡。

(3) 比赛如果在下午进行，要保证足够量的早餐(重点补充糖分)，然后在上午的晚些时候或中午再吃一顿较小分量的午餐。如果比赛在早餐或午餐之后的3～4小时开始，运动员就应该在比赛前的1～1.5小时补充少量(每千克体重1～1.5克糖)易消化的以糖为主的快餐，如果再加上500毫升的运动饮料或其他的固体糖类食品，就能更加有效地储备糖和水分。如果比赛安排在上午8点或9点钟，早餐摄入量应比平时少，同样要选择糖类和易消化的食品，并且在赛前90分钟进食，高糖低脂肪的液体食物吸收快，较为适合。

(4) 多数球员由于受赛程安排与赛前焦虑情绪的影响，会导致食欲不振，此时，选择一些液体糖类食品具有较好的补充作用。赛前热量补给不足，甚至消耗了部分体内储存的糖，都可能使运动员提前出现疲劳。在比赛前的热身运动中不能忽视液体与糖的摄取，因为热身一般要进行30分钟或更长的时间。运动员热身时进行了大量的击球练习与跑动，易疲劳，因此，热身时应该与比赛中一样摄取液体与糖。具体吃多少则根据距离比赛开始还剩多长的时间而定。

(5) 如果饮食能够提供足够的碳水化合物和电解质，那么，纯净水就可以当作赛前的主要饮料。赛前为了获得较好的体液储备，同时也为了提高体内电解液的平衡(主要是钠)，在比赛前一天晚上及比赛当天早上，可以饮用番茄汁或含盐运动饮料(如每升含3克盐)。同时，许多钠含量较高的食物(如奶、番茄寿司等)可以作为强调高盐分饮食计划的一部分。比赛开始前的1～1.5小时，应该饮用大约500毫升的运动饮料，为了使体内碳水化合物和水分的含量达到顶峰，可以同时来一份小点心。

（二）赛中营养

运动员在超过60分钟激烈的单打比赛后，肝脏和肌肉中储备的糖原将会显著减少，身体保持血糖水平与满足肌肉能量需求的能力就会受到严峻的挑战，这些都会导致疲劳。运动员营养补充要根据赛前饮食状况、体重、环境及运动强度等各种因素而定，在比赛中应优先考虑水与糖。电解质运动饮料比单纯的水有明显优势，因为电解质运动饮料能够以糖的形式提供能量，延缓疲劳的发生，增加液体的主动摄取，有助于维持矿物质与液体平衡，可以比水更快地被吸收。

在较热环境中进行长时间运动时，适时补充运动饮料能使葡萄糖的利用更为迅速。专门的运动饮料糖浓度一般在5%～8%之间，即每饮用1升，就可以获取50～80克的糖。研究表明，糖浓度大于10%可延缓胃的排空。网球运动员每小时要喝约1升的水，用以补偿从汗液丢失的液体，但若过量摄入运动饮料则会让人难以忍受，甚至可能对身体造成伤害。采用运动饮料和纯水轮流饮用，能够使身体获得适量的液体而不会摄入过多的糖。比赛开始阶段，运动员营养补充的重点是水（如每次换边，喝四口水再加上两口运动饮料），随着比赛的继续，运动员应该慢慢增加糖摄入的比重（如变成两口水和四口运动饮料）。少量易消化的升糖指数高的小吃（如饼干、葡萄干、胶质软糖等）有助于在比赛后半段供给能量。

（三）赛后营养

网球运动员在比赛结束后，最基本的营养需求就是补充体内损失的液体、电解质和碳水化合物。补充的缓急程度及分量的多少主要取决于运动员比赛时糖消耗和排出汗液的多少。如果比赛时间较长、强度较大、汗水流失多，补充每一种营养成分都要做特别的考虑，以确保身体完全复。如果在当天还有另外的比赛，水分与碳水化合物的再补充应当积极并立即进行，如果下一场比赛安排在很短的间歇时间后（1～2小时内），那么，应该在上一场比赛结束后15分钟内，按每千克体重50～100克的水和1～1.5克糖补充为宜。高糖运动饮料、甜点饼干、果冻和其他升糖指数高的食品都是很好的选择。

从营养学的角度，网球运动中当碳水化合物未能得到充分补给，或者是用于产生能量的其他可利用物质（如糖、脂肪和蛋白质）不能以足够快的速度满足身体肌肉的能量需求时，很容易出现疲劳症状。

## 第二节　网球运动损伤康复

运动损伤是指在体育运动过程中因不合理、不规范的动作导致肌肉、韧带等撕裂或无法正常运动的症状。网球运动过程中，无论是职业球员还是业余爱好者，均难以避免运动损伤的发生。运动损伤与网球技、战术动作特点紧密相关，同时也受运动训练水平、运动环境与条件等因素的影响。分析总结运动损伤发生的原因、规律、康复治疗手段等，能有效地防治运动损伤，同时也能够为改善运动条件、改进教学和训练方法、提高运动成绩提供科学依据与实践指导。

### 一、肩部损伤

肩部损伤在网球运动中较为常见。大多肩部损伤的治疗与恢复较为容易，但也不可抱有忽视态度,避免伤势加重。

(一) 肩部损伤症状

肩关节在发球、击球、高压球时产生疼痛,位于肩部前侧、肩外侧或肩后侧,严重时表现为侧卧出现肩部疼痛,直接压迫受损肩袖部位与肩周肌腱出现敏感反应。

(二) 肩部损伤原因

肩关节肌肉、韧带、关节囊等负荷过重,用力过度、疲劳和轻微损伤持续累积都可能造成肩袖损伤。

(三) 治疗与预防

肩袖损伤处理取决于实际的受伤情况,功能正常的肩袖可采用保守治疗,对损伤比较严重的情况则需要进行复杂的处理。

(1) 首先是减轻疼痛,涂抹非固体类的消炎剂、冰敷、减少高位动作。肌肉力量康复治疗包括:第一,加强肩胛稳定系统的肌群力量,比如俯卧撑爬练习;第二,要加强"肌腱袖"外旋和外展训练。采取小负荷的训练方法并避免疼痛复发,应逐渐加强训练强度直到患者可以重新开始恢复练球。

(2) 如果施行手术,则需注意手术后的康复过程。第一,尽量减少疼痛和肿大并防止形成粘连物。第二步,逐渐恢复简单的活动,如牵拉练习、肩部橡皮带外旋外展练习等。第三步,恢复肩部平衡力量练习。在恢复过程中,要注意保持良好的心血管系统功能和增强躯干的力量。

(3) 最好的预防方法就是运动之前适当热身、拉伸以及运动时间适中。运动前的准备工作除了加强肩部的力量、柔韧和拉伸外,还应该包括全身热身运动。合适的击球技巧将会减少肩部的异常负荷和受伤的概率。

## 二、肘关节损伤

网球运动肘关节损伤部位常见于肘关节内外侧,多数是肱骨外上髁炎,又称为"网球肘",一般发生在业余网球爱好者身上。

(一) 肘关节损伤症状

网球肘主要表现为前臂肌肉的两端肌腰之间产生红肿疼痛,尤其是靠近肘部外侧和内侧肌胆上端的骨附着点。网球肘初期患者只是感到肘关节外侧酸痛,肘关节外上方活动痛,疼痛有时可向上或向下放射,感觉酸胀不适不愿活动,手用力做握、提、拧等运动可使疼痛加重。一般在肱骨外上髁处有压痛点,有时压痛可向下放散,甚至在伸肌腱上也有轻度压痛及活动痛。局部无红肿,肘关节伸屈不受影响,但前臂旋转活动时可疼痛。严重者伸指、伸腕或执筷动作时即可引起疼痛。有少数患者在阴雨天时自觉疼痛加重。如果症状严重到做徒手挥拍都很痛,就需停止任何肘部的活动,立即就医。

(二) 肘关节损伤原因

从击球动作分析,动作不规范,用力方式不正确、不合理是造成网球肘的主要原因,具体表现为反手击球时过于急速伸直,正手击球时以肘为支点,过于暴力击球等。从机体生理特性分析,打球时肘部承受的冲击力与震动是网球肘产生的根本原因。每个人的肌肉、关节、韧带的运动能力都有一定的限度。当击球动作的力量、旋转超过了手臂的承受能力时,长期的动作就会使前臂的肌纤维因反复过度牵扯而损伤,形成网球肘。另外,网球拍的减震效果差，穿弦磅数过高，手臂负担增加，也易形成网球肘。

（三）治疗与预防

（1）一般处理方法应根据患者反应遵循针对性治疗原则。在突然发作时，采取合理休息、坚持冷敷、牵引疗法、抬高肘部来缓解疼痛和防止出血。一旦确诊为“网球肘”就要立即停止训练，肘外侧冷敷 1 周，每天 4 次，每次 15～20 分钟，有助于消除炎症。后期可以在腕部护具的支撑与保护下参加一些不引起疼痛的、轻微的、专门的伸展练习与牵引练习。例如，握拳—屈腕—屈肘—内旋—尽力伸展并保持一定时间，一旦出现疼痛感立即停止。不宜使用肘部护具固定，因为网球肘疼痛是由于手的伸腕肌收缩牵拉所引起的。理疗、抗感染治疗等一些药物处理也会较为有效。

（2）在慢性发作的情况下，几乎不会发炎，但通常会产生病变。此时康复练习采用绷带支撑、电疗、超声、穿刺治疗等康复疗法也较为有效。如果这些方法在 6～12 周或一两个月后失效，则只有采取电击治疗方法。上述方法效果不明显时，可以尝试可的松注射，最后视其需要考虑做外科手术。

（3）采用力量练习的康复疗法，主要包括以下几种练习方法。

① 腕伸肌等张练习。首先向下全屈，然后处于中间直位置，最后向上背屈。每天练习 30 分钟，每种腕部练习姿势保持 10 秒，当肘部不太疼痛时则可考虑采取 0.5～1 千克（1～2 磅）的负重练习。

② 等动练习。一个方法是将松紧带套在指端，尽可能用力张开手指。另一个方法是屈（向心运动）伸（离心运动）腕部的负重练习，1～2 千克（2～4 磅），每天 20 次。

③ 肘部、前臂和腕部肌肉伸展练习。保持受伤肘部伸直，腕被压迫伸展到最大程度，并保持 10～20 秒，每天 2～3 次，每次做 15 个。

④ 肩和手臂的力量及灵活性练习。练习可以进行多次，阻力大小可视身体状况而定。

## 三、手腕部损伤

手腕部的损伤多发生于手腕部力量较弱、动作不正确的初学者身上。

（一）手腕部损伤症状

手腕肌腱、桡腕部位、尺侧腕骨疼痛，重复握紧球拍可能出现关节面模糊性疼痛。

（二）手腕部损伤原因

由于手腕部位的力量弱、过度频繁伸展所致。

（三）治疗与预防

一般而言，手腕部的损伤疼痛不需要手术，休息和消炎药使用后得到缓解，通过手腕的伸展、手握哑铃屈腕、握力练习等就可以得到改善和恢复，建议在每次运动前充分活动手腕与拉伸。

## 四、腰部损伤

网球运动经常需要做出身体纵轴与横轴的扭动发力动作，易造成腰背部的损伤。

（一）腰部损伤症状

腰部损伤主要表现为腰部肌肉僵直疼痛，脊柱突出、小关节错位、椎间盘突出等，功能受限，无法运动。

（二）腰部损伤原因

击球动作不规范、不合理，腰背脊柱负荷过重，腰部肌肉过度紧张；腰部与髋部左右肌群力量与柔韧不对称，脊柱出现畸形等原因所致。

（三）治疗与预防

在紧急情况下，中断运动，进行冷敷，控制疼痛。康复治疗期，需要增强腰背部深层肌肉力量等核心区力量，增加腰部稳定性，控制身体平衡姿态；进行柔韧练习，矫正局部异常姿态。预防主要是进行系统的腰腹肌肉核心肌群的力量及柔韧练习，矫正腰骶部肌肉张力不平衡状况，增加髋部活动范围，避免下腰部的代偿性活动，避免长时间集中发球动作及其他有损腰背部肌肉的高强度练习。

## 五、膝关节损伤

膝关节是网球运动员的易伤部位，常见的膝关节前方疼痛可能由髌骨、髌骨下极、髌韧带胫骨附着点等部位的损伤引起的；膝关节内部韧带与半月板、侧副韧带损伤等也时有发生损伤。

（一）膝关节损伤症状

膝关节前方疼痛，髌骨上下沿与内侧面、髌韧带胫骨附着点等部位疼痛，膝关节内部十字带与半月板损伤，膝关节内部酸软无力、疼痛，严重时伴有水肿现象。

（二）膝关节损伤原因

比赛训练地面过于坚硬，股四头肌群力量不足，难以较好地缓冲分担髌骨的负荷。错误的身体姿势，或者膝关节屈伸肌群、髋内外旋肌群的力量不平衡导致膝关节局部不合理受力，最终导致局部组织的过度负荷引起慢性损伤的堆积而发病。训练时过度负荷，肌肉的过度紧张也可能引起局部组织的长期过度负荷，如运动中低位截击球，跪姿底线击球，左右变向跑，后退救吊高球和发球时过大的膝部动作都会引起膝关节过度屈伸等。先天膝关节脆弱。

（三）治疗与预防

在紧急情况下，可以先冰块按摩，使用消炎软膏、绷带固定等。运动员应该避免参加引起疼痛的动作，以静力性为主的训练方式提高股四头肌群及股二头肌力量（对膝关节起保护作用），并且做好运动后的肌肉牵拉放松。纠正错误的跑动姿势，矫正下肢的肌肉不平衡，加强核心稳定与平衡稳定控制能力都有很好的治疗与预防作用。

## 六、踝关节损伤

网球运动经常需要大范围跑动和小步急速调整步法，踝关节负荷很大，踝关节损伤时有发生。

（一）踝关节损伤症状

踝关节扭伤多为极度内翻引起外踝的损伤，表现为外踝为主的肿胀、疼痛与活动受限等。在受伤 24～48 小时后，由于血肿形成，通常会使受伤脚踝的外侧部颜色由红肿变为蓝色或黄色。

（二）踝关节损伤原因

过度使用踝关节与肌肉疲劳，以及局部肌肉不平衡（足外翻、背屈力量薄弱），生物力学异常等都是出现损伤的原因。另外，意外的踝关节扭伤也时有发生，如训练时踩到球等。最常出现的损伤是踝关节扭伤，其他跟腱炎与足底筋膜炎也多有发生。

（三）治疗与预防

在脚踝受伤后，先采用 RICE 原则（休息-rest，冰敷-ice，加压包扎-compress，抬高患肢-elevation），一段时间后采用弹力或非弹力绷带固定。此外，需要牵拉小腿肌肉，放松、恢复踝关节的灵活性，加强足外翻与背屈力量，加强小腿三头肌的离心力量，以及足底肌群的力量训练等。适当的灵敏性训练和平衡稳定性练习对于预防踝部损伤也有一定的作用。

## 七、肌肉拉伤

（一）肌肉拉伤症状

肌肉局部疼痛，相应功能受限，跑动时损伤肌肉疼痛明显。局部肌肉紧张有压痛，甚至有硬结，相应的髋关节外展（内收肌群）、屈曲（绳肌）或伸踝关节（腓肠肌）活动受限，并因牵拉损伤肌肉而出现疼痛加重表现。

（二）肌肉拉伤原因

准备活动不充分情况下急速跑动，侧滑步时身体不稳等导致腿部肌肉的过度负荷，以及运动后肌肉牵拉放松不充分，肌肉疲劳紧张堆积、机体机能下降、力量减弱等都可能引起急性或慢性的肌肉损伤。另外，在技术动作错误或注意力不集中情况下，或用力过猛的情况下也时有发生。急性肌肉拉伤或慢性拉伤在大腿与小腿都有发生，职业运动员以大腿内收和后侧肌群多见，小腿腓肠肌拉伤则主要发生在业余球员身上。可能出现的病理变化包括肌肉痉挛、撕裂、肌纤维扭曲以及局部损伤性炎症水肿等。

（三）治疗与预防

主要是加强易伤部位肌肉的力量与柔韧性练习。肌肉力量练习时特别加强离心力量练习，使屈肌与伸肌的力量达到相对平衡。核心稳定与姿势平衡能力的训练与保持等对于康复和预防腿部肌肉损伤也有很好的作用。另外，运动前的充分热身与动力性牵拉活动，运动后肌肉的充分静力性牵拉与按摩放松等也很重要。

**【课后讨论】**

(1) 赛前与赛中营养补充。

(2) 肩、肘、踝关节损伤的治疗与预防。

(3) 运动性低血糖的处理与预防措施。

# 第九章　网球运动竞赛规则与裁判方法

**本章概要**

本章详细介绍了网球运动竞赛组织、网球运动竞赛规则及网球竞赛裁判方法等内容。

**学习目标**

（1）了解网球运动竞赛组织机构。

（2）掌握网球运动竞赛编排工作。

（3）掌握网球运动竞赛裁判方法。

## 第一节　网球运动竞赛组织

### 一、建立网球运动竞赛组织机构

建立网球运动竞赛组织委员会，其人数应根据竞赛的规模和工作需要而定。下设办事机构，一般应包括办公室、竞赛部、场地、后勤和保卫部、宣传部以及仲裁委员会等。

### 二、网球运动竞赛组织机构的职责

（一）办公室

（1）制定大会文件、竞赛规程、赛会通知、补充通知等。

（2）召开有关会议，下达任务，协助竞赛委员会工作。

（3）接受运动员报名和资格审查。

（二）竞赛部

（1）编排比赛日程，编印秩序册、成绩册和成绩公告。

（2）印制竞赛用的各种表格。

（3）安排各参赛队赛前场地适应训练。

（4）召开教练员、领队联席会，讲解比赛有关规则、规程与要求。

（5）检查场地和器材。

（6）比赛期间及时登记和公布当天的成绩。

（7）协助裁判长组织裁判员学习。

（8）遇到特殊情况，协助裁判长通知各队更改比赛时间、日期和赛场信息等。

（三）场地、后勤和保卫部

（1）负责场地的管理和维护等。

(2) 负责大会的接待、交通、食宿、票务和医务等工作。

(3) 负责运动员和裁判员等大会人员的安全。

(4) 负责赛场内外的正常秩序。

(四) 宣传部

(1) 协助竞赛委员会筹备与召开新闻发布会。

(2) 组织整个比赛的宣传与报道工作。

(3) 组织评定体育道德风尚奖的团体和个人。

(五) 仲裁委员会(3～5人)

(1) 负责处理比赛中发生的事端和纠纷。

(2) 协助竞赛委员会审查报名和运动员的资格。

(3) 负责审查比赛期间执行规则的情况。

(4) 及时处理、受理比赛相关的申诉、投诉等,使比赛顺利进行。

### 三、制定网球运动竞赛规程

竞赛规程是竞赛的具体法规,是竞赛中各项工作的基本依据和指导性文件。一般由主办方根据比赛计划和竞赛组织方案的要求拟定初稿,然后会同有关方面共同讨论修订后报有关部门审批得到终稿。

竞赛规程的主要内容包括:① 赛事名称;② 目的任务;③ 主办单位;④ 比赛时间和地点;⑤ 参赛单位;⑥ 报名人数;⑦ 参赛资格;⑧ 竞赛办法;⑨ 录取名次和奖励办法;⑩ 行为准则;⑪ 裁判员;⑫ 报名日期;⑬ 注意事项等。

(一) 竞赛前的准备工作

比赛开始前竞赛委员会要及时召开会议,认真检查各部门准备工作进展,责成有关部门迅速解决工作中存在的问题,并向有关办事机构通报情况,完善各项准备工作,使比赛按计划顺利进行。

着重检查以下工作:会场及赛场准备工作,竞赛秩序编制工作,裁判员组织及培训工作,运动员的食宿、交通与安全,入场式及闭幕式的准备等。

(二) 竞赛中的工作

(1) 竞赛处要及时登记和公布当天的比赛成绩,检查场地器材与设施,遇到特殊情况需要更改比赛场地、日期、时间等,要及时通知各队。

(2) 办公室应深入各队听取意见,改进工作,保证运动员、裁判员、工作人员的伙食、洗浴及休息。

(3) 赛场应配有医生,做好处理伤病事故的准备工作,做好食品卫生监督工作。

(4) 裁判组要合理安排裁判员,及时组织裁判员进行小结,改进工作,保证比赛顺利进行。

(5) 保卫处应随时注意与会人员驻地及比赛场地的安全工作。

(6) 宣传处组织好宣传报道和体育道德风尚奖的评定工作。

(7) 仲裁委员会负责复查比赛期间规则执行情况,处理竞赛规程中发生的纠纷,对受理的申诉、控告等及时处理,使比赛顺利进行。

（三）竞赛结束工作

(1) 竞赛处及时核查比赛成绩，排出名次，由裁判长宣布比赛结果。

(2) 召开竞赛委员会会议，通报工作状况，并听取各方意见，评定体育道德风尚奖，组织闭幕式和颁奖仪式等。

(3) 印发成绩册，安排和办理各队及裁判员离会有关事项。

## 四、网球运动竞赛编排

竞赛编排是比赛重要的环节之一，需要根据比赛的宗旨、规模、时间、场地、参赛人数及项目多少等确定竞赛编排方法。网球竞赛编排方法通常采用单淘汰赛和单循环赛两种方式。其中淘汰赛在国际比赛中运用较为广泛，而业余比赛一般采用循环赛与淘汰赛结合的混合编排方式。

（一）单淘汰赛

单淘汰赛制的优点主要是组织形式简单，比赛场次少，适用于参与者人数众多、比赛场地少的比赛；其缺点是每名参赛者只能保证有一次参赛机会，种子编排难度较大，不能最大限度利用多个比赛场地。

1. 单淘汰赛制的抽签办法

当参加比赛的运动员人数是2、4、8、16、32、64、128等2的乘方时，采取累进的淘汰制进行比赛；若人数多于128，则增加预选赛。

当参加比赛的运动员人数不是2的乘方时，第一轮将有“轮空”。其目的是使运动员在第二轮中形成一个“满档”，即2的乘方数，这样比赛才能顺利进行，一直到最后两名运动员参加决赛。淘汰赛场数计算：场数＝参赛人数－1 。

轮空数的计算方法是：人数$=2^n$，$n$则为轮数。例如，有27名运动员参赛，则选32个号码位置数，即$2^5$，总共5轮，其中有5个号码是轮空的。与这5个号码相遇的运动员，将直接参加第二轮比赛，然后他们和第一轮比赛的优胜者形成2的乘方数(16)。

“轮空”先从两端开始，然后移向中间。第一个轮空先从下端开始，第二个“轮空”从上端开始，依此类推，交替进行。如果有27名运动员比赛，就需在(31、2、29、4、27)号码位置上安置“轮空”。这是中国网球协会批准的在任何地区、区域或国家的锦标赛分配“轮空”的正式办法。图9-1是27名参赛选手抽签示意图。

2. 种子选手的确定与排列

(1) 根据中国网协比赛规程规定，确定种子选手应依据前一年同一比赛的名次。在被批准的比赛中每4～8人有一名种子选手，但种子选手最多不得超过16人。如果种子选手不够则有多少算多少，其他人由抽签来决定其位置。双打时如非原配对，则不得当种子选手，除非另有明确标准。

(2) 除1号与2号种子选手外，其他种子选手的位置凭抽签来决定。1号种子选手安置在最上端，2号种子选手安置在最下端，如果抽签决定3号种子选手在上半区，那么4号种子选手的位置就应放在下半区，若3号抽在下半区，则4号应抽在上半区。其余种子选手的位置，也应根据这一原则分别抽签。

(3) 国家的、地区的和区域性的锦标赛，其种子选手与“轮空”的分配，均应按上述规定进行。

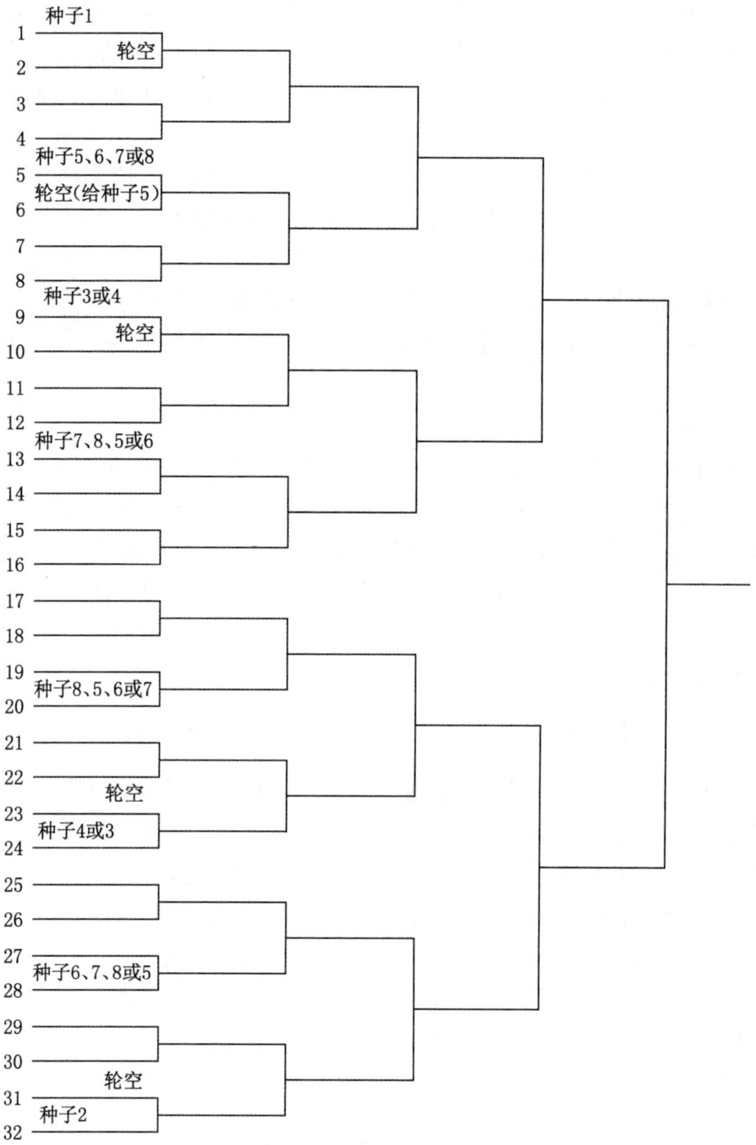


图 9-1　27 名参赛选手抽签示意图

3. 种子选手安排

(1) 种子选手的号码位置与抽签：16 名运动员抽签，有两名种子选手时，1 号种子选手安置在 1 号码位置上 2 号位安置在 16 号码位置上。32 名运动员抽签，有 4 名种子选手时，1 号种子选手在 1 号码位 2 号种子选手在 32 号码位置；3、4 号种子选手抽签决定第 9 和 24 号码位置。64 名运动员抽签，有 8 名种子选手时，1、2 号种子选手安置在第 1 和 64 号码位置上，第 3、4 号种子选手抽签决定安置在第 17 与 48 号码位置上；第 5、6、7、8 号种子选手抽签决定在 9、56、25 与 40 号码位置上。128 名运动员抽签，有 16 名种子选手时(用 64 号码位置抽签表两份，一份在上，一份在下，以 U 代表上表，L 代表下表)，1、2 号种子选手安置在 U-1 与 L-64(或 128)号码位置上；3、4 号种子选手抽签决定在 U-33 与 L-32(或 96)号码位置上;5、6、7、8号种子选手抽签决定在U-17、L-48(或112)和U-49、L-16(或80)号码位置上;9、10、11、12、13、14、15、16号种子选手抽签决定在U-9、L-56(或120),U-25、L-40(或104),U-41、L-24(或88),U-57和L-8(或72)号码位置上。如果在第二张表上重新编号,括号里的数字可使用65-128。

(2)非种子选手的号码位置与抽签:抽签应先抽种子选手,后抽非种子选手,一旦将种子选手填写在位置上,并注明哪些号码位置代表轮空时,即可进行非种子选手抽签。此时,可将所有剩余运动员姓名按照抽签顺序,经抽签后填入剩下来的未经占据的号码位置上。

当采取上述抽签程序后,出现同一个队、同一地区的运动员或同一国家的运动员被抽入同1/4区时,竞赛委员会有权决定将同队第二名运动员安置在下一个1/4区的相同的位置上。

(二)单循环赛

单循环赛是指参加比赛的队伍或运动员之间都相互比赛一次,最后通过积分决定名次的编排方式。其优点是所有参赛的选手(对)彼此之间都要进行比赛,最后排名较为可靠,能高效利用多个比赛场地,没有运动员(对)被淘汰;其缺点是需要比赛场次较多。

(1)轮数计算:队(人)数为双数时,轮数等于队数减1;队(人)数为单数时,轮数等于队数。

(2)比赛场数计算:

$$比赛场数 = \frac{N(N-1)}{2}\ (N\ 代表队数或人数)$$

计算轮数和比赛场数的意义在于,它使比赛组织者能够在筹备比赛时,根据场地数量计算出比赛轮数和场数,就可以估算出比赛需要多少天打完以及需要多少裁判人员。

(3)比赛顺序的确定方法:一般采用逆时针轮转法。该轮转方法是先将1号码位置固定不动,第一轮次序是将比赛队数的前一半号码依次写出,排在左侧,再将后一半号码,从下向上依次写出排在右侧,并用横线连起来即可。第二轮次序的轮转方法是1号固定不动,其他号码按逆时针方向轮换一个位置,即可排出。第三轮次序按第二轮次序的位置,逆时针轮换一次,依此类推可排出其他各轮比赛秩序。

例如:有6个队(人)参加比赛,比赛顺序如表9-1所列。

**表9-1 6人(对)参赛比赛顺序表**

| 第一轮 | 第二轮 | 第三轮 | 第四轮 | 第五轮 |
|---|---|---|---|---|
| 1—6 | 1—5 | 1—4 | 1—3 | 1—2 |
| 2—5 | 6—4 | 5—3 | 4—2 | 3—6 |
| 3—4 | 2—3 | 6—2 | 5—6 | 4—5 |

如果是5个队参加比赛,还用上表,只需将6号换成轮空。

如进行团体赛,可由两场单打、一场双打组成,采用3场2胜制;或可由4场单打、一场双打组成,采用5场3胜制。每场可采用3盘2胜制或5盘3胜制。

决定名次方法:单循环制按获胜场数多少决定名次,如积分相等,则按净胜盘数;若仍相等,则按净胜数;再相等,则按净胜分数决定名次。成绩如表格9-2所列。

**表 9-2　成绩表格**

| | | 1 | 2 | 3 | 4 | 胜场 | 净胜 | | 名次 |
|---|---|---|---|---|---|---|---|---|---|
| | | | | | | | 局 | 分 | |
| 1 | | | | | | | | | |
| 2 | | | | | | | | | |
| 3 | | | | | | | | | |
| 4 | | | | | | | | | |

（三）混合赛制

在一次竞赛的不同阶段，分别采用循环制和淘汰制两种方法称为混合制。采用这种制度要把比赛分为 2 个或 3 个阶段。第一阶段采用淘汰制，后面则采用循环制；反之亦然。

# 第二节　网球运动竞赛规则

## 一、场地器材要求

场地、球与球拍的具体规格和要求在第三章中已经做了阐述，在此不再赘述。

（一）永久固定物

场地上的永久固定物，包括后挡网、侧挡网、观众、观众的座位和看台，以及所有场地周围与上方的固定物，而且还应包括处于各自规定位置的主裁判、司线员及球童。

在一个使用双打球网和单打支柱的场地上举行单打比赛时，网柱、单打支柱以外的球网部分属于场地上的永久固定物，而不能视其为网柱或球网的一部分。

（二）球

国际网联将对任何关于某种球或式样是否符合标准，以及是否可以被批准用于比赛的问题进行裁决。国际网联既可以自行做出此类裁决，也可以根据所有对此真正感兴趣的团体或个人，包括任何的运动员、器材生产厂商或国家网球协会或其会员等所提出的申请进行裁决。

赛事组织者必须在赛前公布比赛中用球的数量（2 个、3 个、4 个或 6 个）和换球的方案。如果换球，可采用以两种方式。

(1) 在一个规定换球的单数局结束后。由于热身活动用球的原因，比赛中第一次换球须在比赛的第七局结束后换新球，此后，每隔 9 局换一次新球。平局决胜局在换球时也作为一局计算，但如果换球时刚好是平局决胜局开始时，则不应当换球。在这种情况下，换球应当推迟到下一盘第二局的开始前。

(2) 在一盘的开始时换球。如果在比赛期间球破了，这一分应当重赛。

（三）球拍

国际网联将对任何关于某种球拍式样是否符合标准，以及是否可以被批准用于比赛的问题进行裁决。

## 二、网球比赛的规则

### （一）一局球的计分

1. 常规局

在一个常规局的比赛中，报分时应先报发球运动员的比分，计分方式如下。无得分：0；第一分：15；第二分：30；第三分：40；第四分：局比赛结束。

若两名/队运动员都获得了三分，则比分为“平分”。“平分”后如果一名/队运动员获得了下一分，则比分为“占先”；如果“占先”又获得了下一分，即赢得了这一局；如果“占先”后是另一名/队运动员获得了一分，则比分仍为“平分”。一名/队运动员需要在“平分”后连续获得两分，该运动员/队才能赢得这一局。

2. 平局决胜局

在平局决胜局中，使用0、1、2、3阿拉伯数字计分。首先赢得7分且净胜对手两分的运动员/队赢得这一局及这一盘。轮及发球的运动员在平局决胜局中先在一区发第一分球，随后的两分由对方发球，第一分在二区，第二分在一区（在双打比赛中，对方队中轮及应该发球的运动员进行发球）。此后，每名/队运动员轮流连续发两分球直到平局决胜局结束（在双打比赛中，两队应按照与该盘中相同的发球顺序轮流连续发球）。

在平局决胜局中先发球的运动员/队应当在下一盘的第一局开始时先接发球。

### （二）一盘球的计分

一盘中的计分有不同的方法。主要的计分方法是“长盘制”和“平局决胜局制”两种。

长盘制是指先赢得6局并净胜对手两局的运动员/队赢得这一盘。平局决胜制是指先赢得6局并净胜对手两局的运动员/队赢得这一盘。如果局数比分为6∶6时，则需进行“平局决胜局”。

### （三）一场比赛的计分

一场比赛可以采用三盘两胜制，先赢得两盘的运动员/队赢得该场比赛；或采用五盘三胜制，先赢得三盘的运动员/队赢得该场比赛。

### （四）发球位置

在开始发球动作前，首先，发球员双脚须站在端线后、中心标志假定延长线与边线假定延长线之内的区域。然后，发球员用手将球向任何方向抛出并在球触地前用球拍将球击出。在球拍击到球或没有击到球的那一刻，整个发球动作即被认为已经完成。对于只能使用一只手臂的运动员，可以用他的球拍完成抛球。每得或失一分，交换发球区。

### （五）场地和发球的选择

在准备活动开始前，通过掷币的方式决定获得挑选场地和比赛的第一局。掷币获胜的运动员/队可以采取以下方式进行选择。

（1）第一局比赛用掷钱币的方法来决定选择场区或发球权、接发球权。得胜者，有权选择或要求对方选择。

（2）选择发球或接发球者，应让对方选择场区。

（3）选择场区者，应让对方选择发球或接发球。

### （六）脚误

在发球的整个动作过程中，应做到以下要求，否则视为脚误。

(1) 不得通过走动或跑动来改变位置。但脚步轻微的移动而未改变原位，不算脚误。

(2) 两只脚站在端线后、中点与边线的假定延长线之间，不能触及其他区域。

### (七) 发球失误

下列情况为一次发球失误：

(1) 发球员试图击球时未能击中。

(2) 发出的球在触地前碰到了固定物。

(3) 发出的球触到了发球员或发球员的同伴，或发球员和发球员同伴所穿戴的或携带的任何物品。

### (八) 第二次发球

如果第一次发球失误，发球员应当立即从他该次发球失误的同一半区后面的规定位置再发一次，除非发球失误的这次发球是从错误的半区发出的。

### (九) 发球和接发球

发球员须在接发球员做好准备后再发球，接发球员做出还击姿势就算已经做好准备。如果接发球员确未做好准备，即使发出的球未在有效区内，接发球者也不能要求判此球失误。

### (十) 重发球

下列情况应判重新发球：

(1) 合法的发球触到了球网、中心带或网带后落在有效发球区内应判重发。

(2) 接发球员还没有做好准备，发出的球无论成功与否都应判重发。在重发球时，不取消重新发球前的发球失误。

### (十一) 发球次序

单打：每一个常规局结束后，发球与接发球角色互换。

双打：在每一盘第一局开始前，先发球方选手决定由何人先发球。同样，在第二局开始前，对方决定由何人先发球。第一局先发球的运动员的同伴在第三局发球，第二局先发球运动员的同伴在第四局发球。这个轮换次序一直延续，直到该盘结束。

### (十二) 双打的接发球次序

在每一盘的第一局，首先接发球方决定由何人接第一分发球。同样，在第二局开始前，对方决定由谁接第一分发球。先接第一分发球的运动员的同伴应当接本局的第二分发球。

### (十三) 交换场地

运动员应在每一盘的第一局、第三局等单数局结束后交换场地，且应在每一盘结束后双方所得局数之和为单数时交换场地，如果一盘结束，双方局数之和为双数，须等下一盘第一局结束后再交换。

在平局决胜局中，运动员应在双方得分数之和为 6 的倍数时交换场地一次。

### (十四) 活球期

除发球失误或重发外，球发出时起至给分判定胜负时止为“活球”期。

### (十五) 压线球

线是场地的一部分，落在线上的球都是有效击球。

(十六) 球触固定物

活球状态下,球落到对方有效场区后弹起触及固定物(球网、网柱、单打支柱、绳或钢丝绳、中心带等),则击出该球的运动员赢得该分;如果活球状态下的球在落地前触及固定物,则击出该球的运动员失分。

(十七) 重赛

活球期间球破了、观众进入场内等情况妨碍了运动员击球,或球击中空中另一只球时,裁判员或司线员应判该分重赛。

(十八) 运动员失分

如果出现下列情况,运动员将失分:

(1) 发球员连续两次发球失误。

(2) 在活球状态下,运动员在球连续两次触地前不能将球回击过网。

(3) 在活球状态下,运动员回击的球在落地前触到有效击球区外的地面或其他物体。

(4) 在活球状态下,运动员回击的球在落地前触到永久固定物。

(5) 接球员在球没有落地前回击发球员发出的球。

(6) 运动员故意用他的球拍托带或接住处于活球状态中的球,或故意用球拍触球超过一次。

(7) 在活球状态下,运动员身体、球拍或穿戴的其他任何物品触及球网、网柱/单打支柱、网绳或钢丝绳、中心带或网带,或对方场区的地面。

(8) 运动员在球过网前击球。

(9) 在活球状态下,运动员故意并实质性地改变了球拍的形状。

(10) 双打比赛中,在一次回击球时,同队的两名运动员都触到了球。

(十九) 有效回击

下列任何一种情况均属于有效回击。

(1) 球触球网、网柱、单打支柱、网绳或钢丝绳、中心带或网边白布后并且越过球网上面后落到对方有效场区内。

(2) 在活球状态下球落在有效场地内后由于旋转或被风吹回过网,运动员挥拍过网击球至对方有效场区,且身体及穿戴物未触及球网、网柱、单打支柱、钢丝绳、中心带、网边白布或对方场区的地面。

(3) 回击的球从网柱外侧,无论该球是高于还是低于球网的上部高度,即使触到网柱,只要落在有效场地内。

(4) 球从单打支柱及其附属网柱之间的网绳下面穿过而又没有触及球网、网绳或网柱,并且球落在有效场地内。

(5) 合法击球后球拍随球过网。

(6) 对方击出的球碰到本方场区内的另一球,而还击球员仍能回球过网。

(二十) 更正错误

作为一项原则,当比赛中发现一例违反网球规则的错误时,先前所有的比分都有效,发现的错误应当按照如下条款更正。

(1) 在一个常规局或一个平局决胜局中,如果一名运动员从错误的半区发球,此错误一经发现就应当立即被纠正,发球员要按照场上的比分从正确的半区发球。错误被发现前发球员已发生的发球失误有效。

(2) 在一个常规局或一个平局决胜局中，如果出现双方的运动员场地站边错误，则此错误一经发现就应当立即被纠正，发球员要按照场上的比分从正确的一边场地发球。

(3) 在常规局中如果出现运动员发球次序错误，此错误一经发现，原先该轮及发球的运动员应当立即发球。然而，如果错误被发现前该局已经结束，则发球的次序就按照已改变的次序进行。在这种情况下，此后的所有换球必须比原先规定的局数推后一局进行。如果发球次序错误被发现前，对手有一次发球失误，则此次发球失误无效。在双打比赛中，如果是同队的两名运动员出现发球次序错误，则错误发现以前的一次发球失误有效。

(4) 在平局决胜局中，运动员出现发球次序错误，如果此错误是在双数比分结束后被发现的，则错误一经发现就应当立即纠正。如果此错误是在单数比分结束后被发现的，则发球的次序就按照已改变的次序进行。如果发球次序错误被发现前，对手有一次发球失误则此次发球失误无效。在双打比赛中，如果是同队的两名运动员出现发球次序错误，则错误被发现前发球员同伴的一次发球失误有效。

(5) 在双打比赛的常规局或平局决胜局中，如果接发球次序出现错误，则按照已发生的错误次序继续进行，直到这一局结束。在这一盘的下一次接发球局时，这对运动员应当重新回到原先的接发球次序。

(6) 如果没有按照正常的顺序换球，那么就要等到下一次再轮到这名/队运动员发球时更换新球。此后的换球顺序仍然应按照原先的规定，在达到既定的换球局数后再进行。在一局比赛进行中不能换球。

(二十一) 连续比赛与间歇时间规定

作为一个原则，比赛第一分发球开始直到结束应当连续地进行。

(1) 分与分之间，最长间隔时间允许为 20 秒。运动员在单数局结束后交换场地时，最长间隔时间允许为 90 秒。然而，在每盘的第一局结束后和在平局决胜局进行时，运动员应交换场地而没有休息，比赛应连续进行。在每一盘结束后，最长盘间的间隔时间为 120 秒。最长允许时间是指从上一分球结束时开始，直到下一分第一次发球时球被击出时为止。

(2) 如果出于运动员不能控制的原因，如服装、鞋子或必要的装备(不包括球拍)损坏或需要对其进行更换时，可以允许给运动员一个合理的额外时间去解决这些问题。

(3) 不能因为一名运动员要恢复他的体力而给其额外的时间。但是，当运动员出现可以治疗的伤病时，可以获得一次 3 分钟的治疗时间来处理此伤病。

(4) 准备活动时间最长为 5 分钟，除非赛事组织者事先另有规定。

(二十二) 运动员赛事行为准则

(1) 以任何可听到的或可看到的方式对运动员进行交流、建议或各种指示都被认为是指导。

在团体赛中，运动员可以接受坐在场上的队长的指导，这种指导可在每盘结束后的间歇和单数局结束后运动员交换场地时进行，但是在每一盘的第一局结束后和决胜局中交换场地时不能进行指导。在其他的任何比赛中，运动员都不能接受指导。

(2) 单打比赛中，女子三盘两胜制比赛允许 2 次合理时间的去洗手间机会，男子五盘三胜制比赛允许 2 次合理时间的洗手间机会，三盘两胜制为 1 次。双打比赛中，每队都有 2 次洗手间机会。为保证比赛公平和运动员安全,每次去洗手间都会有专业人员陪同。

(3) 运动员在比赛中除了必须遵守比赛规则进行比赛外,还要符合这项运动的行为举止。运动员和相关人员违背了网球运动精神的行为或损害了网球运动的声誉,将会受到处罚。

(4) 比赛中运动员违反行为准则的主要内容有:污言秽语、举止下流、出语伤人、人身侵犯、乱击球、乱摔球拍或装备、接受指导、不尽力比赛、擅自离开场地等不良体育道德行为。违反上述行为准则的处罚如下:第一次违规警告;第二次违规罚一分;第三次违规罚一局;第四次违规取消比赛资格。

# 第三节　网球运动竞赛裁判方法

## 一、技术官员的职责

在所有经国际网联或中国网球协会批准、认可的赛事中,技术官员的一般职责如下。

### (一) 裁判长职责

裁判长在裁判组长的协助下处理所有开赛前的事务,而赛事监督在抵达赛场后将负责处理所有现场的事务。裁判长则需要协助 ITF 赛事监督的工作,同时裁判长担任 ITF 赛事监督。

(1) 作为在比赛现场解释比赛规程、行为准则和网球规则以及一切需要即时决定事务的最终权威。

(2) 在赛事开始前安排必要的裁判员学习,使裁判员熟悉所有规则和程序。

(3) 指定裁判组长并保证其正确履行职责。

(4) 批准所有比赛的主裁判和司线员的安排。

(5) 在其认为需要提高比赛的执法水平时撤换主裁判,撤换、轮换或重新安排司线员。

(6) 评估所有主裁判的工作表现。

(7) 确保所有场地、球网、网柱和单打支柱符合网球规则的规定。每个球场必须有:主裁判座椅、司线员座椅、司网裁判座椅、运动员座椅、场上服务、测量工具(赛会应提供测量尺、卷尺或其他测量工具用于测量球网的高度和单打支柱的位置)、秒表、计分表等。

(8) 确认球场周围的挡网、栏杆和后侧墙壁不能涂成或含有白色、黄色或其他容易干扰球员视觉的浅颜色。

(9) 赛前召集各参赛队的教练、领队并告知参赛者比赛的相关信息(例如比赛用球、数量/换球方案、场地面层类型、盘数、平局决胜制/长盘制、平盘决胜局以及其他相关信息)。

(10) 在运动员驻地及赛场显著位置放置公告板,以便公示每日赛程安排及成绩公告。

(11) 在固定位置放置一个明显的时钟作为赛事的官方时钟,并告知运动员其名称和位置,除非另行通知,不可使用腕表、手表或怀表。

(12) 抽签前从赛事主任/赛事委员会处取得外卡运动员名单。通过与赛事主任、赛事委员会和运动员代表商议决定最终入围名单、种子选手排列名单、抽签所需的其他相关信息。

(13) 为资格赛和正选赛进行抽签。

(14) 在赛事监督或裁判长办公室张贴所有签到文件(包括资格赛、正赛、等待选手和幸运失败者),并合理地在正式公告板进行通知。

(15) 准备每日的赛程表,定出各场地连续进行的比赛安排,或某些比赛需要清楚标明“不早于”某一时间进行。赛程表一经公布则不能更改。

(16) 在开赛前要确认土场或其他疏松面层的场地表面已经打扫过,界线也已经清扫。

(17) 指定一个专门的区域,并将在这个区域内按照赛程表的顺序,使用所有可能的与合理的方式召集比赛。当召集到某场比赛时,运动员必须做好比赛准备。如遇特殊情况,将由 ITF 赛事监督,裁判长决定何时召集比赛,或何时已经召集过某场比赛。

(18) 如因为恶劣天气而造成运动员赛前无法练习,裁判长决定是否延长热身时间(通常为 10 分钟)。

(19) 决定一场比赛是否转移至另一场地进行。

如果天气或其他不可避免的因素影响造成正在进行中的比赛中断或暂停,如果有必要避免一名运动员在一天进行两场比赛,或为了按时完成赛事,将比赛转移到另外一个室内或室外场地进行。在其他情况下,比赛正式开始后,如比赛的第一个发球发出后,不应该转移场地,除非经过双方运动员的同意;如确实需要,转移赛场应尽可能安排在盘末,或正在进行的一盘比赛的双数局结束之后。

(20) 在有条件的比赛中,负责调查违反行为准则的行为,处以罚款并尽可能给每一位违规运动员开具一份相关的违反行为准则表以确保其缴纳罚款。

(二) 裁判组长职责

(1) 为赛事召集足够的称职裁判员。

(2) 组织裁判员赛前必要的有关赛事规则、规程及行为准则的培训。

(3) 准备一份本赛事所使用的全体裁判员的名单,并标明级别,交予裁判长。

(4) 制定赛事裁判员每日的场上工作任务,并向赛事监督/裁判长报批。

(5) 主持裁判员的工作会议,明确工作任务和使用呼报、手势、轮换及其他工作程序。

(6) 评估场上裁判员的工作表现。

(7) 比赛进行期间始终在现场。

(8) 裁判组长不得兼任赛事主裁判或司线员,除非经过 ITF 赛事监督/裁判长批准。

(9) 协助当值的 ITF 赛事监督/裁判长完成他(她)的职责。

(三) 主裁判职责

(1) 熟悉网球规则、赛事规程及行为准则。遵照国际网联工作程序履行其职责。

(2) 主裁判着装规范、统一。

(3) 先于运动员到达比赛场地,检查场地、各种设施是否符合要求。

(4) 在比赛即将开始前召集球员并介绍比赛相关信息;在热身开始前,在双方运动员的见证下,掷硬币决定发球或场地的选择权。

(5) 判定运动员的着装是否符合行为准则中的规定。如果超过 15 分钟运动员仍未能纠正问题,有可能被取消比赛资格。如果需要的话可以重新热身。

(6) 配备手持式秒表用于热身(通常为 5 分钟)、分与分之间 25 秒、交换场地 90 秒和盘间休息 120 秒计时。也应当用于任何规则或规程有关条款中列出的具体时间的计时。

(7) 保证场上有足够的比赛用球,包括备用球。装有新球的球筒应当在比赛即将开始或即将换球时打开。

(8) 对比赛中所有的事实问题做出决定(包括在没有司线员情况下对界内、外球做出判断)。

(9) 确保场上所有运动员和裁判员遵守比赛规则。

(10) 对于比赛中出现的规则问题做出第一判决,运动员有权向赛事监督/裁判长上诉。

(11) 按照国际网联工作程序在每分结束后宣报比分,正确填写积分表。

(12) 在司线员呼报声音过小,或一个近线球的呼报必须得到主裁判确认以消除运动员的疑虑时,主裁判重复司线裁判的呼报,并及时更正司线员的误判。

(13) 负责所有检查球印的工作。除土场以外的其他场地不能检查球印。

(14) 维持赛场秩序,引导球童,保证比赛正常进行。

(15) 提前开启球筒,负责检查是否适合用于比赛。保证比赛中用球数量正确。

(16) 决定球场是否仍然适合比赛。如果比赛过程中条件发生改变以致主裁判认为球场不适合比赛,或因天气等原因需要暂停比赛,主裁判应该暂停比赛并向赛事监督/裁判长报告。比赛暂停后到决定延期前,主裁判应当确保自己和场上其他所有裁判员做好随时恢复比赛的准备。

(17) 如果是因为光线太暗而暂停比赛,应当在一盘比赛结束之后或正在进行的一盘中双数局结束之后进行。

(18) 赛事监督/裁判长决定比赛暂停或推迟后,主裁判应当记录时间、比分、局分、盘分、发球员姓名及双方运动员的场地站边,并收集所有比赛用球。

(19) 比赛结束后向 ITF 赛事监督/裁判长提交比赛期间所有关于违反行为准则的行为的完整报告。

(四) 司线员职责

(1) 司线员着装规范、统一。

(2) 准时到达比赛任务地点。

(3) 选择最佳位置观察其负责的界线。

(4) 只呼报他/她所负责的界线,不对其他界线的判罚发表意见。

(5) 底线、边线和发球中线的司线员负责判罚脚误。

(6) 当无法做出判罚时,及时做出未看见的手势。

(7) 及时更正错误的判罚。

(8) 工作姿态标准,呼报准确、手势标准。

(9) 当主裁判改判时保持沉默。如果运动员有问题,请他与主裁判沟通。

(10) 如果发现主裁判没有注意到的违反行为准则的行为,立即向主裁判报告。

(11) 如果运动员上厕所或更换服装,陪他/她一起去,确保这个间歇不用于其他目的。如果运动员违反了程序,告诉运动员他/她的行为违反了规则,并向主裁判报告。

(12) 不得为运动员捡球或递毛巾。

(13) 不得与观众交谈。

(14) 不为运动员鼓掌。

(15) 未经主裁判允许不得离场。

## 二、裁判注意事项

（一）网球规则问题

在比赛中出现的网球规则问题首先应该由主裁判做出判决。如果主裁判无法确定或运动员对主裁判的决定提出申诉，则应由赛事监督/裁判长做出决定。赛事监督/裁判长的决定是最终决定，且不可申诉。

运动员有权遵照以下程序对任何关于网球规则问题的判罚提出申诉。

如果运动员认为主裁判对于某个网球规则问题的判罚不正确，运动员可以通过正常程序且礼貌的方式告知主裁判，这时主裁判应该中断比赛，请出赛事监督/裁判长。赛事监督/裁判长到达后，主裁判应向其陈述事件的全部事实，赛事监督/裁判长应当根据事实做出判断。赛事监督/裁判长应当与运动员和主裁判一起简短地回顾适用的规则，然后维持或推翻原判，之后比赛应继续进行，赛事监督/裁判长宣布“开始比赛”，双方运动员必须重新开始比赛。应当尽最大努力尽快处理运动员的申诉，并在宣布“开始比赛”后进行 25 秒计时。

（二）事实问题

事实问题是指关于在具体事件中实际发生情况的问题。比赛中的事实问题应该由场上裁判做出判罚，该判罚对运动员和赛事监督、裁判长都有约束力。

运动员可以要求主裁判确认某个呼报或场上裁判员对于一分结束的有关事实的判定。提出这样的请求、确认事实和恢复比赛必须在每分之间允许的 25 秒时间内完成，除非主裁判认为有必要延时。如果使用了延时，结束延时、恢复比赛时主裁判应宣布“开始比赛”。

1. 运动员申诉

运动员不得就事实问题向赛事监督/裁判长申诉。

2. 改判

只有当司线员做出明显错误判罚时主裁才可以改判，并且改判必须在错误发生后即刻进行。

（1）明显错误。

很难对明显错误做出非常清晰的定义。在实际执裁中，主裁判必须在确认该判罚有误时才能进行改判。要改判司线员做出的一个“好球”判罚，主裁判必须能够看见球和线之间有明显的空间。要改判司线员做出的“出界”的判罚，主裁判必须看到球落在线内或线上。

（2）及时。

除了明显错误外，网球规则要求主裁判的改判必须及时，应该几乎在司线员做出错误判罚的同时进行改判。主裁判决不能因为运动员的抗议或申诉而改判。

3. 检查球印的程序

司线员决不能因为运动员的抗议或申诉而更改呼报。

（1）只有在土地球场上才可以检查球印。

（2）只有当主裁判在其主裁判座椅上对一分球的最后一击的呼报不能做出决定时，或一名/队运动员在一分的回合球中主动停止击球时（允许回击来球，但运动员必须在击球后立即停止比赛)，运动员/队提出检查球印的要求才能被允许。

(3) 当主裁判决定检查球印时，他/她应当从主裁判座椅上下来亲自检查。若其不知道球印的位置，可以要求司线员帮助确定球印的位置，但必须由主裁判亲自检查。

(4) 当司线员和主裁判都不能确定球印的位置或球印已看不清楚时，则应维持原先的呼报或已改判后的结果。

(5) 一旦主裁判确定了球印位置并做出了裁决后，这个裁决将不能被申诉。

(6) 在土地球场上进行比赛时，除非在十分确定的情况下，主裁判不应过快地呼报比分，如有疑问，报分前等一下以便决定是否需要检查球印。

(7) 在双打比赛中，申诉的运动员必须以停止比赛或主裁判终止比赛的方式提出申诉。如果运动员向主裁判提出申诉，主裁判首先必须决定是否符合正确的申诉程序。如果申诉程序不正确或申诉的时间已晚，那么主裁判可以判定对方运动员/队受到故意干扰。

(8) 如果在主裁判做出最终裁决之前运动员擦掉了球印，那就意味着他已认可主裁判呼报。

运动员不可以过网去检查球印，否则将按照运动员行为准则中的“不良体育道德行为”予以处罚。

(三) 电子回放系统的使用程序(鹰眼)

在使用电子回放系统的网球赛事中，在设有该系统的场地上的比赛应当遵循以下程序。

(1) 只有在一分球的最后一击时或运动员主动停止进行中的比赛时，才能允许运动员要求对司线员的呼报或者主裁判的改判查看电子回放。

(2) 当对司线员的呼报或改判有疑问时，主裁判应当决定使用电子回放系统。然而，如果主裁判确信运动员提出不合理的要求或者没有及时提出要求，他可以拒绝使用电子回放系统。

(3) 在双打比赛中，申诉的运动员必须以停止比赛或主裁判终止比赛的这种方式提出申诉。如果运动员/队向主裁判提出了申诉，主裁判首先必须决定是否符合正确的申诉程序。如果申诉程序不正确或申诉的时间已晚，那么主裁判可以判定对方运动员/队受到故意干扰，在这种情况下申诉运动员/队将失分。

(4) 如果电子回放系统由于任何原因不能对司线员的呼报或改判做出判定时，原先的呼报或改判将保持不变。

(5) 主裁判的最终判决将是电子回放的结果，且是不可申诉的。如果手动控制的电子回放系统被要求回放某个特定的球印，应由裁判长任命的官员决定将回放哪一个球印。

(6) 每名/队运动员每盘允许有 3 次挑战失败的机会，平局决胜局中增加一次。对于长盘决胜制的比赛，运动员/队在 6 比 6 时以及之后的每 12 局将重新获得最多 3 次挑战失败的机会。运动员/队挑战成功的次数不受限制。

(四) 运动员的休息、医疗和上洗手间间歇

1. 两个赛事之间

如果赛事监督/裁判长收到一名运动员的通知，关于他/她参加上一周批准或认可的赛事的最后一场比赛的日期和时间，赛事监督/裁判长应该尽可能在该场比赛和运动员下一个赛事的第一场比赛之前安排至少一天的休息，除非因为天气或其他不可避免的原因导致赛

程被打乱，或者该运动员参加了在星期一或延期举行的决赛。

2. 预选赛和正选赛之间

除非遇到特殊情况，运动员在完成预选赛的最后一场比赛到正选赛单打第一轮比赛之间应该至少有 12 小时的休息时间。如果运动员在一天内进行了两场预选赛，第二天不应安排其进行个人单打正选赛的首场比赛，除非该运动员作为幸运失败者而被选入正选赛。

3. 两场比赛之间

除非因为天气或其他不可避免的原因导致赛程被打乱，运动员一天最多安排一场单打和一场双打比赛，且应当安排在运动员完成前一天或上一轮最后一场比赛至少 12 小时之后。如果一天内有必要安排一场以上的比赛，至少应给予以下休息时间，除非该运动员参加连续举行的单打和双打比赛。

(1) 如果比赛时间少于 1 小时，休息 0.5 小时。

(2) 如果比赛时间在 1～1.5 小时，休息 1 小时。

(3) 如果比赛时间多于 1.5 小时，休息 1.5 小时。

4. 医疗

(1) 医疗状况。

医疗状况是指在热身或比赛时，允许由运动医学治疗师/运动理疗师进行医疗诊断或医学治疗的医学疾病或骨骼肌损伤。在急性医疗状况时，在热身或比赛时突然出现的需要立刻进行治疗的身体疾病或骨骼肌损伤；非急性医疗状况时，在热身或比赛时逐渐加重或发展的需要在换边期间或盘间休息时进行治疗的身体疾病或骨骼肌损伤。

(2) 医疗诊断。

在热身或比赛期间，选手可以向主裁判请求在下一次换边或盘间休息时接受运动医学治疗师/理疗师的诊断。只有当运动员出现急性医疗状况必须立即中断比赛时，选手才可以向主裁判请求接受运动医学治疗师/理疗师的立即诊断。

医疗诊断的目的是为了确定选手是否出现了一种可以治疗的医疗状况，如果是，决定何时开始治疗。这种诊断应该在一个合理的时间段内完成，一方面要保障选手的安全，另一方面要维持另一选手比赛的连续性。运动医学治疗师/理疗师决定是否需要与赛会医生共同进行诊断，如果需要，也可以到场下进行。

如果运动医学治疗师/理疗师诊断该选手出现的是不可治疗的医疗状况，那么该选手将被告知不允许接受治疗。

(3) 医疗暂停。

当运动医学治疗师/理疗师诊断完毕，请求额外的时间进行治疗时，由赛事监督/裁判长或主裁判批准医疗暂停。医疗暂停应在换边或盘间休息的时候进行，除非运动医学治疗师/理疗师诊断认为该选手出现的是一种急性医疗状况，需要立刻进行治疗。

医疗暂停从运动医学治疗师/理疗师准备开始治疗时计时开始。根据运动医学治疗师/理疗师的需要，治疗可在场外进行，也可以与赛事医生一起进行。

医疗暂停限时 3 分钟，但是，在赛事奖金 25 000 美元及以上的职业赛事中，赛事监督/裁判长可以根据需要适当延长治疗时间。每个选手不同的可治疗的医疗状况可以允许一次医疗暂停，所有与炎热有关的病症被视为一个可治疗的医疗状况。所有可治疗的、发生在一个动力链内的骨骼肌损伤被视为一个可处理的医疗状况。

肌肉痉挛：选手只能在换边或盘间休息的时间内接受对肌肉痉挛的治疗。选手不能因肌肉痉挛而获得医疗暂停。

在确定选手是否出现急性医疗状况、非急性医疗状况包括痉挛或不可治疗的情况时，运动医学治疗师/理疗师或赛会医生的决定为最终决定。如果运动医学治疗师/理疗师认为选手出现了与炎热相关的病症，同时肌肉痉挛被认为是炎热相关的病症的临床症状之一，那么肌肉痉挛只能作为炎热相关的病症的一部分接受规定的治疗。

在特殊情况下，如果运动医学治疗师/理疗师认为选手出现了至少两个不同的、急性的、可治疗的医疗状况，赛事监督或主裁判可以给予其最多两个连续的医疗暂停。这包括：一个身体疾病和一个骨骼肌损伤，两个或多个急性的不同的骨骼肌损伤。在这种情况下，运动医学治疗师/理疗师将在一次诊断中对两种或多种可治疗的医疗状况进行诊断，然后决定是否要求两个连续的医疗暂停。

（4）医学治疗。

在换边或盘间休息时，运动员可以接受运动医学治疗师/理疗师或赛会医生给予现场治疗或医疗用品。作为一个准则，在医疗暂停前后利用换边休息或盘间休息对可治疗的医疗状况进行治疗不能超过两次，且不必是连续的。诊断为不可治疗的医疗状况时，选手则不能接受治疗。

（5）处罚。

在医疗暂停或治疗结束后，任何对恢复比赛有延迟的行为将按照违反行为准则中延误比赛的条款进行判罚。任何对该医疗规则的运用使用欺骗手段的选手将按照违反行为准则中的不良体育道德行为进行判罚。

（6）体力不支。

比赛中，如果发生紧急医疗状况，涉及的选手无法要求运动医学治疗师/理疗师上场时，主裁判应立即请运动医学治疗师/理疗师或赛会医生上场救助运动员。

无论在比赛前还是比赛中，如果选手被认为由于身体原因不能参加比赛，那么运动医学治疗师/理疗师和/或赛会医生应立刻通知赛事监督/裁判长，并建议判定该选手不适合参加比赛，或从正在进行中的比赛退出。

赛事监督/裁判长在做出这个决定前要非常谨慎，应当考虑到职业网球竞赛的最大利害关系，将所有的医疗建议和其他相关信息都考虑清楚再做决定。

（五）宣报

主裁判应该用英语/或本地语言进行宣报。在所有团体比赛中，应使用国名或队名进行宣报。

1. 热身

（1）“3 分钟”——距热身结束还有 3 分钟。

（2）“2 分钟”——距热身结束还有 2 分钟。

（3）“1 分钟”——距热身结束还有 1 分钟。

（4）“时间到，准备比赛”——热身结束，示意球传到发球员一方。“××发球，比赛开始”——发球员准备发球。

2. 介绍运动员

(1) 如果是主裁判介绍运动员，则在宣布“1 分钟”后，宣布以下内容。

① 这是第×轮单/双打比赛，比赛采用三盘两胜/五盘三胜平局决胜制。在裁判椅左边的是××，在裁判椅右边的是××，××获得挑边权，选择了××。

② 这是第×轮双打比赛。比赛将由两个平局决胜盘组成，采用无占先计分法、在盘数 1 比 1 时，将采用一个十分制平盘决胜局决定本场比赛的胜负。

(2) 如果是由另外一位播音员介绍运动员，在热身时宣布：“××获得挑边权，选择了××”。

3. 控制观众

应该对观众持尊重的态度，使用类似以下的说法(最好使用本地语言)：“请安静，谢谢”“请坐下，谢谢”。

4. 报分

(1) 除平局(平盘)决胜局之外，始终首先宣报发球方的分数。

(2) 报分方法：15—0，0—15，30—0，0—30，40—0，0—40，15—30，30—15，30—30，0—0，30—40，平分，占先，局结束。

(3) 如果使用无占先计分法，在平分后宣报：“决胜分，接球方选择。”

(4) 应该在一分比赛结束后大声而清晰地宣报比分。比分的宣报应当及时，之后才在记分表上书写比分，除非在某种情况下延迟宣报更为有效。

(5) 在一局或一盘结束后，主裁判应当参照以下例子宣报局分。

① ××胜本局，××2∶1 领先，第一盘。

② ××胜本局，局分 3∶3，第一盘。

③ ××胜本局和第三盘，局分 7∶5，盘分 2∶1，××领先，如果有观众能看见记分牌，则不需要报盘分。

每盘开始时主裁判可以宣布：“第二盘，××发球。”

(6) 当一盘比赛需要进行平局决胜局时，宣报：“××胜本局，局数 6∶6，抢七。”在平盘决胜局开始前，宣报：“女士们、先生们，现在将进行十分制平盘决胜局决定本场比赛的胜负。”

(7) 在平局决胜局中，先宣报比分，然后报领先者的名字。

① 1∶0 琼斯或 1∶0 琼斯/史密斯。

② 1∶1。

③ 2∶1 史密斯。

④ 平局决胜局中使用“Zero”，而不用“Love”，平局决胜局结束时，宣布：“××胜本局和本盘，7∶6”。

(8) 在比赛结束时，宣布获胜者：“全场比赛结束，××胜(盘分 3∶2)，6－4，1－6，7－6，4－6，6－2。”每盘中，将本场比赛获胜者的分数放在前面进行宣报。

5. 医疗暂停

(1) 当主裁判决定请理疗师/运动治疗师进场时，他/她应当宣报：“请治疗师到场地。”

(2) 当 3 分钟医疗暂停被批准时，主裁判宣报：“××先生/女士现在接受医疗暂停。”

(3) 为了让对手和治疗师掌握医疗暂停的剩余时间，主裁判应与他们交流(不向公众宣报)：

① 还有2分钟。

② 还有1分钟。

③ 还有30秒。

④ 治疗结束。

(4) 医疗暂停结束时，应给运动员必要的时间穿好鞋袜，然后主裁判宣布："时间到。"如果宣布"时间到"后30秒比赛仍未开始，将按照罚分表进行处罚。

(5) 如果医疗暂停是在交换场地或盘间休息时进行，暂停时间应该加上交换场地或盘间休息允许的时间。

(6) 如果运动员决定放弃分数、局数以接受对于肌肉痉挛的治疗，主裁判应当宣报："××先生/女士要求立即接受对于肌肉痉挛的医学治疗。他/她只有在交换场地/盘间休息时才能接受这一治疗，因此将放弃下个交换场地/盘间休息之前的全部分数和局数。"

(六) 呼报

场上裁判员的口头呼报应当声音洪亮且清晰。

1. Fault

如果一发或二发落在发球区以外。二发出界后，不能呼报"Double fault(双误)"。

2. Out

如果回球落在正确场地以外的地面、永久固定物或其他物体上，呼报"Out"。

3. Net

如果发球击中球网的顶部并越过球网，呼报"Net"。

4. Through

如果球从球网中穿过，呼报"Through"。

5. Foot Fault

如果运动员违反网球规则第18条，呼报"Foot fault"。

6. Let

如果主裁认为依据网球规则第22和23条，一分需要重赛或者一个发球需要重发，呼报"Let"。

7. Not Up

如果运动员在球落地两次之前未能将球击回，呼报"Not up"。

8. Foul Shot 或 Touch

如果球被故意击打两次，或者在越过球网之前被击中，或者运动员在活球期触网，或者一个活球触碰到了运动员，或者运动员穿戴或携带的物品掉进对手的场区(网球规则第21条)，呼报"Foul shot "或"Touch "。

9. Wait, Please

如果运动员故意或无意地做出干扰对手击球的行为，呼报"Hindrance"。

如果出现干扰或中断，有必要推迟开始一分或二发，呼报"wait, please"。

10. 改判/更正

宣报“Correction，the ball was good”以改判一个明显错误的“Out”的呼报。宣报“Out”或“Fault”以改判一个明显错误的好球手势。

（七）司线裁判员的手势

出界或失误的手势：手臂完全伸展侧平举，指向球出界或失误的方向，手掌张开，手指并拢，掌心对主裁判。手势不可替代呼报，手势是对出界或失误呼报的补充。

好球或界内球的手势：手掌并拢指向地面，动作幅度小。界内球不做口头呼报。在球回球过程中或一分球结束时，此判定仅以手势完成，以确认那是一个好球。

视线被挡的手势：双手置于双眼下方，手背朝主裁判。此手势表示司线员的视线因某种原因受到阻碍而无法呼报。司线员不必口头呼报，只需安静地做出手势。

擦网或穿网的手势：单臂充分上举，在呼报“擦网”“穿网”的同时举起。

脚误的手势：单臂充分上举，在呼报“脚误”的同时举起。

更正的手势：如果从界内球改为界外球，不需要呼报“更正”，直接呼报“出界”，然后做出出界手势；如果从界外球改成界内球，在呼报“更正”的同时单臂充分上举，在做完更正手势后，还要再做一个界内球手势。

（八）网球竞赛记分表

主裁判应该按照以下要求在计分表上记录（见表 9-3）。

1. 赛前

在与运动员进行赛前会议之前，将计分表中的信息填写完毕，如运动员姓名、赛事名称、赛制、轮次、换球等。

2. 挑边

在掷币后记录获得挑边权的运动员及其选择。

3. 时间/中断

记录每盘开始和结束的时间。记录比赛中每次中断的时间和原因。

4. 发球位置

用每名运动员姓名的首字母记录一盘比赛中的发球顺序，依据他们在场地中的正确站边记录在相应的“发球位置”一栏。

5. 换球

提前在计分表的右侧预定的换球局处做出标记。

6. 比分

比分应该用斜线记录在计分表的方格中，或如下：记“/”为某一运动员得分，“. ”为第一发球失误，“A”为发球 Ace，“D”为双误，“C”为违反应为规则，“T”为违反时间准则。

（九）司线员

底线、边线、发球中线和发球线司线员负责其相应界线的“Out”和“Fault”（出界）的判罚。底线、边线和发球中线司线员负责其相应界线“Foot Fault”（脚误）的判罚。

主裁判负责“Let”（重赛）、“Foul Shot”（违规击球）、“Touch”（触及）、“Not Up”（两跳）和“Hindrance”（干扰）的判罚。

**表 9-3　网球竞赛记分表**

第　　　　盘　　　　　　　　　　　　　　　　　　　　　　　　　　　场地：

| 比赛名称： | 比赛日期：　　　年　　月　　日 |
|---|---|

AB　　VS　　CD

| 赛制 | | | | | | | 双打接发球站位 | | | | | | 开始时间： | | | | | | | | | 比分 | | 换球 |
|---|---|---|---|---|---|---|---|---|---|---|---|---|---|---|---|---|---|---|---|---|---|---|---|---|
| | | | | | | | A | | | B | | | | | | | | | | | | | | |
| 局数 | 发球方 | | □平局决胜制 | | | | D | | | C | | | 结束时间： | | | | | | | | | AB | CD | |
| 1 | A | | / | . | | A | A | / | | | | | | | | | | | | | | 1 | 0 | |
| | | | | / | D | | | | | | | | | | | | | | | | | | | |
| 2 | | C | / | | / | | A | | / | | | | | | | | | | | | | 1 | 1 | |
| | | | | D | | / | | / | | | | | | | | | | | | | | | | |
| 3 | B | | | / | /· | | A | / | | | | | | | | | | | | | | 2 | 1 | |
| | | | D | | | / | | | | | | | | | | | | | | | | | | |
| 4 | | D | /. | / | | / | / | | | | | | | | | | | | | | | 2 | 2 | |
| | | | | | | | | | | | | | | | | | | | | | | | | |
| 5 | | | | | | | | | | | | | | | | | | | | | | | | |
| | | | | | | | | | | | | | | | | | | | | | | | | |
| 6 | | | | | | | | | | | | | | | | | | | | | | | | |
| | | | | | | | | | | | | | | | | | | | | | | | | |
| 7 | | | | | | | | | | | | | | | | | | | | | | | | |
| | | | | | | | | | | | | | | | | | | | | | | | | |
| 8 | | | | | | | | | | | | | | | | | | | | | | | | |
| | | | | | | | | | | | | | | | | | | | | | | | | |
| 9 | | | | | | | | | | | | | | | | | | | | | | | | |
| | | | | | | | | | | | | | | | | | | | | | | | | |
| 10 | | | | | | | | | | | | | | | | | | | | | | | | |
| | | | | | | | | | | | | | | | | | | | | | | | | |
| 11 | | | | | | | | | | | | | | | | | | | | | | | | |
| | | | | | | | | | | | | | | | | | | | | | | | | |
| 12 | | | | | | | | | | | | | | | | | | | | | | | | |
| | | | | | | | | | | | | | | | | | | | | | | | | |
| 13 | | | | | | | | | | | | | | | | | | | | | | | | |
| | | | | | | | | | | | | | | | | | | | | | | | | |

获胜运动员签名：______________________　　主裁判：______________________

1. 1 名司线员(见图 9-2)

(1) 远边线及发球中线由 1 名站立的司线员负责。

(2) 当对面球员发球时,由司线员先负责发球中线的呼报,发完球后立即跑到远边线负责呼报。

2. 2 名司线员(见图 9-3)

(1) 边线及发球中线由 2 名站立的司线员负责。

(2) 对发球的呼报由接发球方负责发球中线司线的呼报,发完球后立即跑到另一远边线负责呼报。

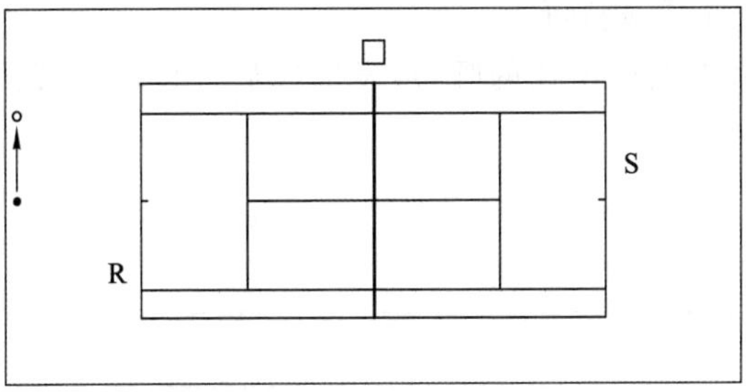


S 代表发球方,R 代表接发方,

□代表主裁判,●代表司线员,下同。

图 9-2　1 名司线员

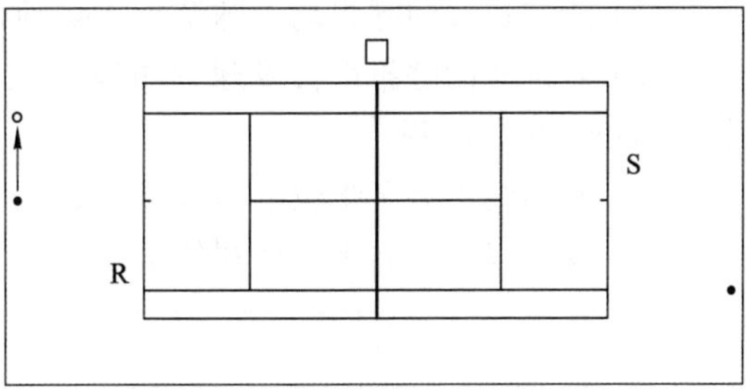


图 9-3　2 名司线员

3. 3 名司线员(见图 9-4)

(1) 边线及发球中线由 2 名站立的司线员负责。

(2) 发球线由 1 名坐位的司线负责。

(3) 当对面球员发球时,由接发球方司线员先负责发球中线的呼报,发完球后立即跑到无人负责的边线负责呼报。

4. 4 名司线员(见图 9-5)

(1) 边线及发球中线由 4 名站立的司线员负责。

(2) 所有边线的呼报均由球落地方场地的司线员负责。

(3) 对发球的呼报由接发球方司线员先负责发球中线的呼报,发完球后立即跑到无人负责的边线负责呼报。

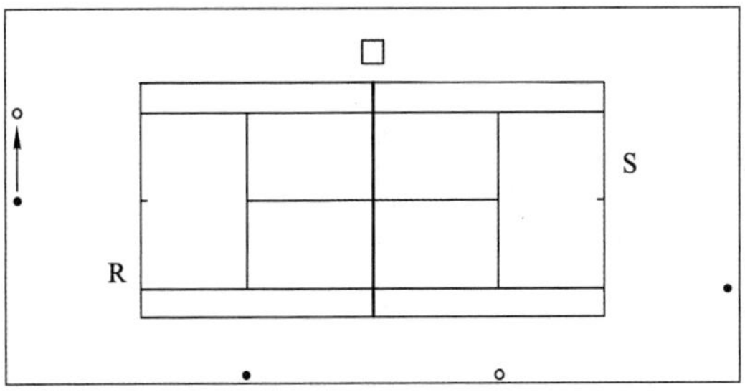


图 9-4　3 名司线员

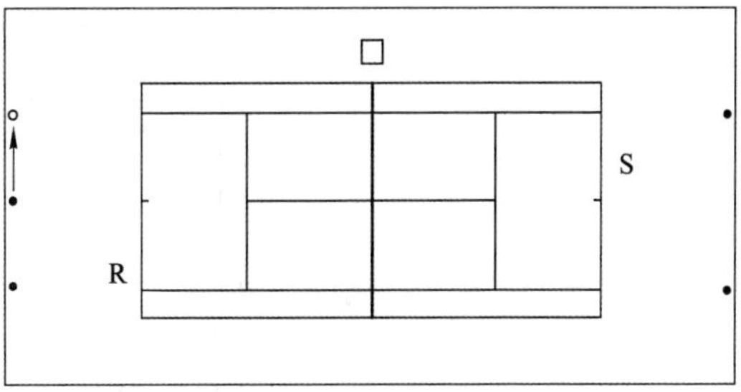


图 9-5　4 名司线员

5. 5 名司线员(见图 9-6)

(1) 边线及发球中线由 4 名站立的司线员负责。

(2) 所有边线的呼报均由球落地方场地的司线员负责。

(3) 对发球的呼报由接发球方司线员先负责发球中线的呼报,发完球后立即跑到无人负责的边线负责呼报。

(4) 发球线由 1 名坐位的司线员负责。

6. 7 名司线员(见图 9-7)

(1) 边线及发球中线由 4 名站立的司线员负责。

(2) 所有边线的呼报均由球落地方场地的司线员负责。

(3) 对发球的呼报由接发球方司线员先负责发球中线的呼报,发完球后立即跑到无人负责的边线负责呼报。

(4) 两端线由 2 名坐位的司线员负责。

(5) 发球线由 1 名坐位的司线员负责。

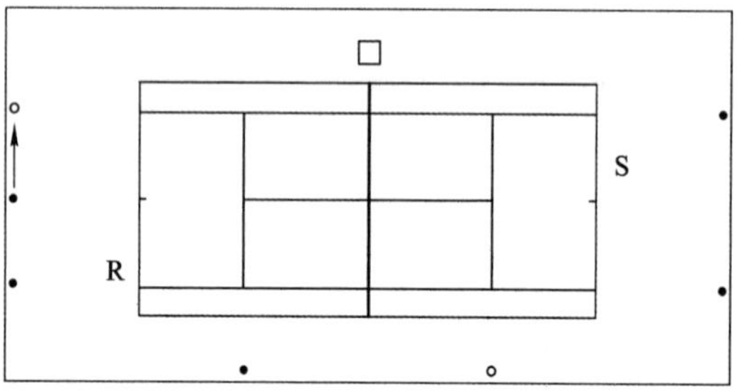


图 9-6 5 名司线员

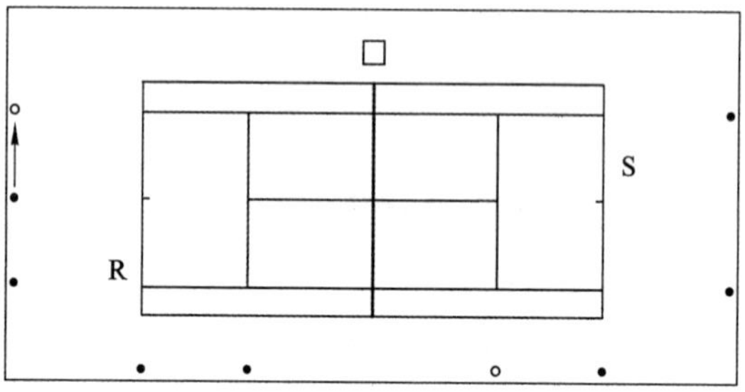


图 9-7 7 名司线员

7. 9 名司线员(见图 9-8)

(1) 边线及发球中线由 6 名站立的司线员负责。

(2) 所有边线及发球中线的呼报均由球落地方场地的司线员负责。

(3) 对发球的呼报由接发球方司线员先负责发球中线的呼报,发完球后立即跑到无人负责的边线负责呼报。

(4) 两端线由 2 名坐位的司线员负责。

(5) 发球线由 1 名坐位的司线员负责。

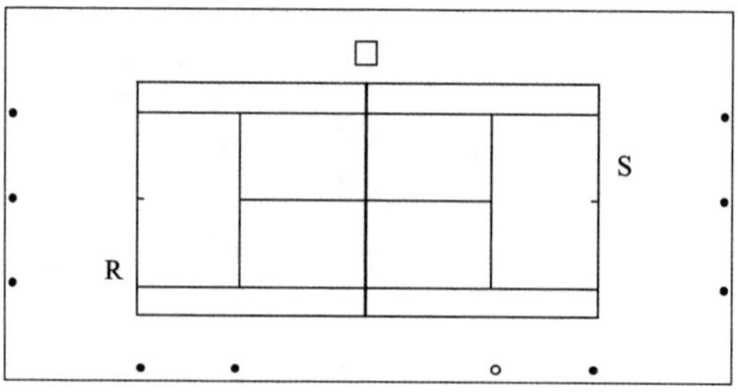


图 9-8 9 名司线员

（十）无司线员的执法

如果主裁判需要在没有司线员的情况下执法，主裁判必须负责做出所有判罚。

（十一）信任制的程序

信任制比赛的赛事监督/裁判长执法程序和运动员注意事项如下。

1. 运动员须知

在本赛事中，有些比赛会采用信任制方式进行。在这些情况下，运动员需要注意以下基本规则。

(1) 每名运动员负责场地自己一侧的所有判决。

(2) 所有“Out”和“Fault”判决应该在球落地后及时做出，并且声音要足够洪亮，使对手能够听见。

(3) 如有不确定，运动员应该做出对对手有利的判决。

如果运动员错误地呼报了“Out”，之后意识到此球为好球，这一分应该重赛，除非这是一记制胜分，或者该运动员在本场比赛中已经出现过同样的错判。在这些情况下，该运动员失分。

(4) 发球员应该在一发前宣报比分，声音应足够洪亮，使对手能够听见。

(5) 如果运动员对对手的行为或判决不满意，应该向裁判长（或助理）反映。

在土场比赛中，运动员还需遵循一些额外的程序。

(6) 可以在分结束后检查球印，或在停止比赛后（允许回球，但随后运动员必须马上停下）。

(7) 如果运动员对对手的判决有疑问，他/她可以要求对手指出球印。然后运动员可以越过球网去检查球印。

(8) 如果运动员将球印擦掉，表示他/她同意对方的呼报。

(9) 如果双方对球印有争议，可以由裁判长（或助理）作最终判决。

(10) 如果运动员判定一球“Out”，他通常应该能指出球印。

(11) 如果运动员错误地呼报了“Out”，之后意识到此球为好球，他将失分。

如果运动员不能公平地遵守这些规则，可以按照ITF行为准则中的干扰规则和不良体育道德行为条款对其进行处罚。

如对这些规则有任何疑问，请向赛事监督，裁判长询问。

2. 赛事监督/裁判长使用程序

(1) 信任制比赛。

国际网联意识到在有些赛事中不是所有比赛场次都能够安排主裁判。为了采用统一的方法，我们制定了这些规则，以保证在全世界范围内比赛能够采用相似的方式处理。

(2) 界内外争议（非主场的比赛）。

如果裁判长（或助理）因一个界内外球的判罚被叫进场地，而他/她没有观看比赛，他应该向做出这一判罚的运动员询问（在他/她本侧的场地）其是否确定这一呼报。如果运动员确认这一判罚，则判罚和比分有效。

如果觉得比赛需要一名裁判员，尝试找一名主裁判来负责包括出界等的所有判罚。如果无法实现，裁判长（或助理）可以留存场边观看剩下的比赛，并告诉运动员他/她将更正所有运动员做出明显错误的呼报，运动员将失分。

如果在场外的裁判长(或助理)正好在观看比赛,而此时运动员做出一个明显错误的判罚,他/她可以进场告诉该运动员这个不正确的呼报构成了对对手的无意干扰,此分将重赛。裁判长(或助理)必须同时告诉这名运动员如果再出现明显错误的判罚,将被认为是故意干扰而被判失分。此外,如果裁判长(或助理)确定该运动员明目张胆地做出了错误的呼报,可以判罚违反行为准则——不良体育道德行为。

裁判长(和助理)必须注意不要在未被要求或非必要的情况下过多地干涉比赛,或对近线球的错误呼报使用干扰规则。在实际中,使用干扰规则之前,裁判长(或助理)必须十分确定运动员做出了极差的呼报。

(3) 球印争议(只限上场)。

如果裁判长(或助理)被要求处理一个争议,他/她应首先洵问双方运动员是否同意争议的是哪一个球印。

如果双方运动员认可球印,但是对球印的界内外判定有争议,裁判长(或助理)应该判定此球印是好球还是出界。

如果双方运动员不同意是哪一个球印,那么球印所在场地一方的运动员的判决为最终判决。

(4) 比分争议。

如果裁判长(或助理)被要求处理一个比分争议,他应该与双方运动员讨论找出双方同意的那些分数和局数,这些被认为有效,而双方有争议的分数或局数将重赛。如果双方对局分有争议,应该使用一样的标准。处理完比分争议后,裁判长(或助理)需要重申发球员在每个第一发球前必须大声报比分,从而使对手能够听见。

(5) 其他问题。

在没有主裁判的情况下,还有一些情况是难以处理的。

如果有关于擦网、两跳和违规击球的争议时,裁判长(或助理)需要向运动员了解情况,然后决定是维持判决还是重赛。

只有裁判长(或助理)才能判罚脚误,接球员不可以。但是只有当裁判员在场内时才可以判罚脚误,如果他当时在场外,则不可以判罚。

教练员和运动员违反行为准则或时间准则的行为只能由裁判长(或助理)进行判罚,所以裁判员必须仔细认真观察运动员和教练员的行为。当做出判罚时,裁判长(或助理)应该尽快进场,并告知运动员他被判罚违反行为准则或时间准则。

裁判长(或助理)的判决是最终判决。

(十二) 干扰

(1) 如果一个"出界"的呼报被更正为"好球",那么该分应该重赛,除非主裁认为这是一个明显的 Ace 或制胜球,对手没有可能接到。如果该球存在任何合理的、能被接到的可能性,那么在有疑虑时必须做出对运动员有利的判罚。

(2) 如果判罚由"好球"改为"出界",该分结束,不存在干扰。

(3) 如果发球员在击到球之前被呼报脚误,该分需重赛。

如果运动员在比赛中或其发球动作中受到不被其控制的任何事物的干扰(球滚入场地,纸被风吹入球场等),该分应该重赛。

观众的噪音、观众喊出的"Out"和其他类似分散注意力的情况不被认定为干扰,该分有效。

如果运动员干扰了对手，可以被判为无意或故意干扰。

如果运动员无意中造成干扰（球从口袋掉出，帽子掉落等），第一次应该重赛，并且告知该运动员此后发生任何同类事件将被判为故意干扰。

（十三）直接取消比资格

赛事监督/裁判长可以对任何违反行为准则的行为做出取消其比赛资格的决定。

不经过罚分程序而立即取消比赛资格是一个重大的决定，除非在非常严重且公然违例的情况下才能使用。

**【课后讨论】**

（1）请画出 27 名运动员单淘汰赛比赛秩序表。

（2）请画出 16 人比赛分组循环与第二阶段淘汰赛的具体编排表格，决出前四名次。

（3）主裁判的职责。

（4）司线员的职责。

（5）单打比赛场地交换。

# 参考文献


[1] 沃德罗.网球压力训练[M].陶志祥,译.北京:人民体育出版社,2005.

[2] 陈建强.网球教学与训练[M].上海:复旦大学出版社,2010.

[3] 陈赢,陈海涛.网球运动教程[M].上海:华东师范大学出版社,2019.

[4] 程杰,网球运动教程[M].徐州:中国矿业大学出版社,2009.

[5] 郭立亚.网球[M].重庆:西南大学出版社,2013.

[6] 何伟.网球基础教学与训练[M].上海:上海交通大学出版社,2013.

[7] 胡柏平,郭利亚.网球运动教程[M].北京:高等教育出版社,2017.

[8] 安德森.网球技术与战术的执教技巧[M].赵苏妙,译.北京:人民体育出版社,2012.

[9] 刘青.网球运动教程[M].北京:人民体育出版社,2012.

[10] 安东.网球制胜:实用技战术图解[M].何柏贤,译.北京:人民邮电出版社,2015.

[11] 美国网球协会.网球战术训练:赢得比赛的模式[M].汪鸽,郭泱,陶志翔,译.北京:人民体育出版社,2008.

[12] 唐小林.网球运动教学与训练[M].北京:人民体育出版社,2009.

[13] 陶志祥.网球教程[M].北京:高等教育出版社,2003.

[14] 王保金.实用网球裁判手册[M].西安:西安交通大学出版社,2013.

[15] 网球运动教程编写组.网球运动教程[M].北京:北京体育大学出版社,2013.

[16] 谢成超,杨学明.大学网球教程[M].北京:化学工业出版社,2015.

[17] 谢相和.大学网球教程[M].成都:四川大学出版社,2013.

[18] 杨文礼,高艳敏,翟丰,等.不同目标设置对青少年网球运动员发球成功率及自我监控能力影响的研究[J].西安体育学院学报,2011,28(22):223-226.

[19] 杨文礼,刘丽芳.网球运动员的机能状态评定与营养补充[J].淮北煤炭师范学院学报(自然科学版),2007,28(2):69-71.

[20] 杨文礼,杨剑.目标设置对网球运动员发球准确率及运动自信心的影响研究[J].天津体育学院学报,2011,26(4):284-286.

[21] 尹树来,姜宏伟.网球运动理论与实践指导[M].北京:中国书籍出版社,2016.

[22] 应圣远,王加强.网球普通高校体育选项课教材[M].北京:北京体育大学出版社,2006.

[23] 虞力宏,楼兰萍.网球运动[M].杭州:浙江大学出版社,2015.

[24] 张钧,张蕴琨.运动营养学[M].北京:高等教育出版社,2010.

[25] 中国网球协会.网球规则 2009[M].北京:人民体育出版社,2014.

[26] 周海雄,金春林,白真.网球双打战术训练手册[M].北京:人民体育出版社,2010.

[27] 周海雄,祁兵.网球技战术训练手册[M].北京:人民体育出版社,2007.

[28] 周海雄,郑建岳,许强.网球运动员体能与心理训练手册[M].北京:人民体育出版社,2009.
[29] 周海雄.网球比赛技术手册[M].北京:人民体育出版社,2014.